高等院校应用型人才培养"十四五"规划旅游管理类系列教材

旅游目的地管理：
理论与实践

主　编 ◎ 杨光明　张凤太

Lü you Mudidi Guanli: Lilun Yu Shijian

华中科技大学出版社
http://press.hust.edu.cn
中国·武汉

内容提要

本书以旅游目的地吸引力为核心,构建旅游目的地管理的知识体系,形成旅游目的地吸引力基础、旅游目的地吸引力开发、旅游目的地吸引力传递、旅游目的地吸引力保持四大板块。本书既可作为旅游管理专业的授课教材,也可作为旅游目的地管理者的参考读本。

图书在版编目(CIP)数据

旅游目的地管理:理论与实践 / 杨光明,张凤太主编. —武汉:华中科技大学出版社,2024.4
ISBN 978-7-5772-0732-2

Ⅰ.①旅… Ⅱ.①杨… ②张… Ⅲ.①旅游地-旅游资源-资源管理 Ⅳ.①F590.3

中国国家版本馆CIP数据核字(2024)第067170号

旅游目的地管理:理论与实践　　　　　　　　　　　　　　　　　　杨光明　张凤太　主编
Lüyou Mudidi Guanli:Lilun yu Shijian

策划编辑:胡弘扬
责任编辑:胡弘扬　阮晓琼
封面设计:原色设计
责任校对:刘小雨
责任监印:周治超

出版发行:华中科技大学出版社(中国·武汉)　　　电话:(027)81321913
　　　　　武汉市东湖新技术开发区华工科技园　　　邮编:430223

录　　排:孙雅丽
印　　刷:武汉市籍缘印刷厂
开　　本:787mm×1092mm　1/16
印　　张:16.75
字　　数:381千字
版　　次:2024年4月第1版第1次印刷
定　　价:49.80元

本书若有印装质量问题,请向出版社营销中心调换
全国免费服务热线:400-6679-118　　竭诚为您服务
版权所有　侵权必究

出版说明

党的十九届五中全会确立了到2035年建成文化强国的远景目标,明确提出发展文化事业和文化产业。"十四五"期间,我国将继续推进文旅融合、实施创新发展,不断推动文化和旅游发展迈上新台阶。国家于2019年和2021年先后颁布的《国家职业教育改革实施方案》《教育部关于深化本科教育教学改革全面提高人才培养质量的意见》《本科层次职业教育专业设置管理办法(试行)》,强调进一步推动高等教育应用型人才培养模式改革,对接产业需求,服务经济社会发展。

基于此,建设高水平的旅游管理类专业应用型人才培养教材,将助力旅游高等教育结构优化,促进旅游类应用型人才的能力培养与素质提升,进而为中国旅游业在"十四五"期间深化文旅融合、持续迈向高质量发展提供有力支撑。

华中科技大学出版社一向以服务高校教学、科研为己任,重视高品质专业教材出版,"十三五"期间,在教育部高等学校旅游管理类专业教学指导委员会和全国高校旅游应用型本科院校联盟的大力支持和指导下,在全国范围内特邀中组部国家"万人计划"教学名师、近百所应用型院校旅游管理专业学科带头人、一线骨干"双师双能型"教师,以及旅游行业界精英等担任顾问和编者,组织编纂出版"高等院校应用型人才培养'十三五'规划旅游管理类系列教材"。该系列教材自出版发行以来,被全国近百所开设旅游管理类专业的院校选用,并多次再版。

为积极响应"十四五"期间我国文旅行业发展及旅游高等教育发展的新趋势,"高等院校应用型人才培养'十四五'规划旅游管理类系列教材"项目应运而生。本项目依据文旅行业最新发展和学术研究最新进展,立足旅游管理应用型人才培养特征进行整体规划,将高水平的"十三五"规划教材修订、丰富、再版,同时开发出一批教学紧缺、业界急需的教材。本项目在以下三个方面做出了创新:

一是紧扣旅游学科特色,创新教材编写理念。本套教材基于旅游高等教育发展新形势,结合新版旅游管理专业人才培养方案,遵循应用型人才培养的内在逻辑,在编写团队、编写内容与编写体例上充分彰显旅游管理应用型专业的学科优势,全面提升旅游管理专业学生的实践能力与创新能力。

二是遵循理实并重原则，构建多元化知识结构。在产教融合思想的指导下，坚持以案例为引领，同步案例与知识链接贯穿全书，增设学习目标、实训项目、本章小结、关键概念、案例解析、实训操练和相关链接等个性化模块。

三是依托资源服务平台，打造新形态立体教材。华中科技大学出版社紧抓"互联网＋"时代教育需求，自主研发并上线的华中出版资源服务平台，可为本套系教材作立体化教学配套服务，既为教师教学提供便捷，提供教学计划书、教学课件、习题库、案例库、参考答案、教学视频等系列配套教学资源，又为教学管理提供便捷，构建课程开发、习题管理、学生评论、班级管理等于一体的教学生态链，真正打造了线上线下、课堂课外的新形态立体化互动教材。

本项目编委会力求通过出版一套兼具理论与实践、传承与创新、基础与前沿的精品教材，为我国加快实现旅游高等教育内涵式发展、建成世界旅游强国贡献一份力量，并诚挚邀请更多致力于中国旅游高等教育的专家学者加入我们！

华中科技大学出版社

前言

教育部颁布的高等学校《旅游管理类教学质量国家标准》,将旅游管理类专业核心课程规范为"4+3"模式,即由4门核心课程(旅游学概论、旅游消费者行为、旅游目的地管理、旅游接待业)和旅游管理专业、酒店管理专业、会展经济与管理专业、旅游管理与服务教育专业其中的3门核心课程构成,以规范全国旅游管理类专业的核心课程设置。旅游目的地是旅游活动的集中发生地,是旅游接待与服务设施的集中建设地,是旅游资源所在地,是当地社区居民生产生活的地方。如何对旅游目的地进行科学有效的管理直接关系到游客体验、社区居民生活质量、地方旅游企业效益和资源可持续利用。作为旅游管理本科专业的核心课程,"旅游目的地管理"具有较强的基础性、专业性和实用性。本书以旅游目的地吸引力为核心构建旅游目的地管理的知识体系,形成旅游目的地吸引力基础、旅游目的地吸引力开发、旅游目的地吸引力传递、旅游目的地吸引力保持四大板块,具体内容如下。

1. 旅游目的地吸引力基础

"旅游目的地管理"的理论与实践按照四种主体角色、五大服务体系形成旅游目的地吸引力基础。四种主体角色,即游客、居民、企业和政府;五大服务体系,即旅游公共信息服务体系、旅游公共安全保障服务体系、旅游公共交通便捷服务体系、旅游便民惠民服务体系、旅游行政服务体系。旅游目的地吸引力基础并非指吸引力本身,而是旅游活动得以顺利开展的前提和保障,是旅游目的地区别于其他地方的不同之处。

2. 旅游目的地吸引力开发

"旅游目的地管理"的理论与实践按照三大开发理论、七个吸引要素、两类旅游规划、六种旅游产品构建旅游目的地开发的主要内容。三大开发理论,即地方理论、空间理论、社区理论;七个吸引要素,即自然条件、历史文化、系列活动、特殊事件、旅游设施、娱乐活动、联系纽带;两类旅游规划,即旅游发展规划、旅游区规划;六种旅游产品,即观光旅游产品、度假旅游产品、享受旅游产品、康体旅游产品、探险旅游产品、特种旅游产品。旅游目的地吸引力开发就是在开发理论指导下通过科学的旅游规划,把旅游目的地吸引力要素开发成可供旅游者享用和体验的旅游产品。

3. 旅游目的地吸引力传递

"旅游目的地管理"的理论与实践从旅游目的地形象、旅游目的地营销、旅游目的地节事活动三个方面构建旅游目的地吸引力传递的主要内容。旅游目的地形象主要探讨旅游形象概念、定位、传播和屏蔽；旅游目的地营销主要探讨目的地营销概念及特点、品牌、营销调研和整合营销；旅游目的地节事活动主要探讨节事活动概念、策划、营销、评估与影响。旅游目的地吸引力传递就是通过对旅游目的地形象进行准确定位，应用恰当的旅游目的地营销手段和举办特殊的节事活动，来实现旅游目的地吸引力向客源市场的传递。

4. 旅游目的地吸引力保持

"旅游目的地管理"的理论与实践按照旅游目的地危机管理、旅游目的地可持续发展构建旅游目的地吸引力保持的主要内容。旅游目的地危机管理探讨旅游危机特征与内涵，危机的事前、事中和事后管理；旅游目的地可持续发展探讨可持续发展理念、发展方式、发展评价和发展策略。旅游目的地吸引力保持就是以旅游目的地可持续发展为目标，通过降低旅游发展的负面影响，科学应对旅游危机事件和提升旅游目的地竞争力，来保持旅游目的地吸引力。

在编写过程中，我们参阅并借鉴了国内外专家、学者的相关著作。谨向所有相关作者及单位表示诚挚的谢意！华中科技大学出版社的编辑团队在本书课程理念定位、教材设计、审稿等方面做了大量工作。我们对他们付出的辛勤劳动，表示衷心的感谢！

本书可作为普通高校旅游管理类各专业的通用教材，也可供旅游企业管理人员、旅游行政管理人员参考。由于编者水平有限，书中难免存在错漏之处，敬请广大同仁及读者批评指正。

目 录

第一章　旅游目的地管理导论 … 1
第一节　旅游目的地概念 … 1
第二节　旅游目的地分类 … 6
第三节　旅游目的地演化 … 9
第四节　旅游目的地管理 … 11

第二章　旅游目的地游客管理 … 17
第一节　旅游动机与行为 … 17
第二节　游客管理概述 … 23
第三节　游客管理内容 … 26

第三章　旅游目的地社区管理 … 37
第一节　旅游目的地社区管理概述 … 38
第二节　旅游目的地社区冲突 … 41
第三节　旅游目的地社区管理方法 … 48
第四节　旅游目的地社区可持续发展 … 53

第四章　旅游目的地企业管理 … 62
第一节　旅游目的地旅游企业管理概述 … 62
第二节　旅游目的地旅游企业成长机制 … 63
第三节　旅游目的地旅游企业投资与旅游目的地发展 … 66
第四节　旅游目的地旅游企业的社会责任 … 67

第五章　旅游目的地政府管理 … 75
第一节　政府与政府职能概述 … 75
第二节　旅游目的地政府职能与机构设置 … 78

第三节　旅游目的地行政管理　　　　　　　　　　　　　　82

91　第六章　旅游目的地营销管理
　　　第一节　旅游目的地营销概述　　　　　　　　　　　　　　91
　　　第二节　旅游目的地品牌　　　　　　　　　　　　　　　　96
　　　第三节　旅游目的地营销调研　　　　　　　　　　　　　　100
　　　第四节　旅游目的地整合营销　　　　　　　　　　　　　　104

112　第七章　旅游目的地资源管理
　　　第一节　旅游目的地资源概述　　　　　　　　　　　　　　113
　　　第二节　旅游目的地资源开发　　　　　　　　　　　　　　117
　　　第三节　旅游目的地资源保护　　　　　　　　　　　　　　121
　　　第四节　旅游目的地规划　　　　　　　　　　　　　　　　124

131　第八章　旅游目的地节事活动管理
　　　第一节　节事活动概述　　　　　　　　　　　　　　　　　131
　　　第二节　节事活动策划　　　　　　　　　　　　　　　　　135
　　　第三节　节事活动营销　　　　　　　　　　　　　　　　　143
　　　第四节　节事活动评估与影响　　　　　　　　　　　　　　148

159　第九章　旅游目的地信息化管理与智慧旅游
　　　第一节　旅游信息化及相关概念　　　　　　　　　　　　　159
　　　第二节　旅游目的地信息化管理　　　　　　　　　　　　　164
　　　第三节　旅游目的地信息系统　　　　　　　　　　　　　　167
　　　第四节　智慧旅游目的地　　　　　　　　　　　　　　　　169

175　第十章　旅游目的地安全与危机管理
　　　第一节　旅游目的地安全概述　　　　　　　　　　　　　　175
　　　第二节　旅游目的地安全危机　　　　　　　　　　　　　　179
　　　第三节　旅游目的地安全应急管理　　　　　　　　　　　　183
　　　第四节　旅游目的地安全危机管理　　　　　　　　　　　　187

193　第十一章　旅游目的地智慧管理
　　　第一节　旅游目的地智慧管理概述　　　　　　　　　　　　193

　　　　第二节　旅游目的地智慧管理原则、技术及其技术应用　　　　195
　　　　第三节　旅游目的地智慧管理应用　　　　200

211　**第十二章　旅游目的地可持续发展**

　　　　第一节　旅游目的地可持续发展理念　　　　211
　　　　第二节　旅游目的地可持续发展方式　　　　215
　　　　第三节　旅游目的地可持续发展评价　　　　219
　　　　第四节　旅游目的地可持续发展策略　　　　225

249　**参考文献**

第一章

旅游目的地管理导论

第一节 旅游目的地概念

国内外学者分别从不同视角对旅游目的地概念进行了探讨,虽然给的定义不尽相同,但在其概念的主要方面也基本达成共识。下面将就旅游目的地已有的概念从国内外两个方面分别进行详细的介绍,同时也介绍几个与旅游目的地相关且容易混淆的概念。最后,希望通过对旅游目的地特性的学习加深对旅游目的地概念的理解。

一、国外学者对旅游目的地的界定

20世纪70年代,国外对旅游目的地的研究就开始了。最初,它被认为是一个明确的地理区域,美国学者冈恩(Gunn)于1972年提出了"目的地地带"的概念,即旅游地是一个具有大量取悦旅游者的旅游活动地理区域,组成要素主要包括吸引物综合体(Attraction Complexes)、入口(Gateway)、进出通道(Corridor)、服务中心(Service Center)、区内连接路径(Linkage)和外部环境(External Environment)。

英国学者布哈里斯(Buhalis,2000)提出,旅游目的地是一个特定的地理区域,被旅游者公认为一个完整的个体,由统一的目的地管理机构进行管理,他提出了一个框架模型(见图1-1)。

英国的学者克里斯·库珀(Chris Cooper)和约翰·弗莱彻(John Fletcher)认为,旅游目的地是旅游体系中的一个重要领域,是满足旅游者需求的服务和设施中心。从地理空间角度来看,旅游目的地是一个考察旅游影响和作用的基地,它把旅游的所有要素都放入一个框架内,是旅游活动中最重要和最有生命力的部分,也是游客接待的载体。旅游目的地和它的形象能吸引和驱使旅游者前来访问,进而激活整个旅游体系。旅游目的地是一个丰富且有深刻含义的集合体,不同因素的组合构

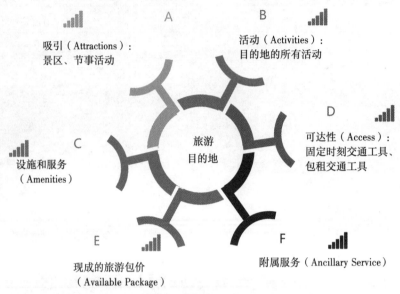

图1-1 旅游目的地模型

(资料来源:Dimitrios Buhalis《RICIRMS as a Strategic Tool for Small and Mediurm Tourism Enterprises》。)

成了世界上众多可供选择的目的地。旅游目的地通常由以下核心部分组成:旅游吸引物,以住宿、餐饮、娱乐、购物零售为主体的旅游接待设施,当地的交通体系和进入通道,各类辅助性服务设施和组织机构。这些设施和服务的组合极大增强了旅游体验感和满足感。

二、国内学者对旅游目的地的界定

20世纪80年代,国内学者开始对旅游目的地进行了相关研究。郭来喜等(1982)较早对旅游目的地进行了定义,提出旅游地是具有一定经济结构和形态的旅游对象的地域组合。保继刚(1993)认为,"一定地理空间上的旅游资源同旅游专用设施、旅游基础设施以及相关的其他条件有机地集合起来,就成为旅游者停留和活动的目的地,即旅游地。旅游地在不同情况下有时又被称为旅游目的地或旅游胜地"。

国内学者魏小安和厉新建(2003)针对旅游目的地构成要素,提出了旅游目的地构成要素包括三个方面内容:①吸引要素,即各类旅游吸引物,以此为基础形成的旅游景区(点)是"第一产品";②服务要素,即各个旅游目的地的综合服务,旅游目的地的其他服务设施和基础设施及相关服务将以"第二产品"的形式影响旅游者的整个旅游经历,共同构成旅游目的地吸引力的来源;③环境要素,它既是吸引要素也是服务要素的组成部分之一,是旅游目的地形成和发展的重要条件,其中,供水、供电、排污、道路等公用设施系统和银行、医院、治安管理等机构,以及当地居民的好客态度等构成"附加产品",其与旅游吸引物等共同构成了旅游目的地整体吸引力。

旅游目的地这一概念主要包括三层含义:一是具有一定规模、相对集中的地域空间范围;二是通过开发与合理改造旅游资源,旅游吸引功能得到显著提升;三是具有内部联系紧密的综合性旅游产业结构与相对完备的游乐和接待服务功能,从而使旅游业在该地域经济结构中占有相当的比重。

从海内外学者对旅游目的地的表述明显可以看出,旅游目的地概念界定至少要包含以下三层含义:一是旅游目的地要具有吸引力,这种吸引力表现在目的地特有的旅游资源和开展的各种活动上,而且这个是旅游者产生旅游需求的原动力;二是拥有开展旅游活动的基础设施,包括旅游设施和交通;三是提供方便旅游者活动的各种服务,包括旅游服务、管理服务和其他服务。

三、旅游目的地相关概念

与旅游目的地相关的一些概念,如客源地、长住地、出发地、过境地、集散地等,在认识层面上很容易与旅游目的地混淆,对它们有较深刻的了解更有助于把握旅游目的地概念。

(一)客源地

客源地是指具有一定人口规模和社会经济能力,能够向旅游目的地提供一定数量旅游者的地区或国家。旅游客源地首先是一个地域概念,即由一定规模的人口在特定的社会经济结构下所构筑的地域。地域范围按行政区划分为镇/乡、县、市、省/州和国家。虽然它们在地域面积、人口规模和经济发展水平上存在差异,但是它们仍然有共同之处,即能够产生一定数量的旅游者。其次,它是一个空间概念,即对旅游目的地而言,存在着一定的空间距离。距离的远近会影响客源地旅游者选择旅游目的地。在目的地与客源地的关系的基础上,对应形成了两个重要概念:客源输入地与客源输出地。从总体来看,有些目的地是纯粹的客源输入地,有些客源地是纯粹的客源输出地,但多数情况下,客源地本身既是客源的输入地,同时也被其他目的视为客源的输出地。

(二)长住地

长住地是旅游者长期居住的地方。从旅游营销的角度来看,旅游者的长住地可以视为潜在的客源地。

(三)出发地

出发地一般在交通枢纽地,是旅游者出发前汇聚的地点,与长住地、客源地可能是同一地。对于团队旅游,分散的旅游者聚集到交通枢纽地,组成团队后由此出发,形成出发地概念。例如,出国旅游团队从北京、上海、深圳出发,旅游者可能并不是这些城市的居民,因此北京、上海、深圳就成为出发地。

(四)过境地

旅游过境地是相对于旅游目的地提出来的。一般说来,旅游目的地具有直接吸引旅游者前往观光游玩的特色;而旅游过境地是指在长线旅游产品中,旅游者在达到或离开主要旅游目的地的过程中所经过的地方。在旅游过境地,有些旅游者单纯过境,有些旅游者会短暂停留,同时参与当地的消费,有些旅游者游览某些景点并参与当地消费。旅游目的地与旅游过境地,在角色上分别处于"主角"与"配角"的地位,它们之间多多少少存在着利益关系。如果把整条旅游线路比作一个舞台,为了共同演好一幕剧,需要"主角"与"配角"齐心协力,但是,"主角"与"配角"之间的竞争也不容置辩。这些在实际中就表现为旅游地之间的联合和竞争的关系。

(五)集散地

旅游者出游,不外乎以下四种行为模式:第一,游玩旅游目的地后便直接返回客源地;第二,游玩与交通线相连的旅游目的地,之后原路返回或直接返回客源地;第三,环线式旅游,从客源地出发,呈环线型路径游玩目的地后返回客源地;第四,集散地式旅游,旅游者先到集散地,再分流至目的地。旅游集散地不仅有旅游目的地的特点,还具有交通线路旅游目的地的一些特点,但这二者有本质区别,不是包含关系。传统的旅游流是"旅游客源地—运输线—旅游目的地",在上述的第四种行为模式中,旅游流是"旅游客源地—交通连接—旅游集散地—多个目的地"。随着区域旅游点—线—面的发展趋势,旅游集散地的地位和作用逐渐凸显,应放到和旅游目的地同等的位置上来考虑和研究。旅游集散地的建设要强调休闲功能,而不是观光功能;要强调服务价值,而不是资源价值。

四、旅游目的地特性

(一)地域辐射性

旅游目的地无论规模大小和品质高低,都会对周边或远距离客源市场有地域辐射性。地域辐射的大小取决于旅游目的地自身吸引力大小,以及目的地旅游形象在市场上的传播广度。旅游目的地吸引力越大,旅游形象在市场上传播越广,则旅游目的地的地域辐射越广,与之对应的客源市场也越大,从而会吸引更多的旅游者。

(二)类型多样性

旅游目的地的划分有很多种依据,不同的影响因素有不同的划分依据。根据满足旅游者不同的需求进行划分,可以划分为观光旅游目的地、度假旅游目的地和特殊需求旅游目的地;根据空间范围大小,可以划分为国家旅游目的地、区域旅游目的地、城市旅游目的地和景区旅游目的地;根据旅游目的地构成形态不同,可以划分为板块型旅游目的地和点线型旅游目的地;根据开发时间和发育程度的不同,可以划分为成熟旅游目的地和新兴旅游目的地;按关系紧密程度,可以划分为紧凑型旅游目的地和松散型旅游目的地;按资源类型,可以划分为城市旅游目的地、乡村旅游目的地、海滨旅游目的地、森林旅游目的地、遗产地旅游目的地及温泉旅游目的地等。

(三)价值多重性

价值多重性是指一个事物或概念具有多个不同的价值或含义,这些价值或含义可能会因人、因时、因地等因素而有所不同。这种多重性可以在各个领域中找到,包括哲学、文化、艺术、经济等。旅游目的地的价值多重性是指一个旅游目的地对不同的游客或旅行者具有多重价值和吸引力。这种多重性可以体现在以下几个方面。

第一,自然环境价值。旅游目的地拥有独特的自然景观、生态系统、野生动物等,这些都是吸引游客的重要因素。例如,一座山脉可以提供迷人的风景、绝佳的登山体验,对喜欢户外活动的人来说具有很大的自然价值。

第二,文化遗产价值。旅游目的地拥有丰富的历史文化,具有独特的文化遗产,如历史建筑物、博物馆、传统节日等。这些文化遗产可以展示一个地区的独特性和传统价值,吸引对历史和文化感兴趣的旅游者。

第三,休闲和娱乐价值。旅游目的地能提供各种休闲和娱乐活动,如海滩、度假村、主题公园、水上运动等。这些活动可以给游客带来放松和享受的机会,具有娱乐和休闲的价值。

第四,美食和购物价值。旅游目的地拥有独特的美食文化和购物场所,吸引着对美食和购物有兴趣的旅游者。例如,一座城市以其特色的当地美食和传统手工艺品闻名,为游客提供了品尝当地美食和购买特色纪念品的机会。

第五,社交和人际互动价值。旅游目的地能提供丰富的社交和人际互动机会,如交流活动、音乐节、文化交流等。这些活动可以让游客与当地居民和其他游客互动,增进了解和产生文化交流的价值。

一个旅游目的地的价值包括自然环境价值、文化遗产价值、休闲和娱乐价值、美食和购物价值以及社交和人际互动价值。这些不同的价值可以根据不同游客的需求和兴趣来评估和体验。

(四) 相互替代性

相互替代性是指在特定的环境中,两个或多个事物之间的可替代性或互换性。在旅游领域中,也存在着相互替代的情况。以下是一些可能具有相互替代性的内容。

第一,目的地替代性。旅游者可能在多个目的地之间进行选择,这些目的地具有相似的特色和吸引力。例如,旅游者可以选择去海滩度假,可以选择不同的海滩目的地,因为它们提供类似的海滩体验。

第二,交通方式替代性。旅游者可能根据自己的需求和偏好在不同的交通方式之间进行选择。例如,旅游者根据自己对旅行时间、舒适度和费用的考虑,选择乘坐飞机、火车、汽车或长途巴士等不同的交通方式。

第三,住宿选择替代性。旅游者可以在不同类型的住宿场所之间进行选择。例如,他们根据自己对舒适度、便利性和预算的需求,选择适合的酒店、度假村、民宿、青年旅舍等不同类型的住宿。

第四,活动和娱乐替代性。旅游者可以在多种活动和娱乐项目之间进行选择。例如,他们根据自己的兴趣和偏好,选择进行参观博物馆、登山、水上运动、购物等不同的活动。

第五,时间和季节替代性。旅游者可能根据不同的时间和季节选择不同的目的地或活动。例如,他们根据季节和天气的变化,合理地选择在夏季去海滩度假,冬季去滑雪胜地,春季去观赏花海等。

旅游中的相互替代性涉及目的地、交通方式、住宿选择、活动和娱乐以及时间和季节的选择。旅游者可以根据个人的需求、偏好和环境条件在替代品中做出最佳选择。

(五) 发展周期性

1980年加拿大旅游学家巴特勒(R·W·Butler)认为,目的地如同产品一样,也经历一种"从生到死"的过程,只是旅游者的数量取代了产品的销量。巴特勒提出旅游目的地的演化要经过六个阶段,即旅游发展刚刚起步的探索阶段、有少量旅游者及简易设施的参与阶段、有成熟的客源市场及完善配套设施的发展阶段、客源市场增长率逐渐下降的巩固阶段、环境容量达最大限度的停滞阶段以及被新的目的地替代的衰落或复苏阶段。针对旅游的生命周期这一理论模型,国内外研究者一直在做实证性的探索。尽管他们在不同程度上都证实了实际情况与这个理论模型之间存在的差异,但他们的研究成果都支持这一理论的一般观点。

(六) 资源共享性

旅游目的地的建设涉及多个方面,其中,基础设施建设是重要内容。从支撑旅游目的地发展和促进旅游消费的角度看,旅游目的地的交通运输设施、旅游接待设施、娱乐休闲设施、餐饮购物设施、智慧旅游设施、重点景区景点、道路标识系统,以及供水、供电、通信、厕所、垃圾和污水处理配套设施等,其使用者不仅限于旅游者,还包括当地政府、企业和居民等,从这一角度看旅游目的地的设施和服务具有资源共享性。

第二节 旅游目的地分类

不同类型的旅游目的地,形成的原因也不尽相同。从内因上看,主要是由旅游资源的性质与功能所赋予的;从外因来看,是受旅游者的爱好与需求、旅游经营者的开发建设意图等对旅游目的地带来的影响。冈恩(Gunn,1988)将旅游目的地分为三种类型,即都市型(Urban)、放射型(Radical)和扩展型(Extended);日本旅游地理学家山村顺次(1995)将旅游目的地分为温泉旅游区、山岳高原旅游区、海岸旅游区和都市旅游区四种基本类型;吴必虎(2001)将各种旅游目的地概括为城市型目的地(Urban Destination)与胜地型目的地(Resort Destination)两种基本类型。从不同角度出发,大体可以把旅游目的地划分为以下类型。

一、按旅游功能划分

从旅游目的地的资源性质和特点出发,以满足旅游者旅游活动为标准,可以分为娱乐休闲目的地、健康与养生目的地、自然与生态目的地、文化与历史目的地、冒险与探险目的地和健康与养生目的地五种,以下主要介绍前两种。

(一) 娱乐休闲目的地

娱乐休闲目的地是指资源性质和特点适合于开展观光旅游活动的旅游地,主要有自然观光地、城市观光地、名胜观光地等类型。娱乐休闲目的地是放松旅游的空间依托,也是一种传统的旅游目的地,它在旅游活动中占有重要地位。

（二）健康与养生目的地

健康与养生目的地的重要性在当今社会非常突出。近年来人们越来越重视身心健康和生活质量，旅行成为追求健康和放松身心的重要方式之一。健康与养生目的地可以使旅游者放松释压，为旅游者提供健康活动、健康饮食，促进旅游者身心健康发展和心灵成长。其重要性在于能够帮助人们远离日常压力和忙碌，通过健康的活动、饮食和服务，提升生活质量，实现身心平衡和健康的目标。

二、按空间尺度划分

按空间尺度划分旅游目的地可以分为国家旅游目的地、区域旅游目的地、城市旅游目的地和景区旅游目的地四种。

（一）国家旅游目的地

国家旅游目的地一般是由多个区域性旅游目的地组成。国家旅游目的地应与世界主要客源地建立便捷的国际航空交通，并具有向区域性旅游目的地分散客流的功能。

（二）区域旅游目的地

区域旅游目的地是从一个国家的空间范围来划分的，依托国内航空港以及铁路中转交通，包括多个旅游城市和若干个旅游景区。良好的进入条件、方便的客源分流体系是区域旅游目的地的主要特征。

（三）城市旅游目的地

城市旅游目的地是指那些具有独特魅力和丰富旅游资源的城市，吸引着游客前来探索、体验和享受城市的文化、历史、美食、购物、娱乐等。城市旅游目的地不但具有参观、游览和休闲功能，同时还具有完备的以住宿为主体的接待体系。

（四）景区旅游目的地

景区旅游目的地是依托景区形成的最小单位的旅游目的地，其划分明确，面积不大，具有目的地应具备的旅游吸引力、旅游接待设施和旅游服务功能。

三、按结构形态划分

旅游目的地在其构造方式上可以是板块型的，也可以是点线型的。

（一）板块型旅游目的地

板块型旅游目的地是指以特定主题或特色为基础，在一定范围内，集中发展相关旅游产品和服务的地区。这些目的地通常以一种独特的经济、文化或自然资源为基础，吸引游客前来体验与该主题相关的活动和景观。

（二）点线型旅游目的地

点线型旅游目的地是指以一个或者多个地点为中心，向周边辐射形成线路的旅游目的地。这种旅游模式能够满足游客期望在有限的时间和预算内探索多个目的地的需求。它是通过一定的旅行方式和组织将这些不同的空间点上的吸引物以旅游路线的形式结合在一起,旅游者在某一空间点只停留一段时间。

  拓展阅读:哥伦比亚河历史风景道改造

四、按资源类型划分

按旅游资源的主要类型,旅游目的地可以分为城市旅游目的地、乡村旅游目的地、海滨旅游目的地、森林旅游目的地、遗产旅游目的地以及温泉旅游目的地等。

（一）城市旅游目的地

城市旅游目的地是指吸引游客前往游览、观光和体验的城市地区。它们通常具有充满吸引力的景点、丰富的文化遗产、独特的建筑风格、多样的购物和娱乐设施,以及琳琅满目的美食和餐饮选择。城市旅游目的地主要是提供各种各样的旅游体验,满足游客的需求和兴趣。

（二）乡村旅游目的地

乡村旅游是指游客前往农村地区,体验以自然环境、乡土文化和农村生活为主题的旅游活动。乡村旅游目的地是乡村旅游的具体地点或地区,这些地方通常以独特的自然风光、悠久的历史文化和独特的乡土特色,吸引着游客前来体验和探索。

（三）海滨旅游目的地

海滨旅游目的地是依托风平浪静、气候温和的海岸线,开发以自然风光为重点,兼顾人文景观,注重旅游配套设施建设,可以开展各种度假疗养、风景观赏、水上娱乐等旅游活动的区域。

（四）森林旅游目的地

森林旅游目的地,以森林为主要景观和旅游资源的地区,为游客提供了与大自然亲密接触和享受自然环境的机会。森林旅游目的地通常拥有茂密的森林、古老的树木、多样的野生动植物、清澈的河流和湖泊等自然景观,具有使旅游者放松、怡情、猎奇、求知、健身等多种功能,可以满足人们回归大自然、追求人与自然和谐、享受自然乐趣的愿望。

（五）遗产旅游目的地

遗产旅游目的地是指游客主要前往探索和体验文化、自然或人类创造的遗产和景点的地点。这些遗产可以是历史遗址、文化遗产、自然遗产、建筑遗产等。遗产旅游目的地提供了一种深入了解地方历史、文化和自然环境的机会。

（六）温泉旅游目的地

温泉旅游目的地指的是人们选择前往的,以享受温泉及相关设施和活动的旅游目的地。

温泉旅游目的地被选择的原因可能是该地区拥有丰富的地热资源,使得其拥有天然的温泉水源。这些目的地通常提供各种类型的温泉浴场、温泉酒店、温泉度假村等设施,让游客可以在旅途中放松身心,体验治疗性的温泉水和享受健康的水疗。

第三节　旅游目的地演化

旅游目的地一直处于不断变化之中,遵循一定的时间、空间演化规律。国内外学者纷纷试图运用经典理论来解释旅游目的地的演化规律,如巴特勒(Bulter,1980)提出的旅游地生命周期理论;皮尔斯(Pearce,1995)分析了带状旅游核心—边缘空间结构;卞显红(2002)提出城市旅游空间成长及其空间结构演变主要经历单节点、多节点到链状节点三个过程,并对演变机制进行了理论探索;张玲(2005)根据旅游地发展规律,提出旅游空间结构由单体景点旅游空间结构、旅游景区空间结构向城市旅游空间结构演化的模式。

一、目的地时间上的演化

目前被广泛应用的旅游地生命周期理论是由巴特勒(Bulter,1980)提出的,他将旅游目的地的演化划分为六个阶段:探索阶段、参与阶段、发展阶段、巩固阶段、停滞阶段、衰落或复苏阶段。

(一)探索阶段

这一阶段的特点是旅游目的地只有探险型旅游者,且数量有限、分布零散,他们与当地居民接触频繁。但是人们通过积极地收集信息、比较和评估不同的选择,最终制订行程计划,并怀揣着对未知的期待和激情。

(二)参与阶段

旅游者的人数逐渐增多,当地居民开始为旅游者提供一些专门的简易设施。旅游季节逐渐形成,广告也开始出现,旅游市场范围也已界定出来。旅游者可以亲身体验并参与到旅游目的地的各种活动和文化中,与当地人进行交流与融合,建立丰富的旅行记忆和体验。

(三)发展阶段

一个庞大而又完善的旅游市场体系已经形成,吸引了大量的外来投资。旅游者数量继续增长,在高峰时期甚至超过常住居民人数。交通条件和服务设施得到极大的改善,广告促销力度也极大增强,外来公司提供的大规模、现代化设施已经改变了目的地的形象。旅游业的快速发展使目的地部分依赖于外来劳动力和辅助设施。

(四)巩固阶段

目的地经济发展与旅游业息息相关。这一阶段游客增长率已经下降,但总游客量将继续增加并超过常住居民数量,旅游业相对稳定。为了扩大市场范围、吸引更多的远距离游客,旅游目的地加大广告宣传力度,丰富旅游产品,注重产品品质和目的地安全管理,着力市

场推广和品牌建设。但是,旅游业的发展也带来了很多弊端,致使当地居民对旅游者的到来产生反感情绪。最初的接待设施已显陈旧,目的地不再是旅游者向往的地方。

(五)停滞阶段

在这个阶段,旅游环境容量已达到或超过最大限度,产生许多经济、社会和环境问题,出现了缺乏创新、旅游设施老化、缺乏市场推广、缺乏投资和发展动力等问题,解决这些问题需要目的地管理者和相关利益者的努力,以重新激活旅游业并推动目的地的发展。

(六)衰落或复苏阶段

旅游目的地衰落阶段指的是曾经繁荣兴旺的目的地逐渐失去吸引力和竞争力,旅游业规模缩小甚至进入完全停滞的阶段。以下是衰落阶段的一些特点:游客减少、旅游设施老化严重、基础设施衰退、经济衰退、缺乏投资和发展动力、失去竞争优势。

在面对衰落阶段时,目的地需要采取积极的措施来重新振兴旅游业。这包括改善旅游设施和服务品质,加强市场推广和品牌建设,提升目的地的竞争力,吸引游客回归。另外,与地方政府、企业、居民和相关利益相关者进行合作是非常重要的,以共同推动目的地的复兴和发展。

在衰落或复苏阶段有五种可能性:①重新开发旅游目的地,此举颇有成效,会使游客量继续上升,旅游目的地进入复苏阶段;②限于小规模的调整和改造,使游客量以较小幅度继续增长,复苏速度缓慢,注重对资源的保护;③重点放在维持现有游客量上,避免其出现下滑;④过度使用资源,不注重环境保护,导致竞争力下降,游客量剧减;⑤战争、瘟疫或其他灾难性事件的发生会导致游客量急剧下降,而且很难恢复到原有水平。

二、目的地空间上的演化

(一)旅游目的地空间结构

旅游目的地空间结构指的是旅游目的地在地理空间上的组织和布局方式。它涉及目的地内外不同区域的分布、相互关系,以及在旅游发展中的功能、特点和规划。

1. 旅游节点

旅游节点是旅游目的地的基本要素,是指在旅游线路或旅行路线中具有重要地位和吸引力的特定地点或区域。它在旅游过程中起到汇聚和连接作用,是游客集散、休息、参观和体验的关键位置。旅游景区(点)是用来评价旅游目的地发展程度的重要指标之一,旅游景区(点)的数量越多、级别越高,表明旅游目的地的吸引力越强,旅游发展程度越高。

2. 区内路径

路径是旅游活动得以开展和实现所必须借助的空间载体,是旅游者在旅游节点之间的流动轨迹。旅游目的地的区内路径是指在旅游目的地内部游览、移动和导览所采用的路径网络。这些路径通常连接着目的地的景点、设施等,使游客能够方便地在目的地内进行游览和体验。

(二)旅游目的地空间结构演化

旅游目的地存在空间分布相近的旅游资源单体,通过人为开发,会形成旅游景区(点),其空间结构演化过程可分为三个发展阶段,即极核型空间结构阶段、点轴型空间结构阶段和网络型空间结构阶段。

1. 极核型空间结构阶段

极核型空间结构阶段为旅游目的地发展的初级阶段。旅游目的地的发展起初只有一个核心点,即旅游资源的集中区域,这个核心点具有较高的吸引力,游客主要集中在这个点上。此阶段旅游目的地内低级的旅游节点多,路径联结度低,节点间的通达性较差。

2. 点轴型空间结构阶段

点轴型空间结构阶段为旅游目的地发展的中级阶段,是指旅游目的地的发展呈现出一个核心点和一条连接核心点的主要旅游景点线的结构。随着旅游业的发展,旅游资源开发力度加大,区内交通不断改善,旅游目的地区域内的旅游景区(点)数量开始增多,随着旅游资源优势整合,吸引力不断增强,会出现另一个高级旅游节点。此时,两个高级旅游节点间旅游流呈双向性,形成连接两个高级节点的点轴型空间结构。

3. 网络型空间结构阶段

网络型空间结构阶段为旅游目的地发展的高级阶段。随着旅游业的进一步发展,旅游目的地的区内交通不断完善,旅游资源开发利用效率提高,旅游景区(点)数量和结构达到最优,形成多个高级旅游节点。多个高级旅游节点旅游流呈多向性,形成连接多个高级旅游节点的网络型空间结构。

第四节 旅游目的地管理

管理就是在特定的环境下,对组织所拥有的资源进行有效的计划、组织、领导和控制,以便达到既定的组织目标的过程。旅游目的地管理就是以旅游目的地作为对象进行的管理活动,是在旅游目的地现有约束条件下,利用好各种资源和管理手段来实现旅游目的地发展目标的过程。

一、旅游目的地管理概念

旅游目的地一方面是一个开放的系统,它与社会有着广泛的、密切的联系,它要向社会、旅游者提供特定的产品及服务,要面对来自同行业的激烈竞争和挑战,还必须担负社会某些方面的责任和义务;另一方面它自身就是一个系统,拥有很多工作部门、大量员工,还有许多产品,各式各样的设施设备以及旅游环境等。

旅游目的地作为社会管理和经营活动的一个单元,它的管理目标既有总目标,又有分目标。这些目标任务在旅游目的地管理活动的实施过程中起到纲领性的作用。虽然旅游目的

地之间各有不同,具体要求有所差异,但从总体来看,其管理的任务大体上是一致的。这些任务包括以下方面:开发旅游资源,培育生态环境,开展健康有益的文化游览活动,丰富群众的精神文化生活,达到一定的经营目标,取得经济和社会效益。

综上所述,可以把旅游目的地管理定义为:基于清晰的战略目标和旅游规划,运用行政、经济和法律手段,对目的地区域内的包括旅游资源、接待设施、基础设施、公共服务、节事活动等所有目的地组合要素进行协调与整合,并打造目的地形象以及向旅游者进行营销宣传,为目的地创造经济、社会和文化效益的过程。

二、旅游目的地管理机构任务

目的地管理机构(Destination Management Organizations,DMO)是指负责管理和组织旅游目的地发展和运营的机构或组织。这些机构通常由政府部门、旅游局、旅游协会、目的地营销组织等承担,他们的主要职责是促进目的地的可持续发展、提升旅游业的竞争力,并确保游客的满意度和维护旅游目的地的品牌形象。目的地管理机构多为政府部门或准政府机构。

(一)领导与协调

目的地管理机构负责领导目的地范围内的旅游活动,为目的地旅游的未来确定整体发展方向,并协调来自不同利益相关者的资源和意见。

(二)调研与规划

目的地管理机构在为目的地制定旅游策略、规划和战略方面发挥关键作用。具体的规划与调研任务有:制定旅游目的地整体旅游策略;制定旅游战略规划;进行目的地态势分析;在目的地开展游客信息调研,包括游客旅游体验感和服务体验感;开展持续的竞争分析;通过目的地案例研究,创新旅游产品开发与旅游营销方式。

(三)产品开发

目的地管理机构全面负责旅游产品(包括有形产品、人员管理、包价旅游产品和项目策划)的可持续开发。产品开发内容包括:开发新产品,在需要的时候寻找投资商和运营商;制定历时多年的活动战略和行动规划;将目的地旅游体验制作成包价旅游产品,并协助其他合作方开展旅游服务;完善并维护质量保证标准体系;开发并提供服务培训,以提升旅游服务的专业化程度。

(四)营销推广

目的地管理机构制定旅游的整体营销策略以及短期和长期营销计划。其任务包括:确定目的地营销战略目标和发展目标;选择契合目的地的消费对象;制定推广目的地旅游形象的措施;打造并维护目的地品牌推广系统;制定战略营销规划和年度营销计划;通过创新营销方式和传播渠道吸引游客。

(五)合作与团队建设

有效的目的地管理机构管理能使旅游目的地团队精诚合作、携手共进。建立联盟关系可以实现目的地的产品开发和营销目标。其内容包括：积极寻找能够提升目的地产品或增强目的地营销的新合作伙伴关系；为实现具体的营销和产品开发项目及其目标，建立当地和非当地的团队。

（六）社区关系

在做出可能会影响当地居民生活方式和生活水平的重要决策时，目的地管理机构应与社区居民协商。目的地管理机构的社区关系任务包括以下内容：与当地社区居民沟通，讨论目的地管理机构开展的活动、取得的当地业绩和成就；开展居民调查，了解居民对旅游的态度；开展旅游的社区意识计划。

三、旅游目的地管理原则

（一）特色原则

旅游目的地的特色，包括风景、建筑、项目和管理等方面，是旅游目的地的吸引力及其生命力所在。古色古香、宏伟壮观、民族风情、惊险曲折等都可以成为的特色。当然，这种特色应与环境相协调，与旅游目的地的基调一致，并且要有一定的文化目的地基础和群众基础。

（二）效益原则

旅游目的地管理的基本目标之一，就是要持续增加接待能力和吸引能力，取得尽可能高的经济效益和社会效益。应充分发挥现有旅游项目的利用率，通过保护、维修或改造以延长其"生命周期"。对于稍加修整便可开放的旅游项目，优先进行利用；新建旅游项目，应在统一规划和合理布局的前提下，选择吸引力强、观赏价值大、经济效益好的项目优先发展，建设周期要短，并尽快投入使用，创造经济效益。

（三）合理布局原则

合理布局这一原则有广泛的含义。从旅游目的地的平衡来说，旅游项目应均匀分布，疏导客流；从旅游目的地特色来说，要精准巧妙、符合特色；从游客利益来说，要设施配套，路线合理，不走回头路；从业务管理上讲，要便于维护和管理；从项目组合上讲，应冷热均衡，大中小混合，各层次搭配，不断变换与创新等。

（四）持续发展原则

旅游目的地管理应保证目的地的可持续发展。第一，要利用与保护相结合，保持生态平衡，对旅游资源的破坏式开发和超容量利用只能带来短期效益；第二，要提高旅游目的地的吸引力和服务水平，提高游客的重游率，只凭华丽的宣传和推销手段，而不下功夫提升旅游目的地质量的做法是短视的管理；第三，要不断地推陈出新，用新的项目、新的产品持续增加旅游目的地的吸引力和知名度。

四、旅游目的地管理内容

旅游目的地管理是一项既复杂又务实的工作，其包括的主要内容如下。

(一)战略规划管理

依据旅游目的地所处的地理位置和其在区域旅游系统中的位置,综合旅游资源特点、游客的旅游需求等因素,确定旅游目的地的定位、规模、特色、设施配套状况、外界的协调关系和基本格局等。研究旅游目的地发展方向和远景发展战略,并对实施战略的步骤进行确定。旅游目的地管理处在不断变化的市场环境中,区域经济、社会文化和旅游业本身发展、旅游产品供求关系的变化都将影响目的地的生存和发展方向。

(二)组织管理

旅游目的地经营管理战略的实施、计划的落实和一切管理活动的完成都需要有健全的组织机构和完善的组织制度来保障。组织管理的目的在于根据所处的环境的变化,为实现其战略目标而创新组织架构,不断调整和完善组织管理制度,确保组织机构具有较强的凝聚力和较高的效率,并拥有规范完善的管理制度。

(三)开发与抚育管理

科学开发旅游目的地的旅游资源,设置相应的旅游项目、配套服务设施以及加强对文物资源、风景名胜资源的保护,旅游设施的维修更新、可再生资源的抚育恢复等。

(四)旅游项目、景区、景点管理

通过对游客流量的调控,既达到增加旅游吸引力和创造显著经济效益的目的,又达到保护资源、保护旅游业持续发展的目的,并通过旅游项目网点的特色形成目的地的优势。

(五)投资管理

投资是维持旅游目的地生存、促进发展、增强竞争实力的重要保证。旅游目的地从一个旅游项目的创意设计、规划咨询、管理目标设计、建设,到建成后的经营管理都需要从投资管理的角度进行科学论证。

(六)业务管理

旅游目的地业务管理是使管理者的命令得到有效贯彻和全面实施的基本活动单元。业务工作主要包括人力资源开发与管理(如人员招聘、培训、员工考核与激励、人事管理、劳资管理);财务管理(如财务决算、财务预算、资产管理、收入、费用、税金与利润管理、财务分析与检查等);安全管理(如游客安全、员工人身安全、财产安全、设施安全等)和信息管理(如行业经营与发展信息、信息咨询系统、内部信息沟通与反馈、信息收集与统计分析)等。

(七)环境管理

竞争能力在很大程度上取决于环境质量的优劣。旅游目的地所处地区的自然环境和社会经济文化环境(当地居民的消费水平、消费习惯、习俗、好客程度、文化差异等)都深刻地影响着目的地的经营和发展,做好环境管理,是创造高品位的旅游产品与高质量的旅游活动、延长游客逗留时间、增加游客消费和旅游收入的重要手段。

（八）旅游者管理

通过对旅游者的宣传教育、适当引导和必要制约，指导游客进行文明健康的旅游活动，维护旅游目的地的良好秩序，制止不良的旅游行为。

相关案例

旅游度假区的建设和管理

浙江省旅游度假区定位：文化和旅游的产业集聚区；高质量发展示范区；改革创新先行区。

一、先批后建的浙江省旅游度假区创建模式

二、谋划好布局才能坚定布局：全市统筹，三带十区布局

湖州太湖滨湖度假带、浙北山地生态度假带、江南古镇民俗风情度假带。

三、市场导向项目为王

(1) 科学引导精准服务：市场的事情市场做，公共的事情政府做；

(2) 合力共推要素保障：项目建设"六项制度"，加强土地、资金、人才支撑。

四、体制保障创新管理：好的体制机制是度假区良性发展的基础

(1) 与行政区合署；

(2) 与开发区合署；

(3) 与乡镇基层合署。

五、创新运营管理是度假区顺应市场的关键

(1) 品牌化营销推广；

(2) 个性化服务；

(3) 智慧化综合管理。

六、多举措打造浙江省一级旅游驿站——莫干山高峰旅游驿站

(1) 多方协作，完善场所功能；

(2) 精准改造，建设旅游驿站；

(3) 联营合作，优化服务品质。

本章小结

旅游目的地指的是旅游者前往的特定地点或区域。这些地点通常具有吸引力和特色，吸引旅游者到此游览、放松、体验和探索。旅游目的地可以是城市、海滩、历史遗迹、自然景观、文化遗产等。选择旅游目的地往往是基于旅游者的兴

趣、偏好、预算和可行性等因素。旅游目的地的含义是旅游者希望在此地获得休闲、娱乐、文化交流、教育、冒险、享受美食等各种目的和体验。

相应的旅游目的地管理具有层次性和科学性,要从旅游学科的角度认识旅游目的地管理知识体系,从实践发展的新背景角度来理解旅游目的地管理的内容与方法。

【关键术语】

旅游目的地　旅游目的地管理

 复习思考题

1. 试述旅游目的地的概念与内涵。
2. 说明旅游目的地和客源地、集散地与旅游景区、旅游地、旅游区之间的关系。
3. 如何根据旅游目的地的构成要素进行旅游目的地分类?
4. 新时代我国旅游目的地管理的基本背景是什么?
5. 试述旅游目的地管理的主要内容。

第二章

旅游目的地游客管理

> **导入案例**
>
> **九寨沟游客滞留事件**
>
> 2018年10月2日,四川九寨沟景区发生大规模游客滞留事件,上下山通道陷入瘫痪,在犀牛海、诺日朗景点处,道路上挤满了情绪激动的游客,几辆公交车完全陷入"人海"中寸步难行,不少游客或是席地而坐,或是爬上车顶休息,甚至有人在路边搭起灶台做饭。
>
> 对此,九寨沟管理局协同相关部门迅速启动应急预案:从景区外抽调60余名工作人员、100余名志愿者,对游客开展劝解工作;抽派20名公安干警、20名武警,分赴各候车点维护秩序、疏导交通;从县上抽调20辆摆渡车帮助景区转运游客;将矿泉水、面包等食品分发给部分滞留游客。当日17时许,景区道路逐渐通畅,公交车通行恢复正常,游客陆续下山。但入夜后景区道路再次堵塞,不少游客开始往售票处聚集,要求退票和赔偿,现场一度陷入混乱,直到当晚22时许,滞留游客才全部被安全疏散。
>
> 事件发生次日,九寨沟景区管理局工作人员表示,景区将游客进沟时间提前至凌晨6时,实行分时分段错峰进沟游览,景区每日接纳游客量将限制为4.1万人,游客可以通过现场购票和网上订票的方式买票,门票售完为止。
>
> (资料来源:中国新闻网。)

第一节 旅游动机与行为

一、旅游动机

(一)定义

旅游行为的产生受到外在客观因素和内在主观因素的综合影响,其中旅游动机是旅游行为产生的内在主观因素。旅游动机是指由旅游需求所催发、受社会观念和规范准则所影响、直接决定具体旅游行为的内在动力源泉。旅游动机过程(见图2-1)开始于个体的某种没有得到满足的需求,个体由此产生紧张感和不平衡感,这种状态便成为旅游活动的内部驱动力,驱动着个体采取相应的行动以满足某种需求,最终恢复并维持平衡状态。

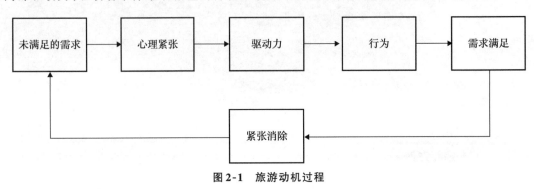

图 2-1　旅游动机过程

(资料来源:张树夫《旅游心理学》。)

(二) 理论基础

1. 马斯洛需求层次理论

马斯洛需求层次理论是研究旅游动机的基础,该理论认为人的需要总是呈上升趋势,当低层次的基本需要得到相对满足后,人们才有追求更高层次需要的动力。马斯洛将需要划分为五个相互联系、依次递进的层次,具体如下。

(1) 生理需要。这是最基本的也是最优先的需要,包括呼吸、进食、饮水、睡眠等人类生存本能性的需要。

(2) 安全需要。人们希望未来生活有保障,谋求安全与稳定,包括人身安全、财产安全、健康保障、工作保障等。

(3) 社交需要。即爱的需要和社会归属的需要,包括友情、爱情和亲情。

(4) 尊重需要。包括自尊心和受到他人尊重两方面。

(5) 自我实现需要。最大程度发挥个人能力,实现自我价值,这是最高层次的需要。

2. 普洛格模型

普洛格模型认为人的心理特征分布曲线符合正态分布,它是以一个单一维度或尺度上的位置代表游客,并沿着这一维度分布。游客的类别分为自我中心型、近自我中心型、中间型、近多中心型和多中心型。大多数游客属于中间型,从自我中心型到多中心型,游客目的地的选择也从近距离、熟悉的、安全的地区向远程的、陌生的、冒险的地区移动。

3. "推—拉"模型

"推—拉"模型由美国学者丹恩引入旅游研究领域。模型中"推"的因素是指由内心的不平衡或紧张引起的内在驱动力,如逃离惯常环境、摆脱生活压力等,是激发人们外出旅游的内在推力。"拉"的因素与旅游目的地自身特征和吸引力相关,如独特的自然景观、历史古迹等,是影响游客选择旅游目的地的外在拉力,具有一定的选择性。个体内部的需要形成推力,外界的刺激产生拉力,个体的旅游动机在二者共同作用下产生。

4."逃—寻"动机模型

依索·阿霍拉提出的旅游动机模型包括"逃"和"寻"两种力量。"逃"指离开日常环境的愿望,"寻"指去旅游以获得内在的心理补偿。"逃—寻"二分模型与"推—拉"模型在内在驱动力上的解释有一定的相似性,不同的是"推—拉"模型中的外在动力主要是指外在的旅游目的地吸引物,而在"逃—寻"模型中主要是指个体内在的社会心理需要。

5.旅游职业生涯模型

旅游职业生涯模型(Travel Career Patterns,TCP)由皮尔斯提出,是最早研究旅游动机的动态理论模型,该模型建立在旅游生涯阶梯(Travel Career Ladder,TCL)模型的基础上。TCL模型认为游客的需求动机呈现出层级或阶梯形式,由下至上依次是放松需要、刺激需要、关系需要、自尊和发展需要、自我实现需要,游客会随着旅游经历的积累而逐渐追求更高层次的旅游需要。

TCP模型描述了14种不同的动机类别,并根据它们的重要程度将其划分为核心层动机、中间层动机和外部层动机三部分。个体的旅游经验和所处生命周期的阶段共同影响了不同动机的重要性,对游客而言,中间层动机比外部层动机更加重要,旅游经验有限的人倾向于认为所有动机都很重要。其中核心层动机较少受到人们的认可。

(三)基本类型

旅游动机是游客的主观意识,具有多元复杂性,常见的基础分类方式如表2-1所示。

表2-1 旅游动机分类

学者	基本动机	目的
田中喜一	心理的动机	思乡心、交友心、信仰心
	精神的动机	知识的需要、见闻的需要、欢乐的需要
	身体的动机	治疗的需要、休养的需要、运动的需要
	经济的动机	购物目的、商务目的
麦金托什	身体健康动机	休息、运动、游戏、治疗等消除紧张的身体活动
	文化动机	了解和欣赏异国的文化、音乐、艺术、民俗和宗教等
	交际动机	探亲访友、结交新朋友、摆脱日常工作、家庭事务等
	地位和声誉动机	考察、交流、参加会议以及满足个人兴趣所进行的研究等
今井吾	消除紧张的动机	变换气氛、从繁杂中摆脱、摆脱自然
	自我完善的动机	向往未来、接触自然
	社会存在的动机	和朋友一起旅行、了解常识、家庭团圆

二、游客购买行为过程

（一）游客购买行为过程

游客购买行为过程是指游客购买旅游产品的活动以及与这种活动有关的决定过程，是从内在心理活动到外在行为表现的连续性过程，也是不断反馈调整的动态过程。一次完整的旅游购买行为包括以下三个阶段和五个环节（见图2-2）。

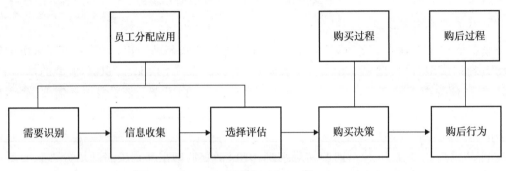

图 2-2　游客购买行为过程

（资料来源：章锦河，洪娟《旅游市场营销学》。）

1. 需要识别

旅游行为的产生首先要了解每个个体对旅游产品的需要。现实生活状态的不满足所带来的心理紧张感和不平衡状态是推动人们形成逃离惯常环境的内在诱因，同时外在因素的刺激也会促进个体对旅游动机的确认。当内在需要和外在刺激达到一定的强度，就会转化为对特定旅游产品的购买动机。

2. 信息收集

当人们产生了特定的需要，一般会有意识地寻找相关的旅游信息。游客的信息来源主要有四种：群体来源（家庭、朋友、同事等）、商业来源（旅游广告、推销等）、公共来源（大众媒体等），以及个人经验来源（游客以往的旅游经验）。其中商业来源起通知作用，其他三种信息来源起评价和证实的作用。

3. 选择评估

选择评估是指人们将收集的信息进行整理、分析、评估和统计以形成购买意图的过程。一般而言，消费者会将产品看成一些特定属性的组合，按照个人偏好赋予各种属性不同的权重。根据不同品牌产品属性预期能够带来的效益进行打分，将每种属性表现的分数与相应权重的乘积加总求和，其结果即为消费者进行选择的排序依据。

4. 购买决策

购买决策是指游客做出决策并实现对旅游产品的购买。一般来说，在资金和闲暇时间一定的情况下，人们倾向于追求最大的旅游效益，即最少的旅游时间和最大的信息获取量。

为此，人们往往会选择最有名或与常住地差异最大的地方进行旅游。从购买意图到形成购买决策之间还可能会受到他人态度、可预期的环境因素和意外突发因素的影响。

5. 购买行为

购后行为是指游客对实际旅游体验的反馈，即游客的旅游后体验。如果旅游实际体验符合或超过购买前的期望值，游客便会感到满意并倾向于继续购买该产品，传播产品的良好口碑；反之，当游客感到不满时，便会采取公开行动（旅游投诉、索赔、采取法律行动等）或私下行动（不再购买该产品、传播负面口碑等）进行反对。旅游体验的评价反馈会影响游客下一次的购买行为。

（二）游客决策理论地图

旅游决策贯穿于整个游客购买行为过程，在做出实际旅游决策之前，决策就已经开始，并且一直持续到旅游结束为止。图2-3展示了九个关于旅游决策与行为过程的一般问题（A-I），包括旅游目的地选择以及决策执行的过程与结果。图中每个箭头代表一个试探性命题，与其指向的一般问题相关，对每一个命题的说明如下：

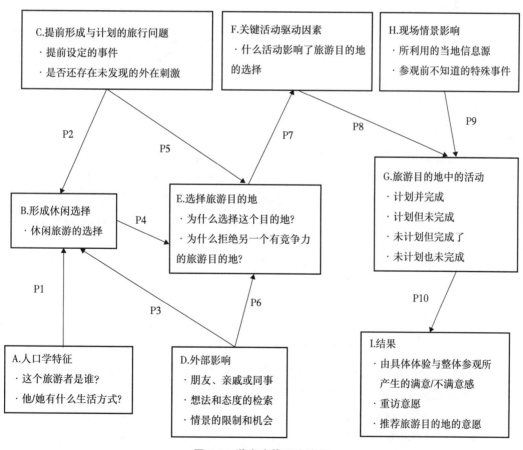

图2-3 游客决策理论地图

（资料来源：王有成，亚伯拉罕·匹赞姆《目的地市场营销与管理：理论与实践》。）

命题P1提出,人口和生活方式的差异会影响个体的休闲选择。
命题P2提出,意料之外或计划外的事件可能会影响个体的休闲选择。
命题P3提出,个体的休闲选择受到外部与内部因素的影响。
命题P4提出,有助于休闲选择的产品特征与可能的利益会影响对旅游目的地的选择。
命题P5提出,在设计与计划行程中所收集的信息会影响对旅游目的地的选择。
命题P6提出,社会力量将影响游客选择或拒绝一个旅游目的地的替代品。
命题P7提出,关键的活动驱动因素是指参观一个特定旅游目的地的具体计划与旅程的前期行动,这些将会巩固旅游目的地的选择。
命题P8提出,关键的活动驱动因素将影响游客在旅游目的地中已计划好的以及已完成的活动。
命题P9提出,游客在参观过程中会对事件进行解释并改变计划。
命题P10提出,产生了特定结果的旅游体验,将成为一段美好或糟糕的旅游经历,积极的购买体验,将会促进以后的购买行为以及向他人推荐的行为。

三、游客游览行为

流动性是旅游的本质特征之一,广义的旅游流指的是旅游活动中的人员和物资的流动。旅游流包括人员流和物资流两个层面,人员流主要指的是旅游者的流动。物资流主要指与旅游活动有关的物资的流动,游客游览行为的时空变化特征对旅游目的地的可持续发展具有重要意义。

(一) 时间变化特征

旅游季节性是旅游业的基本特征之一,是指旅游现象的暂时不平衡性,从客流量、旅游花费、交通流量、旅游景点流量等关键因素可以看出这种性质。旅游目的地的季节性会受到自然因素和制度因素的共同影响,前者主要与气候变动、季节变迁有关,后者则与社会文化、休假制度、旅游业经营时间等有关。根据旅游季节性需求的差异,旅游目的地会呈现出淡季、平季和旺季之分。

旅游市场年度内的季节性变化可用季节性指数来表示,它是反映某景区旅游需求时间分布集中程度的指标,计算公式为

$$R = \frac{\sqrt{(x_i - 8.33)^2}}{244}$$

式中,R为某景区旅游需求的季节性强度指数;x_i为该景区各月旅游需求占全年的比重。R值越小,该景区年内旅游需求分布越平均,受季节性影响就越小;反之,季节性越明显。

旅游流的强度不仅在一年之中是不平衡的,在一天之内也表现出明显的时段性,游客通常集中于10:00—15:00这个时间段在游览景区。游客停留时间的长短会受到旅游地的吸引力、游客自身偏好和生理节奏等因素影响。在一周之内,游客通常会选择在周末出游,周一往往是客流量最少的一天;在不同的周际,出游时间主要受到休假政策的影响,游客通常会选择在春节、国庆节等法定节假日出行。旅游流的月变化反映了旅游目的地产品供给和

旅游需求的季节性,特别是以自然资源为主的景区,其受气候舒适度、景观季相变化的影响更为明显。

（二）空间变化特征

旅游流的空间变化特征是指旅游流在空间分布的均匀度或集中度状况。游客空间行为可划分为大、中、小三个尺度。大尺度的游客空间行为主要以省际、全国和国际为范围,游客倾向于选择级别和知名度较高的旅游目的地,并尽可能地游玩更多的高级别景点,旅游线路多采用闭环状;小尺度的游客空间行为一般在县、市风景区内,游客除了选择级别或者知名度较高的旅游景点外,还倾向于选择节点状的旅游线路,在居住地附近进行旅游;中尺度的游客空间行为是以省、地区为范围,兼有大尺度和小尺度游客空间行为的特征。在景区内部,游客对旅游线路的选择具有趋同性,景观数量多、知名度高的区域往往会成为客流集中区域。

从游客出游半径来看,中国城市居民的旅游和休闲市场随出行距离与到访率的负相关关系越来越显著。20世纪90年代,在城市居民出游率随出行距离变化的曲线中,80%的出游市场集中在距城市500 km以内的范围。就整个城市居民出游市场而言,6%会选择距离超过城市1500 km的目的地,37%分布在距城市15 km的范围内,24%分布在15～50 km的范围内,21%分布在50～500 km的范围内,12%分布在500～1500 km的范围内。

交通技术的革新,特别是高铁的出现带来了明显的"时空压缩"效应,游客能够以更快的速度,旅行到更远的地方。例如,在京沪高铁开通前,60%的北京和上海居民出游距离主要集中在350～450 km,以中近程为主;80%的居民出游距离主要集中在600～850km,以中远程为主。高铁开通后,60%的居民出游距离主要集中在840～1000 km,比高铁开通前80%的居民出游距离还远,80%的居民出游距离主要集中在1200～1300 km。高铁的出现使得居民中远程出游半径大大增加,显著地影响了游客的空间行为。

第二节　游客管理概述

一、游客管理的定义

从狭义的角度来看,游客管理是指对旅游景区、景点等游客进行管理的工作。这一概念侧重于游客数量、游客流动、游客行为等方面的管理。狭义的游客管理主要围绕游客行为的管理与控制进行。

从广义的角度来讲,游客管理是对旅游活动中的各个环节和各个方面进行综合管理的工作。除了狭义的游客管理所涉及的内容,广义上的游客管理包括旅游承载量管理、旅游体验管理、游客行为管理、游客影响管理、游客安全管理等多个方面,强调旅游目的地与游客之间的互动关系管理。

二、游客管理的目标

游客管理的多重目标是从旅游目的地角度倡导资源环境保护和从游客角度考虑旅游体

验的提升,以及从运营者角度考虑成本与效益。既要为游客提供较好的游憩机会、保证游客的旅游体验质量、防止因游客过分集中后出现的旅游质量下降和旅游资源破坏等不利影响,还要考虑控制运营管理成本,以保证管理的经济性。

多重目标之间是对立统一的关系。游客的进入不可避免地会带来资源的损耗,但科学的游客管理是协调环境保护与游客需求关系的一种工具。游客体验的保证要建立在资源得到有效保护、景区秩序正常的基础之上;同时对旅游资源进行保护,也是在强化旅游资源的吸引力,从而为游客带来更好的旅游体验。但这些也都必须考虑一定的成本与风险,否则旅游目的地运营管理本身也难以维持。因此多重目标之间是相互依存的,一方的实现都要以另一方为基础。

三、游客管理的模式

（一）可接受改变的极限（Limits of Acceptable Change）

该模式由美国林业管理局提出,广泛应用在荒野地区、大江大川、历史遗迹和旅游开发地中。这是以问题导向为核心的管理模式,它限定了每一个游憩机会的可接受改变的极限,但未纳入尚未出现或未考虑的问题。其操作步骤为:

(1) 识别区域内特别的价值、问题和其他利害关系;
(2) 识别与描述游憩机会类别及其分类;
(3) 选择资源与社会条件的指标;
(4) 建立现存资源与社会条件统计库;
(5) 将每个游憩机会类别的资源与社会条件具体化;
(6) 识别替代机会类别的配置情况;
(7) 识别每个替代方案的管理行动;
(8) 评估并选择一个较优的替代方案;
(9) 执行行动与监督。

（二）游客影响管理（Visitor Impact Management）

该模式由美国国家公园管理局和美国国家保护联合会的研究人员提出,适用于多种情境。该模式关注影响旅游的问题现状、成因和解决问题的潜在对策。这种方法平衡了科学分析和人为判断,有利于找出产生影响的因素并确定管理战略,但只能关注到目前的状况,而不能评估将来可能产生的影响。其操作步骤为:

(1) 检查数据资料库;
(2) 回顾管理目标;
(3) 选择关键影响指标;
(4) 确定选择的关键影响指标的标准;
(5) 对比标准与现状;
(6) 确定产生影响的可能原因;
(7) 确定管理战略;
(8) 执行管理战略。

（三）游憩机会谱（Recreation Opportunity Spectrum）

该模式由美国林业管理局和土地管理局的研究人员创立，适用于保护区和以自然资源为基础的多功能利用区。该模式旨在解决日益增长的游憩需求和过度利用稀有资源之间日益增加的矛盾，从资源保护、公众使用机会和组织者满足预制条件的能力三方面进行了合理化的管理，但游憩机会谱要求管理者在做出其他任何选择和决定之前全盘接受其环境指标与标准，对此的任何争议都将会影响到后面的规划程序。其操作步骤为：

（1）列出物质方面、社会方面和管理方面影响游客体验的因素；

（2）分析辨别环境中的矛盾、定义各种游憩机会等级（种类）、将各种游憩机会与森林管理行为相结合、发现冲突并找出缓解冲突的对策；

（3）制定日程；

（4）设计项目方案；

（5）执行方案；

（6）实时监控。

（四）游客体验与资源保护（Visitor Experience and Resource Protection）

该模式由美国国家公园管理局建立，主要应用于美国国家公园的管理规划，重点强调建立在资源与游客体验质量基础之上的、与旅游承载力相关的战略决策，其核心是划分功能区。该管理模式考虑了资源保护和游客体验，但没有对"体验"进行准确定义。其操作步骤为：

（1）组建多学科的项目小组；

（2）提出公众参与的策略；

（3）阐述规划中的目标与问题；

（4）分析公园资源条件与游客利用现状；

（5）描述游客体验与资源条件的可能范围；

（6）将公园内的具体地点设置为潜在的指定功能区；

（7）为每个区域选择指标以及评价指标的标准，并以此提出监测计划；

（8）监测各项资源和社会指标；

（9）采取管理行动。

（五）游客活动管理模式（Visitor Activity Management Process）

游客活动管理模式是针对旅游目的地的游客活动进行组织、协调和管理的一种模式。这种模式旨在为游客提供多样化的活动选择，从而提升游客的旅游体验和满意度。此模式结合社会科学原则和营销原则，为公园发展的各个阶段提供规划和管理指导，并以游客游憩机会为重点进行分析与规划，但该模式未进入管理规划层面。其操作步骤为：

（1）提出项目计划书；

（2）再次确认现有目的与目标宗旨；

（3）建立资料库，描述公园生态系统、可能的游客教育和游憩机会、现有的游客行为和

服务,以及地区宏观背景;

(4)分析现有情况以便确认自然和人文资源主题、资源承载力与适用性、适当的游客行为,以及公园在当地的地位和在非公共部门中的作用;

(5)为资源环境、旅游体验、游客细分市场、不同等级的服务、公司在当地的角色和在非公共部门中的作用提出替代性的游客活动方案;

(6)制定公园管理规划,内容包括建立公园的目的和作用、管理目标与操作方针、区域关系以及私营部门的地位与角色;

(7)执行管理规划。

第三节 游客管理内容

一、游客承载量管理

游客承载量管理是游客管理的重要内容,是保障游客的人身安全、提高游客满意度、促进旅游资源的可持续利用和提高景区服务和管理水平的工具。

(一)游客承载量计算方法

1. 瞬时承载量

瞬时承载量是指在某一给定时间段内,一个系统或设备可以承受或处理的最大负荷量。它是衡量系统或设备在单位时间内能够承受或处理的最大任务数量或负荷数量。瞬时承载量 C_1 的计算公式为

$$C_1 = \sum X_i / Y_i$$

式中,X_i 为第 i 个景点的有效可游览面积;Y_i 为第 i 个景点的游客单位游览面积,即基本空间承载标准。

以张家界武陵源核心景区为例,根据公式测算出武陵源核心景区瞬时承载量为61730人(见表2-2)。

表2-2 张家界武陵源核心景区有效游览面积以及瞬时承载量

测算项目	面积/m²	测算指标/(m²/人)	瞬时环境容量/人
一级步行道	56227	2	28113
二级步行道	52020	3.5	14860
三级步行道	41900	5	8380
广场	15185	2	7592
观景台	5573	2	2785
合计		61730人	

(资料来源:中山大学旅游学院《张家界市主要景区游客最大承载量测算结果》。)

2. 日承载量

日承载量是指某一旅游目的地、景点或设施在一天内能够容纳的最大游客数量。它是衡量旅游目的地接待能力和管理能力的重要指标之一。日承载量C_2的公式为

$$C_2 = \sum X_i / Y_i \times (T/t) = C_1 \times Z$$

式中，T为景区每天的有效开放时间，t为每位游客在景区的平均游览时间，Z为整个景区的日平均周转率，即T/t。

调查研究显示，武陵源核心景区的游客平均游览时间约为5.8小时，则武陵源核心景区周转率及最大承载量测算如下：

夏季：景区营业时长为11.5小时，周转率$=T/t=11.5/5.8≈1.98$；

所以，日承载量＝瞬时承载量×周转率＝61730×1.98≈12.2万人次/日。

冬季：景区营业时长为9.5小时，周转率$=T/t=9.5/5.8≈1.64$；

所以，日承载量＝瞬时承载量×周转率＝61730×1.64≈10.1万人次/日。

3. 生态承载量

生态承载量指的是一个生态系统在长期内能够容纳和支持的生物种群数量或生态资源利用水平的上限。简而言之，它是指某个区域或生态系统在没有损害生态平衡和可持续发展的前提下能够维持和支持的最大生态负荷。根据实地观测，对游览路线中主要景点存在生态环境破坏（冲突）的地方进行记录；根据显著冲突发生数目，将其归为不同的关注等级（见表2-3）。

表2-3　生态承载量等级对照表

总体承载量等级	关注的显著冲突/个	应当关注的程度
低于标准	0	无需更多关注
接近标准	1—2	需增加低水平关注
处于标准	3	需增加中等水平关注
高于标准	>3	需增加高水平关注

（资料来源：中山大学旅游学院《张家界市主要景区游客最大承载量测算结果》。）

4. 社会承载量

社会承载量是指一个社会、社区或地区在可持续发展的前提下能够容纳和支持的人口数量或人口密度的上限。它是社会经济发展和生活质量保障的限制因素之一。

反映一个旅游区的社会承载量有多项指标，从服务设施来看，住宿接待量是反映旅游区社会承载量的最基本的指标。《张家界市2016年国民经济和社会发展统计公报》显示，张家界全市有旅馆3199家，床位共计11.3万张。随着社会生活水平的提高，游客会提高选择住宿的要求，可取接待弹性系数为1.5。因此，可用住宿接待量近似社会承载量，其估算方法为

$$\begin{aligned} 社会承载量（住宿接待量）&＝住宿床位总数（人次/日）\times 接待弹性系数 \\ &＝11.3\times 1.5 \\ &≈17.0万人次/日 \end{aligned}$$

对社会承载量的考察还可以从游客对公共设施、服务消费、生态影响以及对文化影响的感知来评估,也可以从旅游带来的社会效益、经济效益、生态效益、文化遗产、人际关系、总体幸福感等多个方面进行衡量。

5. 心理承载量

心理承载量是指在一定时间条件下,旅游者在进行旅游活动时无不良心理感受的前提下,景区能够容纳的最大旅游者数量。对游客心理承载量的评估应先建立相应的测量指标。如表2-4所示,通过调查武陵源景区游客,测算各题项和各维度的均值,参考专家对游客感知的社会发展评价、经济发展评价、环境影响评价、文化影响评价四个方面的评价权重,测算游客心理承载量C_3的得分为$C_3=0.11\times3.8+0.55\times3.5+0.17\times4.2+0.17\times4.0=3.7$。

表2-4 游客心理承载量评估指标及均值、权重

一级指标	二级指标	三级指标	题项均值	维度均值	权重
游客心理指标	社会发展评价	景区内部交通十分方便	3.8	3.8	0.11
		旅游配套设施齐全,方便休息	3.6		
		景区治安好,没有小偷小摸或蛮横暴力现象	4.2		
		景区停车位宽裕、不拥挤	3.6		
	经济发展评价	旅游住宿方便、卫生条件好	3.6	3.5	0.55
		景区用餐方便、性价比很高	3.0		
		当地景区工作人员服务态度好、不欺客	3.9		
		当地旅游私营人员服务态度好、不欺客	3.7		
		景区各类消费价格合理	3.2		
	环境影响评价	景区风景如画	4.4	4.2	0.17
		景区空气清新	4.5		
		景区河流、小溪清澈,水质良好	4.3		
		景区安静祥和、噪声较小	4.0		
		景区环境卫生保持良好,无垃圾乱堆放现象	3.9		
	文化影响评价	当地文化具有特色、有吸引力	4.1	4.0	0.17
		特色文化资源得到有效保护	4.1		
		传统文化得以传承和发扬光大	4.1		
		当地人大部分都比较文明	4.0		
		当地人大部分都会讲普通话	3.9		

(资料来源:中山大学旅游学院《张家界市主要景区游客最大承载量测算结果》)。

根据游客心理承载量标准,承载量分值在0—60分的属于超载状态,需要强制性管理;

61—80分属于可接受范围,需要辅助性管理;81—100分表明游客可承受能力强,不需要过多管理但需要保持监测。根据计算,游客心理承载量 C_3 为3.7,相当于百分制的74.5分,属于可接受范围,表明武陵源景区拥挤度并没有给游客造成严重的心理压力,旅游接待设施的发展还是相对完善和成熟的。

(二) 管理措施

1. 外围分流措施

外围分流即在游客进入旅游目的地之前引导游客进行分流,利用多种方法控制游客入园时间,从而达到调控客流量的目的(见表2-5)。

表2-5 外围分流措施及目的

方法	措施	目的
门票分时段限量预约	在互联网上对门票进行限量、分时段的预约管理	预测游客量,分散客流
门票价格分时调整	在淡季和旺季的非高峰时段推行门票优惠政策	释放旅游需求,缓解旺季高峰时段接待压力
开发次级景区	开发周边新的次级景区	缓解核心景区压力
发布预警信息	向公众发布游客数量预警信息	引导游客合理安排旅游线路
景区错时游览	通过旅行社的预约与协调机制,引导游客在不同景区间错时游览	防止游客过度集中,缓解拥挤
景区轮休制度	对不同景区实施轮休管理	避免资源过度利用

(资料来源:中山大学旅游学院《张家界市主要景区游客最大承载量测算结果》。)

2. 内部调控措施

内部调控是指通过提高景区内部空间利用的合理性,加强对景区内部秩序的维护,从而缓解关键节点的拥挤程度,避免发生意外事故(见表2-6)。

表2-6 内部调控措施及目的

方法	具体措施	目的
完善基础设施	改善景区内道路湿滑、狭窄的情况	确保道路通畅安全
	改善垃圾桶的设计和布局	缓解景区内垃圾堆积的问题
	扩大休息区面积,完善室外游憩设施,提供遮阳板、风扇等	改善休息区环境,提高设施资源的有效利用率
优化游览路线	将不同的游览路线与核心游览点进行合理组合	避免游客过于集中在核心游览点
	协调团队游客的游览路线,错峰游览各景点	避免团队游客同时段内过于集中,以降低拥挤程度

续表

方法	具体措施	目的
宣传文明旅游	通过门票、宣传册、广播等形式提醒游客进行有序游览	降低游客在排队、等待时发生冲突的可能性
	增加专业的引导人员	规范游客行为,缓解游客的拥挤状况
区间车引导	开通旅游地内部的区间车,实现景区有序分流与线路分配	利用交通引导游客从不同线路或不同时间进入游览点

(资料来源:中山大学旅游学院《张家界市主要景区游客最大承载量测算结果》。)

3. 游客引导措施

游客引导措施是指通过公开信息、采取合理的排队方式等手段来引导游客行为,降低游客负面情绪的调控方法(见表2-7)。

表2-7 游客引导措施及目的措施

方法	措施	目的
发布实时数据	在景区内外通过显示屏、广播、展示板等发布各个景区游客数量信息	传递景区拥堵情况,引导游客合理安排游览路线
	在拥堵地区发布拥堵信息	让游客明白拥堵原因,减少游客的焦虑
	更新景区地图、路标	保证游客信息的准确性,使游客能合理、准确地规划路线
	在安检等有特殊要求的卡口提前设置告示,提示游客具体要求	提高卡口通过效率,减少不必要的等待与潜在的冲突
加强排队管理	安排工作人员疏导、规范游客队伍	维持现场秩序,保证排队效率
	在排队区域提供娱乐节目	缓解游客排队的烦躁情绪
	更新检票设备、简化手续	提高检票效率,避免拥堵
高峰期限时逗留	高峰时期限制游客在陡峭、危险山道上的逗留时间	避免游客因扎堆发生危险
停止售票、延长门票有效期	一旦景区内游客量达到上限,立即停止售票和入园检票	控制游客数量,减少生态冲突,提高游客的游览体验

(资料来源:中山大学旅游学院《张家界市主要景区游客最大承载量测算结果》。)

二、游客体验管理

(一)游客体验的框架

旅游体验是在旅游中所获得的感受、体验和收获。旅游体验是一个多维的结构,其核心在于游客和目的地之间、社区居民和其他游客之间的互动。旅游目的地在创造体验环境和情境时,只有使游客置身其中并积极参与到体验的生产过程中,才能产生旅游体验。如图 2-4 所示,游客体验的框架描述了在旅游目的地市场营销背景下旅游体验的组成,包括普通的和非凡的、认知的和情感的两个核心轴,以及人际互动、物理环境体验、情境和个体特征四大影响因素。不同游客受这些因素的影响不同,从而获得的体验也存在差异。该概念框架是由内部和外部因素组成的多维结构,同时结合了旅游企业和旅游消费者的体验观点,它们共同塑造并影响着消费者体验的形成。

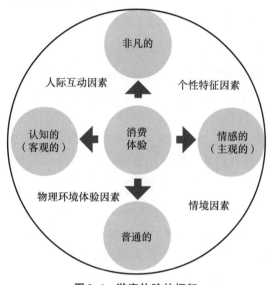

图 2-4 游客体验的框架

1. 普通—非凡体验

第一轴代表旅游体验的范围是从"普通"到"非凡"之间变化的连续统。当旅游体验到达最高位置时,便产生了峰值(非凡)体验。普通体验是在日常生活和惯常环境、事件中得到的常规体验,而非凡体验则是完全沉浸式的体验或流体验。体验的变化范围包括从令人兴奋的积极体验到令人不愉快的消极体验。

2. 认知—情感体验

第二轴是游客体验的内部响应,即体验的范围从认知的(客观的)体验向情感的(主观的)体验方向变化。在每一次消费体验中,体验都是同时包含了认知和情感过程的活动,游客可以通过某些方式来建构自己的旅游体验。对所接受的体验因素加以理解并进行评估之后发现,不同人对消费体验的接受与吸收程度是不同的,从而会诱发不同的体验结果。

3. 物理环境体验与人际互动因素

旅游体验是物理环境体验和人际互动之间自发的互动结果。这些因素能够被旅游企业所控制,通过舞台化的处理和改良,企业创造了满足营销目标和吸引游客的物理环境和人际互动元素,这些感知信息能够充分调动和融合游客的各种感官,从而有效地提升游客的消费体验。

4. 个体特征和情境因素

个体特征和情境因素往往不在旅游企业的掌控之中。同一旅游目的地的产品与服务的创造和履行并不总是相同的,游客体验也不会受限于产品和服务本身,而是会受消费情境的类型与阶段以及个体特征的影响。与旅游过程相关的情境因素如旅游伴侣、目的地特征等会影响游客对这些体验元素的接受和满意程度。每一个消费者都会根据情境以及个人特征来决定自身对体验的意愿与能力。

(二)游客体验的管理措施

1. 营造人际互动环境

人际互动是游客体验的重要来源,游客与旅游目的地关联的意义往往源自游客与其他游客、社区居民的互动,尤其是当这些互动产生人际关系意义时,这种体验更加深刻。旅游目的地管理者要积极策划与营造游客与其他游客、社区居民的邂逅机会与场景,通过创造性的图像与宣传视频来促进积极情感的产生。管理者还可以针对某类特定的消费者群体来创造特定的社交氛围,从而提升游客人际互动体验,具体方法包括让员工穿戴特别的制服、保持良好的身体姿势、跟游客进行眼神接触和向游客微笑等。

2. 营造多感官氛围环境

游客在物理环境中与各种感知(视觉、嗅觉、触觉、味觉、听觉)信息融合在一起能够有效促进体验。在旅游目的地管理中,应该尽量创造良好的氛围,包括干净整洁的街道、清新的酒店环境、让人感到快乐的配色方案,以及一个设计良好、既实用又具有视觉吸引力的环境等,这些都是有效提升游客体验的重要方法。

3. 营造情感氛围环境

认知—情感体验是游客体验的高峰体验,旅游目的地管理者应为游客营造各种促进情感生成的氛围环境,如在游览路线中安排一些令人兴奋的节点、在节事活动中安排一些让游客感到意外的惊喜、在服务接待中安排一些令游客感动的细节等。

三、游客不文明行为管理

(一)定义

游客不文明行为指的是在旅游过程中,游客展现出的不符合公共道德、社会规范或者当地文化习惯的行为。这类行为通常会给他人、环境或者社会造成负面影响,可能导致游客与目的地居民之间关系紧张、旅游目的地的环境遭受破坏,甚至引起法律纠纷。一些本质上有违道德或者法律的行为,会对旅游目的地、游客、社会,甚至给国家形象带来消极影响。

(二)表现

如表2-8所示,游客常见的不文明行为主要有以下几种类别及表现。

表 2-8　游客常见的不文明行为类别及表现

类别	定义	典型行为
不雅观	游客言语、动作、衣着、行为等不符合所在场合的规范或要求	污言秽语、衣衫不整等
不卫生	游客在旅游过程中的不良卫生习惯	乱扔垃圾、随地吐痰等
不安全	游客故意违反景区、设施、特定场合下的安全规范	不遵守景区安全规则、乘坐交通工具不系安全带等
不尊重	游客在旅游过程中不尊重当地人及当地的文化习俗	对服务人员颐指气使、违反少数民族风俗习惯等
有损坏	游客在旅游过程中对资源或设施造成损坏	破坏地质构造、攀爬触摸文物、乱刻乱画、抛砸动物、攀树折花等
有冲突	游客在旅游过程中与他人产生矛盾和冲突	不尊重他人、与他人发生冲突等
有危险	游客在旅游过程中不顾安全规范对自己或他人造成危害	擅入未开发的旅游景区、在消防重点区域使用明火等

（三）危害

对旅游目的地而言，游客的不文明行为会破坏环境的美感、降低环境质量、同时也会缩短旅游目的地的生命周期。游客的不文明行为，会给旅游资源和旅游设施造成破坏，影响他人的旅游体验，使旅游景区形象受损、吸引力下降，从而导致游客数量的减少。

对于游客自身而言，游客的部分不文明行为往往会给自己和他人带来人身安全的隐患。如随意丢弃烟头可能会引发火灾；随意喂食、触摸动物可能会被动物抓伤；不按照规定使用旅游设施、前往未经开放的区域等都有可能给游客带来意外的伤害。

涉及出国旅游时，游客往往代表着国家和民族的形象。游客的不文明行为不仅会影响当地人的正常生活，同时还会使自己国家整体形象受损，造成其他国家对该国游客的某种偏见和刻板印象。

（四）产生原因

1. 需求侧原因

（1）非惯常环境中的"道德感弱化"。由于旅游活动的暂时性、异地性，游客在离开惯常环境后自律意识松散，会出现"道德感弱化"的现象。由于缺乏平日里熟人的监督，因此行为举止便会少了顾忌，甚至会有游客为了寻求刺激或发泄不满情绪而对旅游资源进行肆意破坏，这属于故意破坏的行为。

（2）游客难以形成保护愿望。游客不文明行为的消极影响不是一蹴而就，造成的严重后果往往是长期累积而成的，因而游客在短时间内并不能看到和意识到自己的行为会造成的后果，难以形成保护的愿望。

（3）不文明行为成本过低。对有些游客来说，不文明行为的经济成本、行为成本和信誉成本都非常小，甚至可以忽略不计，却可以带来一定的物质和精神上的收益。在惩罚和管理措施欠缺的情况下,发生不文明行为的预期收益要大于预期成本,因此游客易产生不文明行为。

(4)主客文化差异。不同地域的人们具有不同的文化传统、风俗习惯和生活方式。当不同的价值观、生活观相互碰撞时难免会产生摩擦。游客对旅游目的地的文化和风土人情了解甚少,不能做到入乡随俗,就易产生交流隔阂,触犯当地禁忌。

2. 供给侧原因

(1)旅游法律法规不完善,监督管理机制不健全。我国旅游相关的法律法规起步晚且建设相对不完善,可操作性不高。因此很多不文明行为在法律法规中缺乏对应的管理依据,同时由于监管的广度和力度不足,很多不文明行为未能被及时发现,或是处罚力度轻、对游客的威慑力弱,无法达到应有的约束作用,反而进一步助长了游客的不文明行为。

(2)旅游公共资源紧缺,时空供给不均衡。受社会经济发展和人口基数等客观条件的制约,我国目前用于保障公众休闲的旅游产品和服务供给还未达到成熟阶段,存在时空和层次上不均衡、不匹配和同质化严重的现象。旅游供给满足不了游客的预期,会使游客出现争抢、恶意占有等不文明行为。

(3)景区管理能力低,服务能力弱。我国部分旅游目的地的管理者只重视经济效益,而轻视对游客不文明行为的管理,缺乏详尽的管理规定;或管理方法生硬强制,将游客与资源对立,容易使游客产生逆反心理,不能激发游客主动参与的意识和环保积极性。景区内旅游服务设施设置不合理、旅游环境差、工作人员不正确的示范行为等都会助长不文明行为。

(4)缺乏系统的文明素质教育和正确的引导示范。现阶段中国经济实现了快速跨越式发展,物质文明不断充实,但是精神文明却没有完全同步。旅游活动中的礼仪规范建设和普及尚未成熟,旅游的价值观念和社会规范与社会需要不匹配,导致社会整体旅游素质偏低。

(五)游客不文明行为的管理措施

1. 强制性措施

(1)加强对游客不文明行为的监督和处罚。旅游目的地应加强建设重点区域的监控设备,依法建立景区执法队伍,联合执法部门依法处罚不文明行为,建立健全不文明游客黑名单制度,提高游客不文明行为的实施成本。

(2)限制活动区域及活动内容。采取定点保护措施,在资源脆弱、容易引发不文明行为的地方采用拉网、拉绳、覆盖、分隔、摹写等方式限制游客的进入和使用。

2. 服务性措施

(1)科学布局旅游相关设施,创造优质且舒适的旅游环境。通过合理规划线路、布局旅游设施等对游客进行限制或引导,为游客提供一个干净卫生、设施齐全、服务周到的旅游环境。

(2)营造文明的旅游氛围。旅游目的地管理者和政府部门等应通过新媒体技术,借助社会公益力量,加大社会宣传教育的力度,增强公众文明旅游的意识,倡导文明旅游的行为,营造良好的文明旅游氛围。

（3）制定不文明行为的管理规则。依据相关的法律法规，景区应根据资源特点制定专门的不文明行为管理条例，通过公示公告、教育讲解等引导游客做出正确的旅游行为，要使游客意识到不文明旅游行为可能带来的负面影响。

相关案例

游客感知价值与满意度的影响——以达古冰川为例

随着山地冰川旅游的不断兴起，人们对于休闲旅游不断涌现出更高的要求，也越来越愿意走出城市，走进大山和村庄。山地户外依托山地水体、动植物、立体气候等自然资源，通过山地攀登、探险考察野外拓展等特色项目，不断成为山地度假旅游的重点区域。目前，各地区正不断丰富业态，打造户外项目，让游客在观光之余能够获得深度的旅游体验。市场逐渐复苏、积极向好。山地冰川景象1如图2-5所示。

图2-5　山地冰川景象1

旅游者在旅游过程中形成的一系列认知和感知，直接影响其旅游体验的满意度和旅游者的行为意愿，及时有效地对旅游者的感知进行评测和衡量是实现旅游目的地长久健康可持续发展的根本所在。

游客满意度是探索旅游目的地的现状发展与未来如何挖掘旅游动机的发展方向。游客感知视角下影响休闲体育旅游地目的地竞争力的因素包括体育活动项目感知、基础条件感知、总体满意度感知和旅游专业服务感知，并为提升休闲体育旅游目的地竞争力提出了管理方面的启示，对旅游地产品开发与营销管理有重要的指导意义。学者对旅游感知价值、满意度及其测度内容界定差异比较大，需要进一步厘清。利用文献方法梳理旅游感知价值与满意度概念及其测量维度，剥离感知价值多维测度内容，分析其与满意度间存在的重复测量部分。在探讨测度视角的基础上界定了旅游地核心产品属性、旅游感知价值及满意度测量维度。山地冰川景象2如图2-6所示。

从游客视角出发，以旅游质量为中介变量，构建体育旅游活动中旅游动机期望和游客满意度关系模型，运用结构方程模型进行定量分析，探讨游客满意度的

形成机理。结果表明:体育旅游动机对旅游质量产生显著正向影响;体育旅游者期望对旅游质量产生显著正向影响;体育旅游质量对游客满意度产生显著正向影响;体育旅游质量在旅游动机、期望与游客满意度之间起到完全中介作用,说明体育旅游动机和期望通过旅游质量间接影响游客满意度。

图 2-6　山地冰川景象 2

因此,体育旅游目的地管理者必须注重旅游体验管理,制定针对性的营销策略,引导旅游者树立合理的期望水平及全面提升服务质量。旅游地资源因素对游客满意度产生较弱正向显著影响。旅游地景区设施因素则对游客满意度存在微弱的正向影响,拟最终形成"两强—弱—微"作用关系,且游客满意度各维度评价值与其对总体满意度的影响权重之间无显著关联。

本章小结

旅游动机是由旅游需求所催发、受社会观念和规范准则所影响、直接决定具体旅游行为的内在动力源泉。游客的购买行为过程可以拆分为三个阶段和五个环节,游客的游览行为在时间和空间上均具有一定的规律性。

游客管理是旅游目的地管理者利用必要的管理手段,能促进旅游业的可持续发展,最大程度地满足游客的需求,并保护社会公众、文化、环境等方面的利益。游客管理的多重目标在于保护目的地环境、提高游客旅游体验的同时考虑运营管理的成本与效益。游客管理模式主要有可接受改变的极限、游客影响管理、游憩机会谱、游客体验与资源保护和游客活动管理模式五种。

【关键术语】

旅游动机　游客行为　游客管理

复习思考题

1. 什么是旅游动机,旅游动机的基本类型有哪些?
2. 试阐述游客购买行为过程。
3. 简述游客管理的主要内容与理论框架。
4. 简述游客容量的测算方法。

第三章

旅游目的地社区管理

导入案例

阿者科计划——全球旅游减贫的一个中国解决方案

阿者科村地处云南红河哈尼梯田世界文化遗产核心区内,海拔1880米,全村共64户,479人。村寨于1988年建立,因其保存完好的森林—水系—村寨—梯田四素同构、空间肌理、蘑菇房建筑和哈尼族传统文化,成为红河哈尼梯田申遗的五个重点村寨之一,同时也是第三批国家级传统村落。

这般美轮美奂的古村落,却是元阳县典型的贫困村。阿者科村内经济发展缓慢,村寨成立之初人均年总收入仅3000元,传统生产生活方式难以为继,人们外出务工,村落空心化趋势严重。若留不住村庄原住居民,阿者科的传统也会渐渐消失,这不仅仅是脱贫攻坚的问题,更是遗产保护的问题,同时也是现代化背景下中国广大农村的缩影。

2018年1月,中山大学保继刚教授团队应元阳县政府邀请,到元阳梯田区开展《元阳哈尼梯田旅游区发展战略研究》调研与规划工作,并专门为阿者科村单独编制"阿者科计划"。"阿者科计划"科学地确定了阿者科乡村旅游的目标,制定了分红规则、村落保护利用规则等,乡村旅游发展所得收入三成归村集体旅游公司,用于公司日常运营,七成归村民。阿者科村实行"内源式村集体企业主导"的开发模式,组织村民成立旅游发展公司,由公司组织村民整治村庄、经营旅游产业,并对公司经营进行监管。公司开发哈尼民族体验之旅项目,推出了多种活态文化体验产品及活动。阿者科村的乡村旅游产品既有传统村寨观光,又有文旅活动,激发出游客心灵深处乡愁的记忆。经过一年的实践,"阿者科计划"取得了"开门红",实现稳定增收,群众积极参与,人居环境和旅游环境得到了极大优化,传统村落在旅游发展的同时得到了更好的保护,取得了良好的经济效益和社会效益。实践证明,"阿者科计划"是践行习近平总书记"绿水青山就是

金山银山"发展理念的活样板。"阿者科计划"把阿者科作为一块社会科学的试验田,为全球旅游减贫提供了一个中国的解决方案,找到了一条可持续的旅游减贫之路。

(资料来源:中华人民共和国教育部官网。)

第一节 旅游目的地社区管理概述

一、社区在旅游目的地中的角色

社区(Community)是指一群人在特定地理区域或共同利益、目标或特征的基础上形成的一个互相联系、互助、合作的集体。社区可以是一个小型的居民社区,也可以是一个大型的城市社区、国家社区,甚至是一个全球范围的社区。社区成员之间通过共同的价值观、文化、语言、社交网络等进行沟通和互动。社区必须有以一定的社会关系为基础组织起来的进行共同生活的人群;有一定的地域条件;有一定的生活服务设施;有自己特有的文化、制度和生活方式。社区既具有诸如地缘、友谊、亲情、认同共生互助等传统内涵,也包括磨合人与人的关系、建立处理公共事务的运作模式、确立适合本地域的生活方式等现代含义。

在日常语境中,旅游目的地社区通常是指旅游目的地社区居民,它包括旅游目的地的世居户,也包括在旅游目的地从事各种生计的居民。与行政管理和统计口径所指的村民、村集体等概念相比,社区这一概念本身没有明确的含义,只泛指旅游目的地的居民。社区是旅游目的地的有机组成部分,在旅游目的地发展与管理过程中扮演着非常重要的角色,至少包括以下几个方面。

(一)旅游目的地服务的提供者和生产者

旅游目的地必须为旅游者提供必要的服务设施与服务,而社区居民往往是这些设施的建设者、维护者和共享者,同时也是相应服务的提供者和生产者。在旅游目的地发展早期,社区居民几乎是旅游目的地所有服务的提供者和生产者,他们对旅游者的态度直接影响旅游目的地后续是否能可持续地发展。随着旅游目的地的不断发展,社区居民在旅游目的地服务的提供与生产过程中的角色会逐渐发生一些变化,但总体来讲,社区居民仍然是服务的提供者和生产者,他们所提供的服务形式多样,按参与程度、参与方式和就业形式等不同标准来划分,可以细分出多种类别(见表3-1)。

表3-1 社区居民作为旅游目的地服务提供者和生产者的具体类型分类标准

分类标准	类别	举例
按参与程度分	旅游专营	景区、旅行社等
	旅游主营	酒店、民宿、餐馆、农家乐等餐饮住宿接待业

续表

分类标准	类别	举例
按参与程度分	旅游兼营	农产品、土特产品、手工艺品等供应商及个体户
	旅游非营	建筑、园林、绿化等
按参与方式分	自营	利用自有房屋或租赁房屋开办民宿、餐馆、旅游商店等
	受雇	导游、演艺人员、旅游大巴司机等
按就业形式分	正式就业	景区讲解员、酒店服务员等
	非正式就业	临时向导、服务摊点导购、出租车司机等

（资料来源：基于文献整理。）

（二）旅游目的地吸引物的重要组成部分

随着旅游者需求偏好的变化，旅游目的地社区居民自身的旅游吸引物价值得到越来越多的认可，社区居民也因此成为旅游目的地吸引物的重要组成部分。旅游目的地社区居民至少具有以下几个方面的旅游吸引物价值。

1. 美学价值

一些旅游目的地的社区居民集聚区拥有依山傍水的地理环境、独具地方特色的建筑、传统的生产生活方式等，这些共同构成了旅游者审美背景，对旅游者具有吸引力。

2. 文化价值

一些文化遗产如历史建筑、考古遗址、历史街区等常常处于居民聚落中，其价值往往与居民的生产生活方式是一个共同体。对于一些传统村落类型的活态遗产地，居民本身就是遗产文化价值的重要组成部分，一些传统民俗节庆、传统工艺技术、民间文学艺术等非物质文化遗产本身不可能脱离社区居民而存在。因此，社区居民本身就具有旅游吸引物的文化价值。

3. 体验价值

异于旅游者惯常环境的生活场景、文化景观、主客互动是旅游者追求的核心体验，而旅游目的地社区恰好满足了旅游者的这些想象，因而使社区本身具有体验价值。

一般来讲，社区作为旅游吸引物具体包括民俗、民居、艺术以及日常生活场景等类型（见表3-2）。

表3-2 社区作为旅游吸引物的具体类型

主类	亚类	举例
传统习俗	节事活动	泼水节、火把节、那达慕大会、庙会等
	服饰和饮食	民族服饰、农家菜、土特产品等
民族建筑或传统民居	村寨、民居	土家族吊脚楼、福建土楼、徽派建筑、开平碉楼等

续表

主类	亚类	举例
传统工艺与艺术	传统手工产品	皮影、剪纸、苗绣等
生活场景	农业景观、乡土风情	梯田景观、油菜花田景观、乡村生活景观等

（资料来源：基于文献整理。）

（三）旅游目的地影响的承担者

旅游是一个涉及经济、环境和社会文化的复杂活动，大量研究和实践表明，旅游发展和旅游活动对旅游目的地的经济、环境和社会文化产生了积极和消极的影响（见表3-3）。社区居民是旅游目的地最重要的利益主体，居民们世代居住或长期居住于此，是旅游发展的受益者亦是其负面影响的承担者。

表3-3　旅游发展和旅游活动对旅游目的地的积极影响和消极影响

	经济影响	环境影响	社会文化影响
积极影响	增加居民收入，提高生活水平；促进当地经济发展，改善经济结构；增加就业机会；增加开发建设投资；增加税收；改善基础设施（交通、公共设施等）；增加购物场所	保护自然资源（动植物、水资源、原始森林等）；维护生态系统平衡；保护古建筑与文物史迹；提升地方形象	提高生活质量；增加休闲娱乐场所与机会；增加消防、治安等防护能力；增进社区或文化之间的相互理解；促进文化交流；学习与不同地区的游客交往；保持旅游目的地文化个性；增加展示当地历史与文化的机会
消极影响	价格上涨、通货膨胀；物资与服务短缺；房产与地价上涨；生活费用上涨	交通拥堵；人口拥挤；污染增加（噪声、空气、水、垃圾等）；破坏野生动物生存栖息环境	导致居民与游客关系紧张；社会生活变得忙碌、浮躁；出现伪民俗、文化商品化的现象；价值观念和伦理道德逆向蜕变

（资料来源：吴必虎、俞曦《旅游规划原理》。）

由表3-3可以看出，旅游发展对旅游目的地的影响绝大部分都由社区居民直接或间接地承担。当各方面的影响发生后，社区居民为了维护自身利益和权利，主动扬长避短、表达诉求、寻求突破和改变，甚至可能引发矛盾冲突。

（四）旅游发展政策与规划的参与者

社区居民也可能是旅游目的地政策与规划的参与者。由于旅游目的地社区居民是旅游服务的提供者、生产者，是旅游吸引物的组成部分，也是旅游影响的承受者，因此他们能否参与当地旅游发展政策与规划的制定就显得尤为重要。受中西方体制与文化差异的影响，不同地区的社区居民在参与旅游目的地事务的过程中存在很大区别。通常情况下，我国的社区居民对参与规划和决策事务去影响旅游目的地的发展并不积极，但在一些传统宗族势力影响比较大的区域，当地社区以宗族或血缘关系组成社区力量，积极参与当地旅游规划与政策制定的情况仍然比较多。近年来，随着社区居民的维权意识不断增强，各类社区居民参与当地旅游政策与规划过程的积极性也在逐步增长。

二、旅游目的地社区管理的主要内容

（一）社区与游客关系管理

社区与游客关系即主客关系管理是旅游目的地管理的核心内容之一，主要包括：
(1) 培育与引导居民有好客态度。
(2) 培育与监督公平的营商精神。
(3) 增进跨文化理解。
(4) 鼓励与维护文化原真性。
(5) 协调主客冲突。

（二）社区与当地政府关系管理

旅游目的地管理机构对旅游目的地社区的管理，由于旅游发展事务牵涉面广，旅游地边界与权属不清等原因，往往既涉及行政事务管理又涉及旅游相关矛盾纠纷的处理，主要包括：
(1) 土地权属及其收益分配。
(2) 资源保护对生计的影响。
(3) 开发建设对生产生活的影响。
(4) 非正规就业的整治。
(5) 扶贫与激励政策公平性。

（三）社区与当地旅游企业关系管理

社区居民是旅游目的地的主人，旅游企业是当地旅游开发的主导者或旅游发展的参与者，社区与当地旅游企业存在着多个层面的博弈关系，其管理内容主要包括：
(1) 保障社区居民的优先就业权益。
(2) 培养社区居民的基本职业技能与职业精神。
(3) 推动当地企业的社会责任感建设。

（四）社区间关系管理

社区间关系管理是维护社区社会稳定、增强社区内部凝聚力的关键，主要包括：
(1) 社区利益分配。
(2) 社区文化建设。
(3) 社区合作机制/制度建设。

第二节　旅游目的地社区冲突

一、社区冲突的特征与类型

（一）社区冲突的定义与特征

旅游目的地社区的冲突指的是在旅游目的地社区内部或与游客之间因旅游活动而引发

的紧张、矛盾和冲突。这些冲突可能涉及资源利用、经济利益分配、文化冲突、环境影响、社区变迁等问题。社区冲突是旅游发展到一定阶段的必然产物和旅游目的地矛盾的最直接体现,它既是旅游目的地在一定时期发展的阻力,也是一定阶段提质升级的动力。

旅游目的地社区冲突具有长期性、多样性和复杂性。

长期性是指旅游目的地社区冲突伴随旅游目的地发展而存在,无论发展到什么阶段,总会出现这样或者那样的社区矛盾与冲突。根据RICI(Resource资源、Institution制度、Captial资金、Innovation创新)模型,在资源驱动发展阶段,社区冲突主要集中在社区居民之间的资源与就业机会争夺;在制度变革驱动发展阶段,社区冲突主要表现为社区与政府因制度变革导致的利益重新分配;在资本驱动发展阶段,社区与政府、企业出现新的矛盾;在创新驱动发展阶段,社区居民与新的价值观的冲突往往成为新的矛盾冲突。

多样性是指旅游目的地冲突类型多样化,既有与旅游目的地属性相关的矛盾冲突,也有与社区属性相关的矛盾冲突,既有与外部大环境相关的矛盾冲突,也有因内部环境变化引发的冲突,类型多样,表现形式也不尽相同。

复杂性是指旅游目的地的社区冲突往往是多种矛盾交织在一起,既可能是旅游发展导致的冲突,也可能是旅游发展以外的因素导致却在旅游发展过程中表现出来的冲突;既有上一阶段累积的、外来因素导致的冲突,也有可能是本阶段诱发的、内部因素导致的冲突,情况各不相同,很难有完全相同的个案,处理起来非常复杂。

(二)社区冲突的类型

由于旅游目的地社区冲突多样性和复杂性的特点,社区冲突的类型也有多种分类方法。根据冲突的主体可以将社区冲突分为外部冲突(社区与政府的冲突、社区与企业的冲突等)、内部冲突和主客冲突等类型。根据冲突的程度可以将社区冲突分为群体性事件、局部暴力对抗和日常抵抗等类型。

从社区管理的角度看,社区冲突的产生是因为作为重要利益主体的社区居民的利益诉求没有得到满足。社区居民的利益诉求主要有保障经济利益、优化民主管理机制、维护提升景区环境、营造良好旅游文化氛围,可以据此将社区冲突分为以下四种类型。

1. 经济利益冲突

经济利益冲主要包括由土地、房屋和其他旅游资源产权的模糊、搬迁、征地产生的补偿金、旅游收益分配的不公平,生产和经营空间的争夺,就业机会不均等和就业能力不足等问题引发的矛盾冲突。

2. 权力失衡冲突

该冲突的核心是社区居民参与民主决策的诉求和其处于无权、被动、弱势地位之间的矛盾,具体体现为对政府规划控制、拆迁与安置、遗产保护与旅游发展、社区参与旅游发展等政策和措施不满,以及对因这些措施导致的地理和交通区位、旅游发展主体地位、经济社会地位重新洗牌等问题不满。

3. 环境保护冲突

环境保护冲突主要表现为旅游开发和经营而导致的水、大气、噪声、固体废物等环境污染和生态破坏，社区违规建造房屋对自然景观的破坏，以及大量游客涌入造成的社区拥挤和公共资源的争夺等。

4. 社会文化冲突

社会文化冲突主要体现在社区内部传统邻里关系因旅游发展而产生的紧张状态甚至矛盾冲突，作为东道主的社区居民和游客之间因文化、习俗、观念、习惯等方面的差异而产生的矛盾冲突，以及社区传统文化和文化遗产未获得妥善保护而产生的矛盾冲突。

二、社区冲突的形成原因

（一）利益分歧和分配不均

经济发展本身就是一个引起社会高度不稳定的过程，而迅速扩大的利益成果是激发社会冲突产生的重要条件。旅游经济利益在旅游目的地开发之前是不存在的，或者只是潜在的，旅游发展改变了当地社区居民的生产生活方式，带来了大量机会和利益，并成为人们争夺的对象。经济利益直接诱导了社区冲突的产生，主要表现在两个方面：一方面，旅游目的地多功能和多产业叠加，社区居民利益诉求不同而导致社区冲突；另一方面，权力与资源不同，在旅游发展过程中造成收益分配不均，从而导致社区冲突。

（二）权力失衡和制度缺位

收益分配问题不仅是经济问题，还涉及政治和社会制度的问题。社会冲突本质上是社会权力的集聚过程和结果的显示，体现在不同主体间的利益矛盾。由于各利益主体的社会结构因素，旅游开发极易生成不平等甚至是剥夺的权力关系。相较于当地政府、旅游企业和旅游者等利益主体，社区居民处于权力弱势地位，在利益分配和参与决策等方面的权利无法得到保障，从而成为引发各种社会矛盾与冲突的潜在根源。权力失衡是利益失衡的直接原因，但更多地源于相关制度设计缺位而使权利得不到有效保障。

（三）社区居民参与能力不足

权力与制度既可直接影响利益主体的利益分配并产生社区冲突，同时也会通过影响利益群体的获益能力，进而影响旅游利益分配。旅游发展可能加剧旅游目的地社会贫富分化，而在贫富分化的背后是不同群体在表达和追求自己利益能力上的巨大差异。社区居民在旅游开发中处于普遍的弱势地位，而这种弱势地位的典型表现为居民自身能力匮乏，导致社区参与意愿不高、参与水平较低。旅游的发展也吸引了外来投资者和经营者，资本、理念、技术的冲击更扩大了社区参与能力的差异，从而使旅游经济利益分配失衡，进而产生冲突。

（四）文化差异和对立

在推动旅游目的地社会经济发展的同时，不可避免地会带来文化负面影响。当一种文化进入另一种不同的文化环境时，很可能出现文化间的相互冲突，甚至是强势文化和弱势文化的对立。通常情况下,强势文化具有强大的改变力量,弱势文化会不由自主地模仿强势文化,包括强势文化中的负面因素。一方面,开发商代表着强势文化,全新的、现代的旅游开发和发展理念不自觉地影响和改变了当地的弱势文化,这容易造成两种文化的冲突;另一方面,旅游社区的文化冲突还产生于旅游者与旅游目的地社区居民相遇时,例如,来自经济发达地区的旅游者所代表的强势文化与旅游目的地的弱势文化相遇,会带来弱势文化的同化、商品化、庸俗化和文化价值观的退化与遗失等问题,这种文化冲突对旅游目的地社区可持续发展具有不可忽视的破坏力。

三、社区冲突治理的理论基础

(一)三重底线理论

三重底线理论(Triple Bottom Line,TBL)最早是由英国学者约翰·埃尔金顿(John Elkington)于1997年提出的。从狭义的角度看,其核心含义是组织在考虑其可持续发展时不能仅考虑经济底线,还必须考虑到活动会给环境和社会带来影响。在旅游目的地的情境下,三重底线即企业在经营管理中履行社会责任应该包含三条底线,分别是经济底线、社会底线以及环境底线。三重底线要求企业在承担基本的经济责任的同时,也要承担相应的社会责任和环境责任,如图3-1所示。

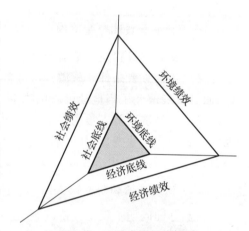

图3-1 三重底线理论模型

(资料来源:张朝枝《遗产责任:概念、特征与研究议题》。)

三重底线是企业社会责任的评价指标,评价的内容全面涉及企业社会责任所强调的经济影响、社会影响和环境影响,较好地反映了企业社会责任概念的多维性。三重底线理论的核心是强调企业应平衡对经济责任、社会责任和环境责任的履行,不能因履行某一项责任而造成另一项责任的缺失。企业在某一项责任上的行动和绩效应考虑是否会危害其他责任要素上的绩效,负责任的企业应是综合绩效最优而非仅仅是在某个责任要素上绩效最优。

在旅游目的地社区冲突治理中,旅游开发商或旅游企业往往注重经济绩效,追求利润最大化,但如果片面追求经济绩效而忽视社会和环境责任,必然会引发社区冲突。因此,旅游开发商或旅游企业应当主动承担企业社会责任,更加重视旅游发展的社会文化影响和环境影响,提升企业的综合绩效。

(二)愤怒指数理论

在与社区旅游开发相关的态度与冲突问题的研究中,最著名的就是多克西(Doxey)在1975年提出的愤怒指数理论(Index of Tourist Irritation)。他指出,社区居民对于游客的态度会随着旅游开发而变化,随着游客数量的增加,社区居民与旅游者之间要经历欣喜、冷漠、恼怒和对抗四个发展阶段。

愤怒指数理论展现了旅游对社会影响的阶段性特征,也为巴特勒(Butler)提出旅游地生命周期理论的一般性假说奠定了基础。巴特勒认为旅游对社会影响的激化将发生在巩固和停滞阶段。因为在此阶段游客量趋近饱和状态,居民承受力和社区承受力达到极限,旅游失衡问题就会逐渐显现出来,随之社区冲突问题接踵而至。

尽管愤怒指数理论得到了广泛应用,但旅游者人数的增加与社区居民对旅游者的态度之间的相关性过于单纯化,忽略了很多复杂因素,其建立在对社区居民的调研过于简单的基础上的缺陷在后来的实证研究中被不断放大。兰克福德(Lankford)和霍华德(Howard)对哥伦比亚河谷地区(Columbia River Gorge)的居民进行调查,针对居民对旅游发展态度的标准化测量需求,编制了旅游影响态度量表(Tourism Impact Attitude Scale,TIAS)。该量表包含两个维度27个测量指标,被不断应用在后来的社区居民对旅游发展态度的研究中,对旅游目的地社区管理实践有一定的指导意义。

除此以外,布约克兰德(Bjoklund)和菲尔布利克(Philbrick)提出了社区回应的两个维度(主动/被动、有利/不利)二分法,这种回应受到旅游业性质和参与程度的影响。福克纳(Faulkner)和蒂德斯威尔(Tidesswell)则构建了一套旅游对社区影响的监测框架,识别出关键影响变量并通过内在和外在两个维度对其进行分类,提倡对同一旅游目的地或不同旅游目的地的旅游社区开展动态监测活动,具有较好的理论和实践意义。

(三)社会心理学相关理论

尽管社区冲突一般表现在行为层面,但本质上是由于社区居民的愿望、诉求未得到满足而产生心理失衡。因此,一些社会心理学理论常被用于旅游目的地社区研究。

1. 社会交换理论

社会交换理论(Social Exchange Theory)是一种兴起于20世纪60年代的社会心理学理论,并于20世纪90年代开始在社区旅游研究中得到了广泛应用。社会交换理论是社会心理学中的一个理论框架,用于解释人际关系中的交换和互动。该理论基于一个核心观点:人们在交往中会根据成本和收益来评估和决策。根据社会交换理论,人们参与社会交往是为了实现自身利益最大化。在人际关系中,个体会在给予他人东西(比如资源、支持)的同时,期待从对方处获得对等或更高价值的回报。这种交换关系建立在相互依赖和互惠的基础上。该理论认为,当人们重视旅游业的效益并认为其效益大于成本时,他们将更加支持旅游业的发展;相反,当成本大于效益,或当他们不重视所得到的回报时,将不会支持旅游业的发展。

社会交换理论表明,当发生以下几种情况时,个体将会参与交换:①所得到的回报受到重视;②他们相信交换可能会产生有价值的回报;③感知成本没有超过感知回报。约翰·艾普(John Ap)在社会交换理论的基础上构建了社会交换过程模型(见图3-2),该模型也不断被证明,与旅游业关系密切的社区居民由于从旅游发展中获得的利益超过了其承担的成本,故对旅游业发展持更为积极的支持态度;与旅游业关系不密切的居民不能从旅游发展中获得直接的经济利益,仍需承担一些社会成本,故对旅游发展的负面影响感知强烈,即出现消极抵制态度。

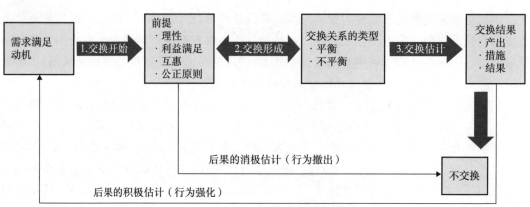

图 3-2　社会交换过程模型

社会交换理论的不足在于其将各种物质和非物质的社会交换关系过度泛化,并将人们在交换中的利害得失作为态度和行为解释的唯一依据。社会交换理论是基于"经济人"假设前提的,因此不免会忽略其他影响居民感知和态度的因素,如居民对旅游资源价值的认知度、对地方文化的认同度等。此外,社会交换理论对那些受旅游业直接影响的人具有较好的解释力,而对那些未参与旅游业或未受旅游发展影响的人,则难以解释其旅游感知和态度的形成问题。

2. 社会表征理论

社会表征理论(Social Representation Theory)是一种社会心理学理论,旨在解释人们如何理解社会现实并将其表征为共享的意义。该理论认为,社会表征是社会群体成员共享的一种关于社会现实的知识体系,它对个体的认知和行为具有指导性。社会表征理论强调,社会表征产生于日常生活中的常识性知识,并通过社会交往和沟通不断传播和修正。这些表征可以是物质的、精神的或抽象的,例如符号、价值观、信仰和意识形态等。它们不仅影响着个体对社会现实的理解,还指导着个体的行为和互动。社会表征理论的核心观点是,人们在社会化过程中习得并内化了这些表征,从而使它们成为人们理解和解释社会现象的默认方式。这种理论对理解社会学、心理学、文化研究等领域具有重要意义。20世纪90年代,皮尔斯(Pearce)等人通过其著作《旅游社区关系》(*Tourism Community Relationships*)将该理论引入旅游研究,提出社区旅游社会表征形成的理论框架(见图3-3),研究旅游目的地社区居民对旅游影响的感知等问题。社会表征的产生根源涉及多个因素,包括个体层面和社会层面的因素。在个体层面上,社会表征的产生根源包括以下几个方面:个体的认知和感知、社会化过程、语言和交流。在社会层面上,社会表征的产生根源包括以下几个方面:社会共享的文化传统,社会群体的共识、权力和权威的影响。以上因素相互作用,共同促成了社会表征的产生。个体的认知和社会化过程与社会的文化传统、共识和权力结构相互作用,共同构建了社会表征的知识体系。

社会表征可以作为旅游目的地社区的社会群体划分依据,以使当地社区更好地融入旅游发展之中,因此该理论也可以用于对社区各群体采取针对性的措施解决社区参与旅游中的问题。

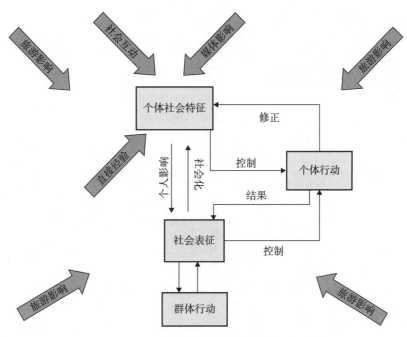

图 3-3　社区旅游社会表征形成的理论框架

(资料来源:Pearce P L,Moscardo G F《Tourism Community Relationships》。)

3. 相对剥削理论

相对剥夺理论(Relative Deprivation Theory)是第二次世界大战后兴起的一种社会心理学理论。相对剥夺感(Relative Deprivation)指的是个体或群体在比较自身状况和他人或其他群体时,感到自己处于不利或相对较差的境地,从而产生一种不满、不公平或失落的感受。它是一种主观感受,是基于个体的比较参照群体或标准而产生的。相对剥夺感不仅仅是对物质资源和社会权利的比较,也可能涉及其他个体或群体方面的比较,例如社会地位、社会认可、人际关系等。相对剥夺感是由于个体感觉自己在比较中相对劣势而产生的心理状态。相对剥夺感的产生可能会引发个体的不满,激发对社会不平等的觉察,甚至可能导致社会心理问题和社会行动,如社会抗议、冲突和不稳定。相对剥夺感是社会心理学和社会科学中的重要概念,它可以用来解释社会不平等、社会流动性、社会差距以及社会冲突等现象。相对剥夺感的研究有助于理解人们对社会公平性和社会正义的感知和反应,对社会政策制定和社会控制具有一定的指导作用。

当居民经过互相比较后不仅形成主观上的差异感知,还产生了强烈的相对剥夺感,易激发社区冲突事件,因此相对剥夺感是解释旅游目的地社区冲突的关键因素。社区居民的相对剥夺感的表现形式是多样化的,有横向的也有纵向的,而且通常是多种相对剥夺感交织并存。国内研究者基于社区冲突的多案例研究提出了相对剥夺感的应对方式及其影响因素理论模型(见图3-4)。社区居民感知到相对剥夺感后的行为受到自我效能感与归因方式的共同影响,随之会采取冲突抵抗、无奈承受、积极发展、退缩逃避四种应对方式。因此,社区冲突的治理要建立相应的相对剥夺感疏导机制,引导居民进行正确归因,提高其自我效能感。

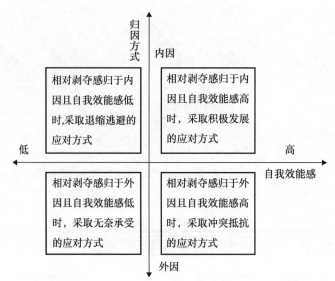

图 3-4 相对剥夺感的应对方式及其影响因素理论模型

第三节　旅游目的地社区管理方法

一、制定相应层级的规章制度

（一）涉及社区管理的制度类型

1. 国家和地方的法律法规、政策

国家和地方的法律法规、政策主要指涉及土地及文化与自然遗产保护、生态环境保护等一系列法律法规，以及地方政府制定的相关法规、政策等。

2. 旅游目的地政策、制度

旅游目的地政策、制度主要指招商引资、宣传促销、景区建设等促进社区参与旅游发展的相关政策，以及基层组织议事制度、生态补偿制度等。此外，合同制度也是社区管理中的关键手段，合同可以作为相对弱势的社区居民利益保障的手段和渠道。

3. 社区内部制度

社区内部制度主要指社区在参与旅游发展的实践中制定的内部规章制度，如云南省雨崩村的马队轮换分配制度、阿者科村的收益分红制度等。

4. 非正式制度

非正式制度主要指村规民约、传统习俗、宗族和集体观念等非成文规范，如一些乡村社区或民族社区的祠堂、祖屋，不许在圣地放牧、在神山伐木，以及有关风水、嫁娶、节庆等风俗的约定。

（二）涉及社区管理的制度内容

1. 分配规则

三类典型的社区参与旅游模式、社区管理的旅游收益分配规则如表3-4所示。

表3-4 社区管理的旅游收益分配规则

社区参与模式	分配规则类型	分配方式	优缺点	典型社区
"公司+社区+农户"模式	补偿分红制	门票收入和其他经营性收入由旅游开发管理公司支配，以租赁的方式获得土地使用权，公司向居民给付一定数额的补偿金、租金，为居民提供就业机会，投入资金优化社区环境，定期进行旅游收益分红	优点：企业资本为社区旅游赋能，提升了整体旅游收益 缺点：企业的逐利目标可能导致社区利益被侵害，容易引发社区冲突	云南省西双版纳景洪市傣族园(1998年至今)
社区自组织模式	轮值制	以居民家庭/家庭组为单位轮流获得接待资格，获取收益	优点：这些计划经济统一调度的类型维护了社区居民的收益权，同时避免了社区内部的恶性竞争，降低了社区冲突的可能性 缺点：经营方式相对粗放，旅游收益提升的潜力相对有限	云南省德钦县雨崩村(2002—2007年)
社区自组织模式	轮值制	按户或人口提供马匹、船只等交通工具，由集体统一定价、调配、管理、运营，轮流接待游客		云南省德钦县雨崩村(2002—2007年) 四川省盐源县博树村(2010—2013年)
社区自组织模式	契约制	以户为单位通过抽签的方式决定不同位置商铺的使用权或租赁权，并定期调整，确保公平		广东省丹霞山断石村(1999—2013年)
社区自组织模式	工分制	成立村民接待小组，成员分工明确，各司其职，按参与人员的职位和角色以工分制计酬，按劳分配		贵州省雷山县郎德上寨(1987—2013年)
"NGO+社区+农户"模式	分红制	商铺租赁、旅游接待等村集体收入除留一小部分作为旅游发展资金外，其余采用定期分红的方式发放到村民手中；分红依据为传统民居、农业景观、户籍等	优点：有助于社区旅游的可持续发展，居民获得尽可能高比例的收益 缺点：NGO组织管理的持续性有待进一步观察	云南省元阳县阿者科村(2018年至今)

（资料来源：基于文献整理。）

2. 社区行为规则类型及内容

按照规则的功能可将社区行为规则分为组织规则、游客接待规则、主客交往规则、资源和环境保护规则、安全规则、奖惩规则等,如表3-5所示。

表3-5 社区行为规则类型及内容

行为规则类型	内容
组织规则	明确社区的管理主体(村委会、旅游合作委员会或者旅游发展公司等)及其权利和作用
游客接待规则	明确旅游经营和游客接待的标准和底线,如定价、卫生、食品安全等
主客交往规则	明确主客交往的标准和底线,如文明礼仪、处事方式等,禁止乞讨、欺骗、敲诈等行为
资源和环境保护规则	明确社区文化遗产、自然和人文景观、生态环境等保护的要求,保护传统民居以及山林、河湖、地貌、梯田等资源和景观
安全规则	明确社区内部交通、消防、财产、自然灾害等安全管理的规范和底线
奖惩规则	明确社区居民维护或违反行为规则条款的奖励或惩罚措施

(资料来源:基于文献整理。)

3. 监督规则

监督规则是指保障社区居民日常性和阶段性的监督社区管理者、经营者等群体的规则和制度,具体内容包括社区旅游经营状况(收入、支出、游客量等)公示规则、社区居民对经营情况的质询和检查规则等,确保社区管理的透明化、民主化。

二、为社区旅游发展赋能

(一)增强居民的社区文化认同感

1. 社区文化认同

文化认同(Cultural Identity)是指个人对自己所属文化群体的认同和归属感,以及对该文化群体的价值观、信仰、传统、行为模式和共同体经验的认同。它是对个体与特定文化之间紧密联系的认知和情感反映。社区是传统地域文化的载体,随着旅游目的地开发时间的增长,人们对自己拥有与外界不同地方的文化会重新有一种认同感和自尊感。

文化认同体现在主体的认知、情感和行为三个层面,可表征为"了解""热爱""自觉维护"三个依次递进的认同程度。现有研究表明,社区居民的文化认同感越强,对旅游社区文化影响的正向或负向感知越强;居民对旅游社区文化影响的正向或负向感知越强烈,对社区发展的肯定或否定评价越强,从而支持或反对旅游开发的行为倾向越明显。简而言之,社区居民的文化认同感越强,就越能形成自觉保护传统地域文化的意识,就越会支持对社区产生积极社会文化影响的旅游开发活动。

2. 增强居民社区文化认同感的途径

从地方政府和旅游企业角度来说,旅游开发和发展要尽可能减少对旅游目的地社区的负面社会文化影响,增强正面影响,减少对传统地域文化原真性的冲击,尊重地方风俗,避免文化过度商业化、庸俗化。同时,要增强社区在旅游发展中的获得感,尤其是经济效益的获得感,以提升社区居民文化认同的动力。

从社区自身角度来说,要通过教育手段来增强居民的集体认同和文化认同,改变旅游发展中的利益短视行为,达成可持续旅游发展的观念共识。教育的内容和方式包括地方文化教育、遗产价值教育、社区道德讲堂、主题文化活动等。

（二）增强居民的地方依恋感

20世纪70年代,华裔地理学家段义孚(Yi-Fu Tuan)把恋地情结引入地理学中用于表示人对地方的爱恋之情,他认为地方感是地方本身所具有的特质以及人们自身对地方的依附。在此基础上,威廉姆斯(Williams)和罗格布克(Roggenbuck)提出"地方依恋"(Place Attachment)的概念,并阐述了地方依恋的理论框架,地方依恋由地方依赖(Place Dependence)和地方认同(Place Identity)两个维度构成,地方依赖是人和地方之间的一种功能性依恋,地方认同是一种情感性依恋。现有研究表明:地方依赖对地方认同有显著的正向影响,居民对社区的功能依赖是形成居民情感依恋的重要因素;不同开发管理模式和利益分配机制对居民地方依恋程度有显著影响;居民的地方依恋对其资源保护、遗产保护和生态保护的态度有显著的正向影响;地方依恋感越强的居民,其自身发展和社区发展的联系越紧密,更加关注自身所在社区的变化,因此对本地旅游发展期望值也越高,对旅游发展的积极作用有一定心理预期,也更易感知到旅游带来的正面影响。

因此,增强社区居民的地方依恋程度有助于旅游目的地社区管理效能的提升。旅游目的地社区应做好如下工作:一是要丰富社区居民的生计方式,在提升社区参与度的同时增强居民的旅游生计能力,强化居民对社区的功能依赖,进而增强其情感依恋;二是要完善旅游收益分配机制,全面提高居民的满意度;三是要提升媒介的宣传力量,使居民获得超出经济利益的地方认同,从而推动社区的和谐发展。

三、给旅游目的地社区增权

（一）增权理论

增权理论(Empowerment Theory)是社会工作和社会科学领域中的一种理论,它强调个体、群体或社区获得控制、自主权和资源,以改善他们的生活质量和社会地位。增权理论关注的是赋予个体或群体能力,使他们能够更好地参与社会和政治过程,争取自己的权益,并实现自己的目标。1999年,斯彻文思(Scheyvens)正式将增权理论引入旅游研究,认为旅游增权的受体应当是旅游目的地社区,并提出了一个包含政治、经济、心理、社会四个维度的增权评估框架(见表3-6)。

表 3-6 社区参与旅游的增权评估框架

项目	增权的表现	去权的表现
政治增权	1.社区的政治结构公平地代表所有社区群体的需求和利益; 2.发起或主管旅游投入的机构收集各个社区群体(包括妇女、青少年中的特殊利益群体及其他社会弱势群体)的意见,并使这些意见有机会被传达到决策机构	1.社区有一个独裁而/或自利的领导层; 2.发起或主管旅游投入的机构不能使地方社区参与决策,以至于大多数社区居民认为他们对"是否应该经营旅游"和"以什么方式经营旅游"等问题几乎没有发言权
经济增权	1.旅游为当地社区带来持续的经济收益; 2.现金收入在大多数社区居民之间分享; 3.因赚得现金,社区在某些方面有明显改进,例如,房屋用更久耐用的建材建造,更多的孩子有机会进入学校接受教育	1.旅游为当地社区仅带来少量间歇性的现金收入; 2.绝大多数利润流向地方精英、外来经营者、政府机构等; 3.只有一小部分个人或家庭从旅游中赚得直接的财政收益,其他人由于缺乏资本、经验与/或合适的技能,而不能找到分享经济利益的途径
心理增权	1.由于外界对当地文化、自然资源和传统知识的认知,多数社区居民的自豪感得到增强; 2.就业和现金的获得,使传统地位较低的社会团体——如青少年、穷人的地位得以提升	1.与游客交往后,社区居民认为他们自己的文化和生活方式是低人一等的; 2.许多社区居民由于未能分享旅游收益,从而对旅游开发感到困惑、失意、没兴趣或失望
社会增权	1.旅游维持或增强当地社区的均衡; 2.由于个人和家庭一起工作,形成一种成功的旅游投入,从而增强了社区的内聚性; 3.部分资金被提留出来用于社区发展,如建学校或改善供水系统	1.社区居民与游客相处不和谐,社会衰败; 2.许多社区居民被社区外的价值观同化,从而失去对传统文化和老者的尊敬; 3.弱势群体承受着旅游开发中存在的问题所带来的冲击,并且不能平等地分享收益; 4.与合作相反,家庭、族群或社会经济集团为感知到的旅游收益而相互竞争; 5.普遍存在怨恨和嫉妒

(资料来源:保继刚,楚义芳《旅游地理学》。)

增权理论以其强烈的人文关怀精神、对旅游发展过程中权力关系的深刻洞察和在实践上的潜在有效性,对发展中国家的旅游发展起着重要的启示意义。近年来也出现了一些对旅游增权理论的批判:一是忽略了社区居民的异质性,西方学者将旅游增权的受体界定为社区,将社区视为一个独立的实体,但实际上同一社区内居民的态度、诉求和行为等存在差异和分化,不可一概而论;二是忽略了旅游目的地发展的阶段性,根据旅游地生命周期理论,处于不同发展阶段的旅游目的地社区居民对待旅游的态度以及参与层次与行为也都呈现出阶段性特征,因此决定了旅游增权的目标、内容和途径的差异;三是忽略了东西方文化和体制制度的差异,旅游增权理论毕竟是在西方的政治制度、经济制度和社会文化背景下发展起来的,并不能完全匹配受传统差序格局影响的中国乡村社区和民族社区,个人权利、土地产权、旅游资源所有权制度和西方也存在差异,增权理论的应用必须从中国的旅游实践中得出结论。

(二)社区增权的路径

根据增权理论,鉴于社区居民的相对弱势地位,宜从以下几个方面对社区进行增权,以保障社区居民的权益。

1. 经济增权

要求将社区居民作为旅游业发展利益分配的核心主体,帮助其获得持续的经济利益。具体内容包括优先的旅游就业机会、多元的旅游生计方式、公平的利益分配方式等,鼓励其以更积极的态度参与区域旅游的开发。

2. 心理增权

要求使社区居民意识到旅游资源的价值,促使其主动参与到开发和保护过程中来。具体内容包括旅游资源和地方文化价值教育、旅游发展影响教育等。

3. 社会增权

要求发展社区公共事业,强化社区整体形象,增强社区内部凝聚力。具体内容包括将基础设施和旅游设施建设与社区建设相结合,构建社区组织体系,培育社区精英,加强社区旅游形象宣传等。

4. 政治增权

要求建立决策参与机制,赋予社区居民一定的话语权和参与决策的平等权。具体内容包括完善社区参与保障机制、建立旅游利益协调组织、发挥社区基层组织的作用等。要保障社区居民在旅游开发中的知情权,在旅游开发的各个环节都要与社区居民进行充分的沟通,尊重当地社区居民的诉求。

第四节 旅游目的地社区可持续发展

一、社区可持续发展的本质

(一)社区可持续发展的内容

1990年召开的"可持续发展国际大会"上提出的《旅游可持续发展行动战略》草案中明确提出了"可持续旅游"的概念,构筑了该理论的基本框架和主要目标,增进人们对旅游所产生的环境效应和经济效应的理解,强化人们的生态意识,促进旅游的公平发展,改善旅游接待地区居民的生活质量,向旅游者提供高质量的旅游经历以及保护未来旅游开发赖以存在的环境质量。世界旅游组织对旅游可持续发展做了如下定义:在保持和增进未来发展机会的同时,满足旅游者和东道主地区当前的各种需求。由此可见,社区居民生活质量的提高和社区的可持续发展是旅游目的地可持续发展的核心内容之一。

根据全球可持续旅游委员会(Global Sustainable Tourism Council,GSTC)制定的《全球可持续旅游目的地标准》(Global Sustainable Tourism Criteria for Destinations,GSTC-D),旅游目的地社区可持续发展的目标是"当地社区的社会/经济效益最大化/负面影响最小化"(见表3-7)。

表3-7 GSTC-D的社区可持续发展标准

评价指标	具体内容
B-1 经济发展监测	目的地定期监测并公开报告旅游业对当地经济的直接、间接贡献
B-2 居民就业机会	目的地为当地包括妇女、青年、少数族裔以及其他弱势群体在内的居民提供平等、正规的培训与就业机会
B-3 利益相关者的参与机制	目的地建立了机制,以确保利益相关者持续地参与旅游相关规划与相关决策的制定
B-4 当地社区民意	目的地定期监测、记录并且公开报告社区居民对旅游业的期望值、关注度与满意度。旅游目的地要确保充分地考虑关键利益相关者的观点并在需要时采取相应整改措施
B-5 社区居民的进入与访问权利	目的地保护、监测并且保障当地居民能够参观自然、历史、考古、宗教、精神以及文化的景观景点
B-6 提升可持续旅游意识	目的地定期开展活动,以提高居民对旅游业存在的机遇与挑战,以及对可持续发展的重要性等方面的认识
B-7 反对剥削	目的地建立了明确的体系并采取相关措施,以防止商业剥削、性剥削、性骚扰等行为,尤其是制止对儿童、青少年、妇女和少数族裔的剥削行为
B-8 支持社区发展	目的地建立了确保旅游关联企业积极支持社区发展的机制
B-9 支持本土企业与公平贸易	目的地建立了工作机制,用以支持本土企业的发展以及促进公平贸易原则的推广

(资料来源:《全球可持续旅游目的地标准》。)

(二)社区可持续发展与社区福祉

1. 福祉的定义

福祉的本质就是人类满足需求后获得的幸福,个人因能实现自己的价值而获得的快乐。按照《说文解字》的理解:福,佑也,从示,畐声,这里的福的本义是双手奉酒向上天祈福;祉,福也,从示,止声,这里的示是指祖先神,止即之,意为到来;示与止联合起来表示祖先神到来,本义为祖先神降临,引申义为福气。而"福祉"一词在中国文献里自古就有,《焦氏易林》中有"赐我福祉,寿算无极",《后汉书·张衡列传》中有"宜获福祉神祇,受誉黎庶",《菜根谭》

中有"问子孙之福祉,吾身所贻者,是要思其倾覆之易",《韩诗外传》中有"是以德泽洋乎海内,福祉归乎王公"。从以上中国古典文献中可以看出,"福祉"一词的含义就是人的幸福美好的生活。福祉对应的英文词汇是"Well-being",在《新牛津英汉双解大词典》中的解释是"the state of being comfortable,healthy or happy",侧重于一种存在状态,一种好的、舒适的、健康的、幸福的、满足的生活状态。

因此,福祉(Well-being)是一个广泛而多义的概念,通常用来描述个体或社会的生活质量和幸福程度。它包括了身体、心理、社会、经济、文化和环境等多个方面,反映了一个人或一个社会的整体幸福程度和生活质量。福祉的含义可以因文化、社会背景和个人观点的不同而有所变化,但通常包括以下方面:身体健康、心理健康、社会关系、经济状况、个人满足感、教育和文化参与、环境质量、人权和社会公平。总之,福祉是一个综合性的概念,它涵盖了个体和社会的多个方面。实现高水平的福祉通常被视为社会和政府政策的目标,以确保人们能够享受幸福和有尊严的生活。

2. 社区可持续发展与社区福祉的关系

人类福祉的概念和研究最初兴起于20世纪50—60年代。当时正值第二次世界大战结束百废待兴之际,西方各国大力恢复经济,经济发展成为政府和公众的焦点,国内生产总值(Gross Domestic Product,GDP)成为衡量国家发达程度的主要指标。过去的十几年里,人们逐渐认识到仅仅依靠经济指标是无法恰当地评估人类福祉的,经济发展只是实现可持续发展目标的手段,而提高人类福祉才是其核心所在。可持续发展的最终目的是提高人类福祉,即满足当代人和后代人的物质和精神需求。对于旅游目的地而言,旅游决策、规划、开发、管理等旅游发展过程要充分考虑社区的需要和诉求,实现旅游可持续发展和社区可持续发展,以增进社区居民福祉,这是社区可持续发展的最终目标。

3. 旅游可持续生计与社区福祉的关系

生计(Livelihood)在汉语中是一个由来已久的词汇,指赖以生存的产业或职业,也指维持生活的办法。作为一个学术词汇,国际上关于对生计概念的界定直到1992年才由钱伯斯(Chambers)和康韦(Conway)首次提出,即"生计是由生活所需的能力(Capabilities)、资产(Assets)和活动(Activities)组成"。该定义强调了生计的本质——能力建设,并拓展了生计的内涵,将生计分解为可量化的资产和活动,使"生计"成为一个比"发展"更具体的概念。他们同时提出"可持续生计(Sustainable Livelihood)"的概念,认为"只有当一种生计能够应对压力、打击、突变,并从中恢复,在当前和未来能够保持乃至加强其能力与资产,同时又不损坏自然资源基础,这种生计才是可持续的"。可持续生计也逐渐成为一种研究方法,为探索如何可持续地解决农村贫困问题提供新视角,被广泛应用到农村发展问题和全球性的发展问题研究中。英国国际发展署(Department for International Development,DFID)于1998年建立的可持续生计分析框架最有代表性,也是目前为止被国际组织、学术界应用最多的理论框架。随后,旅游学者们在此基础上提出了旅游可持续生计分析框架(见图3-5),并揭示了可持续发展、乡村社区发展和旅游发展之间的相互关系(见图3-6)。

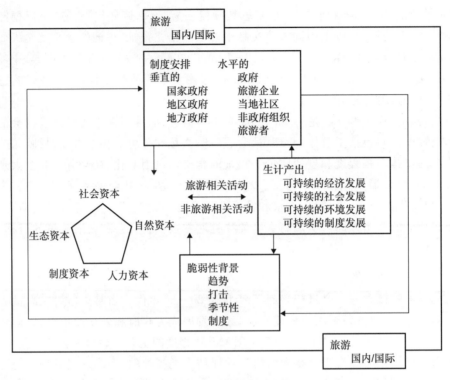

图 3-5　旅游可持续生计分析框架

（资料来源：SHEN F, HUCHEY K F D, SIMMONS D G《Connecting the Sustainable Livelihoods Approach and Tourism：A Review of the Literature》。）

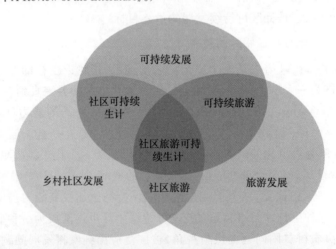

图 3-6　可持续发展、乡村社区发展和旅游发展之间的相互关系

（资料来源：SHEN F, HUCHEY K F D, SIMMONS D G《Connecting the Sustainable Livelihoods Approach and Tourism：A Review of the Literature》。）

综上所述，旅游目的地社区可持续发展的本质和核心是提升和改善作为可持续生计方式的社区旅游发展水平，实现社区的经济、社会文化和生态环境协同发展，最终实现社区居民福祉的增进和提升。但需要指出的是,无论是在空间尺度上还是在时间尺度上,旅游业都不一定是社区发展的最优选择,更不是唯一选择,旅游发展也不一定能满足社区发展的所有要求。从可持续生计的视角来看,旅游生计方式也并非旅游目的地社区生计的唯一选择,可持续生计分析框架以人为中心,关注社区生计安全以及社区能力建设,强调社区生计构成的多样性,尤其包括那些贫困或边缘化的社区以及边缘化的群体。因此,旅游目的地社区需将旅游生计与其他生计方式相结合,降低社区生计风险,增进社区居民福祉。

二、社区居民福祉

(一)测量指标

从测度方式来看,福祉测度主要分为三类:一是福祉的客观测度,即客观福祉评价指数,主要是利用可以计量的经济或社会指标等客观指标反映人类需求被满足的程度;二是福祉的主观测度,即主观福祉评价指数,主要是利用问卷调查等主观指标的方法对个人的幸福度、快乐程度以及与此相似的感受程度进行调查;三是可持续视角下的福祉测度(见表3-8)。

表3-8 人类福祉主要评价指数举例

评价指数		指标	计算方法
客观福祉评价指数(Objective Well-being Index)	物质生活质量指数(Physical Quality of Life Index,PQLI)	识字率;婴儿死亡率;预期寿命	婴儿死亡率指数=(166-婴儿死亡率)×0.625;预期寿命指数=(预期寿命-42)×2.71;PQLI=(识字率+婴儿死亡率指数+预期寿命指数)/3
	人类发展指数(Human Development Index,HDI)	收入;教育(预期教育年限,平均受教育年限);预期寿命	教育指数=[(预期教育年限×平均受教育年限)-最小值]/(最大值-最小值);HDI=(收入指数×教育指数×预期寿命指数)$^{1/3}$
主观福祉评价指(Subjective Well-being Index)	情感平衡(Affect Balance Scale,ABS)	正向情感;负向情感	通过问卷计算正向情感和负向情感出现的次数和差异
	生活满意度(Satisfaction with Life Scale,SWLS)	现在的生活是否符合理想生活条件;对现在生活的满意程度如何;是否拥有所希望的重要事物;是否希望改变过去的生活	通过计算问卷分数将被调查者分为六类:极度不满意、不满意、满意度低于平均水平、平均满意度水平、满意、非常满意
	彭伯顿幸福指数(The Pemberton Happiness Index,PHI)	回溯福祉;总体福祉;幸福福祉;享乐福祉;社会福祉;经历福祉	问卷形式,共包括21个陈述,回答者通过0—10表达对陈述的认同程度

续表

评价指数	指标	计算方法
可持续视角下的福祉评价（Well-being from the Sustainable Perspective）	快乐星球指数（Happy Planet Index, HPI）	体验福祉；预期寿命；生态足迹	HPI=(体验福祉×预期寿命)/生态足迹
	人类福祉（Human Well-being）评价框架	基础生活资料健康安全良好的社会关系；选择的自由	—

（资料来源：黄甘霖、姜亚琼、刘志锋等《人类福祉研究进展——基于可持续科学视角》。）

（二）影响福祉水平的因素

1. 经济因素

福祉提升的增长一直被认为是经济的增长。因此，宏观领域的国内生产总值（GDP）和微观领域的居民收入受到了全世界的追捧，GDP或收入指标用于从经济视角评估区域发展成就或居民福祉水平。福利经济学往往将收入或财富因素作为影响福祉高低的主要因素。尽管如此，经济发展并非影响福祉水平的唯一因素。当收入超出了满足基本需求的阈值后，其与福祉的相关度就减弱。尤其是当收入水平较高的时候，相对收入、相对地位更能决定人们的福祉水平。

2. 社会文化因素

福祉水平的高低不只局限于经济因素，贫困、犯罪、社会服务等社会问题也跟福祉息息相关。美国著名心理学家赛利格曼（Seligman）发现，福祉水平较高的人往往具有丰富的社交生活。文化也是福祉的重要影响因素，文化教育可以塑造人们正确的幸福观，从而较大地提升人们的福祉水平。另外，社会保障、教育、医疗、卫生等发展水平对也增进国民福祉具有积极作用。

3. 生态环境因素

随着经济的快速发展，居民收入不断提高，生态资源环境问题日益突出，人们开始从生态环境视角重新审视发展的真正内涵。2001年，联合国"千年生态系统评估"项目围绕"生态系统服务与人类福祉"研究了生态环境与人类福祉之间的关系并进行了全球性的深入调查，引发人们开始积极关注和研究生态环境与人类福祉之间的关系。已有研究表明，人均生态系统服务与人类主观福祉呈正相关关系。

（三）提高居民福祉的方法

根据联合国"千年生态系统评估"项目提出的人类福祉评价指标（安全、基本物质需求、健康、良好的社会关系和选择与行动的自由),旅游目的地社区可从4个方面入手提高居民的福祉。

1. 维护社区居民的生活环境安全稳定

维护社会安全稳定是社区发展的基础,也是福祉的根本要求。具体来说,要加强社区旅游发展中的治安管理,保障社区居民尤其是直接参与旅游发展的社区居民的安全权利;要保障生存和生产要素的安全,如土地、山林、水源等。

2. 全面提升社区居民的生活质量

一是丰富居民生计方式,提升社区可持续生计能力。由于旅游业具有潮汐式特征和区位依赖性特点,并非所有居民都可以完全依赖旅游业这一生计方式来维持家庭发展,因此有必要增强他们的技能帮助他们获得多种生计方式,并将传统生计方式、旅游业生计方式以及其他生计方式恰当地融合,增强居民家庭的抗风险能力。如对他们进行蔬菜水果栽培、牲畜养殖、工艺品制作等技能培训,以增强一些不适宜直接在旅游业领域就业人群的生计方式竞争力,也包括对他们进行一些卫生知识、服务意识、网络知识、法律知识的培训,增强他们在旅游业内的工作竞争力。

二是加强社区的基础设施建设,改善人居环境。地方政府、旅游企业或社区自身要在旅游发展的基础上完善社区的交通、电力、能源、通信等基础设施建设,改善传统民居的居住条件,修缮旧房危房,推进绿化、污水处理、固体垃圾处理等环境整治工作,保障居民的健康生活。

三是稳定旅游目的地物价水平,保障社区的生活物资正常供应,防止因旅游发展而导致旅游目的地物价水平大幅度上涨,要控制房价水平,维护社区居民权益。

3. 构建良好的社区关系

社区冲突是影响居民福祉的负面因素,良好的社区主客关系和社区内部关系有助于实现东道主与游客互相理解、尊重,增强社区的凝聚力。从主客关系的角度说,要合理预估社区环境承载力,如因大量游客的涌入而造成的资源争夺和社区拥堵;要加强对主客双方的引导和教育,约束双方的行为,增进相互理解和尊重。从社区内部关系来说,关键是要制定合适的利益分配规则,确保居民公平地获得旅游发展带来的经济利益;要加强社区自组织建设,完善社区集体议事制度,及时处理内部矛盾冲突;要加强传统地域文化的传播和教育,提升居民文化身份认同感和满足感,培育社区居民自豪感。

4. 满足居民更多的物质文化生活需要

随着旅游的进一步发展,社区居民的诉求也不断变化,新的矛盾也不断涌现。因此,要定期开展旅游可持续发展监测活动,全面了解社区居民的物质文化生活需要,观察这些需要和诉求的动态变化,并针对社区居民的实际诉求,着力解决当前最急需解决的部分,努力实现社区居民的全面发展和社区的可持续发展。

相关案例

管理制度的构成是指景区在生产和经营过程中所必须遵守的各项规则、规程、程序、办法等的总称。制定景区管理制度的目的在于使景区各个职能部门分工明确、职责清楚、互相协作、提高工作效率,以实现管理目标,它是对景区内工作人员行为的总体规范和约束。

从我国景区管理的实践来看,景区管理制度可以分为两大部分:一是景区的外部行政管理制度,二是景区的内部经营管理制度。

(一)景区外部行政管理制度

景区外部行政管理制度是从政府对景区管理的角度对景区的经营行为进行约束与规范的系统。一般来说,对于资源型景区,景区资源的所有权属于国家或全民所有,因此,国家和地方政府要对景区实施一定的管辖权。与此同时,景区作为一个经营性组织,在旅游市场中从事经营,其经营管理行为会对市场竞争形成一定的影响,因此,旅游行政主管部门要对景区进行管理。这些诸多的管理关系综合形成了景区的外部行政管理制度。

(二)景区内部经营管理制度

景区内部经营管理制度以景区的利益为出发点,目的在于通过提升经营管理效率来增强景区的竞争力,为其实现战略发展目标提供保障。从这个层面上来看,景区内部经营管理制度实际上是一种效益导向的管理要素组合。景区内部的经营管理制度通常可以被分为三个层次,即景区的产权安排、组织结构以及激励机制等(见表3-9)。

表3-9 经营制度及内容

经营制度	内容
产权安排	产权是人们由于财产的存在和使用而引起的相互认可的行为规范,以及相应的权利、义务和责任,一般可被分为财产的所有权和经营使用权。景区产权的安排是景区内部经营管理制度形成的基础,通过对景区产权的分配,各经营管理主体责、权、利的相互关系能进一步明确,从而能减少管理过程中的权利纠纷,提升景区管理效率。
组织结构	组织结构是指景区全体员工为实现景区发展目标而进行的分工协作,在职务范围、责任和权利方面所形成的结构体系。组织结构是针对景区全局管理的概念,可以通过组织结构分析图来对其进行分解和设计。从本质上来看,景区管理制度中组织结构的设计就是将各部门整合起来,实现有序运营。
激励制度	激励制度是景区内部经营管理制度的第三个层次。激励制度的设计目标是为了提升员工士气,增强景区活力,一般采取的形式是将景区员工的利益与责任、绩效挂钩,如员工的奖金与景区经营的利润挂钩,负责人的晋升与部门经营管理业绩挂钩等。

本章小结

社区是旅游目的地服务的提供者和生产者,是目的地吸引物的重要组成部分,是旅游影响的承担者,是旅游发展政策与规划的参与者。旅游目的地社区冲突具有长期性、多样性和复杂性的特征。社区冲突主要是利益分歧和分配不均、权力失衡和制度缺位、社区居民参与能力不足、文化差异和对立等原因造成的。

旅游目的地社区管理的方法主要包括:制定相应层级的规章制度、为社区旅游发展赋能、给旅游地社区增权。旅游目的地社区可持续发展的本质和核心是提升与改善作为可持续生计方式的社区旅游发展水平,实现社区的经济、社会文化和生态环境协同发展,最终实现社区居民福祉的增进和提升。

【关键术语】

社区管理　社区冲突　社区增权　居民福祉

复习思考题

1. 怎样理解社区在旅游目的地发展与管理过程中的"主人"角色?
2. 简述社区冲突的形成原因。
3. 试阐述如何增强社区居民的地方依恋。
4. 简述福祉水平的影响因素。
5. 怎样理解社区居民把旅游业作为其生计方式的重要选择之一?

第四章

旅游目的地企业管理

🏛 第一节　旅游目的地旅游企业管理概述

一、旅游目的地旅游企业管理的定义

当人们的旅游需求发展到一定程度的时候，专门为旅游者提供相关产品和服务以获取社会经济效益的组织就出现了。在市场经济下，这种专门提供旅游产品和服务的组织主要以企业的形态存在，统称为旅游企业。因此，旅游企业就是指那些以营利为主要目的，为旅游者提供各种满足其需要的产品和服务的经济组织。

相较于其他企业，旅游企业更具有资源依赖性、企业家主导性（中小企业更容易受企业家影响）和市场波动性等特征。

旅游目的地旅游企业管理是指旅游目的地管理机构凭借自身权力，通过行政、法律、经济手段对当地旅游企业进行规制和协调，以实现目的地更好的经济、社会和环境效益。

二、旅游目的地旅游企业管理的主要内容

（一）协调旅游企业与旅游目的地发展的关系

旅游企业的发展并不一定能给旅游目的地带来整体发展，没有控制的旅游开发和旅游经营活动可能会造成旅游目的地的不稳定、衰退和其他负面现象的出现。因此，旅游目的地管理机构需要发挥其规制者、监督者、协调者的角色，协调好旅游企业与旅游目的地发展的关系。具体而言，旅游目的地管理机构首先需要制定明确的、合乎实际的目标并做好相应的规划和制度安排；其次，需要确定旅游市场准入标准和经营规范；再次，按照相应的规划和标准进行招商引资、资源开发及经营权的管理、旅游项目的审批、旅游企业市场行为的监督和调控；最后，推动旅游企业

促进其发展模式创新和改革以适应市场环境变化的要求,促使旅游企业的管理从社会大众的需求出发。通过这些管理措施确保旅游企业发展与旅游目的地的发展方向相一致,避免旅游目的地旅游企业盲目、无序发展,保障旅游目的地的可持续发展。

（二）协调旅游企业与旅游目的地市场的关系

旅游业是一个高度竞争性的行业,在市场环境下,旅游企业可能做出一味追求经济利益的短视行为。部分旅游企业可能利用旅游者信息不全面、不对称的情况,采取不正当竞争手段,以次等的旅游产品和低价消费去吸引游客,导致那些提供优质产品的旅游企业在竞争中失利,产生"劣币驱逐良币"的现象。因此,旅游目的地旅游企业管理的一个重要内容是协调企业与市场的关系,具体表现为:旅游目的地管理机构在遵守市场规律的前提下,通过建立系列制度和规范来约束旅游企业的市场行为,做到规范市场、稳定市场和引导市场健康发展,营造一个公平竞争、健康有序的旅游市场。

（三）协调旅游企业与旅游目的地资源环境的关系

旅游企业与旅游目的地资源和环境有着非常密切的关系。在市场机制下,旅游企业一味追求经济利益的做法可能对旅游目的地资源和环境产生各种负面影响,如资源破坏和环境污染等问题会影响旅游目的地的可持续发展。因此,旅游目的地的企业管理的其中一个重要方面就是协调旅游企业与旅游目的地资源和环境的关系。旅游目的地管理机构需要积极采取制度建设、规范监管监测、宣传教育、惩罚或补偿等手段督促旅游企业遵守企业伦理道德,坚持环境影响最小化的原则,并且处理好环保补偿的问题。

（四）协调旅游企业与旅游目的地社区的关系

旅游企业与旅游目的地社区有着非常密切的关系。在市场机制下,旅游企业过度追求经济利益可能对旅游目的地社区产生各种负面影响,如收益分配不公平、物价提升、交通拥挤、噪声扰民等。因此,协调旅游企业与旅游目的地社区的关系也是旅游企业进行企业管理的重要内容之一。旅游目的地管理机构应采取制度保障、信息发布、宣传教育等手段使旅游目的地旅游企业意识到社会责任的重要性,帮助企业了解社区对企业社会责任的需求,与企业共同确定社区改善项目,促进企业开展和参与公益性事业,以缓解社会矛盾。

（五）培育旅游企业的社会责任感

协调旅游企业与旅游目的地发展的上述关系,关键是要培育企业自身的社会责任感,帮助旅游企业主动承担旅游目的地相关社会责任,促进旅游企业采取关爱资源与环境、扶持当地社区等行为来缓解旅游企业发展与旅游目的地发展的矛盾。

第二节　旅游目的地旅游企业成长机制

一、企业成长的内涵

不同理论学派对企业成长及其内涵的认识存在着差异。在古典经济学中,企业成长就是企业所包含的分工数量的增长。对新古典经济学而言,企业成长的内涵就是企业生产规模或销售规模的增长。新制度经济学将企业成长归结为契约集合边界的变化问题,即哪些交易应该在企业内进行,哪些应该在市场范围内进行。企业能力理论和资源基础理论则将企业成长等同于企业能力的成长。

企业成长的内涵一方面是量的扩张,另一方面是质的提高。量的成长表现为企业规模的扩大,质的成长表现为企业素质的提高。

二、企业成长的方式

（一）内部成长和外部成长

内部成长是企业依靠自身盈利的再投入和内部经营条件的改善而实现的成长。内部成长往往表现为专业化经营和持续改进所采取的措施,包括降低成本、提高生产效率、开发新产品和新市场调整组织结构、培训员工和提高管理能力等。企业的内部成长一般是不会改变企业的产权性质,也不会威胁到创业者或经营者对企业的控制,但是因为依赖单体企业的扩张,容易制约企业成长的速度。外部成长是企业通过外部行为实现的成长,如组建合资和合作公司吸收外来资本、建立战略联盟、实行技术转让兼并和收购等。其中兼并方式和收购手段是企业实现外部成长的最常见途径。借助外部成长,企业不仅可以快速融资,而且还可以迅速扩大生产能力,占领新市场,进而实现快速增长,但也容易增大控制难度和成本。

（二）规模型成长、创新型成长和多元化成长

规模型成长是企业在生产方式和工艺技术保持不变的情况下,单纯依靠增加投入而扩大产出规模的一种成长模式,即规模经济成长模式,如同一产品原有市场的扩大或拓展新市场。

创新型成长是指企业通过技术创新、管理创新制度创新等,实现生产方式的变化,以降低生产成本或提高劳动生产率,从而提高企业获利能力和企业素质。

多元化成长是指将企业的成长建立在多种技术、产品之上,是企业跨越原有经营领域而同时经营两个以上产业的扩张行为。实行多元化成长的好处是:降低企业风险,扩展企业的成长领域,避免依赖单一市场。多元化成长带来的范围经济不仅可以提高企业资源的综合利用率,而且可以降低管理和组织的费用。

三、旅游企业成长的动因

（一）外生动因

1. 市场竞争压力

市场竞争的加剧是推动旅游企业成长的一种外部动因,为了生存和获取竞争优势,旅游企业需要采取各种策略来应对竞争态势。例如,通过兼并和收购获得稀缺旅游资源的所有权,实现外部成长。

2. 技术变革

从人类历史进程看,每一次企业组织形态的演变都是由技术巨变引起的,而技术变革也

必然会引起企业的发展与变革。

3. 市场需求发展

随着旅游需求的旺盛增长和旅游偏好的多元化,旅游企业在市场的引导下不断开发拓展能够满足旅游者需求的新产品,旅游企业的成长也面临着更多的机遇。

(二)内生动因

1. 企业家精神

企业家精神是至关重要的,在很大程度上决定了企业成长的欲望。为了实现自我价值和企业发展,企业家所体现的开拓、进取、冒险、创新、竞争、负责任的精神,就是企业家精神。拥有企业家精神的旅游企业才有持续的成长动力。

2. 消除企业内部制度性弊端的需要

多数中小旅游企业诞生时的家族制决定了它内部存在着一些制度性缺陷,如产权不清、责权不明、制度不严、治理结构混乱等,当这些缺陷成为企业发展的瓶颈时,企业家就会以建立清晰的产权关系、促使产权结构更趋合理、企业治理机制更为有效为动因进行组织变革,避免企业衰退,增强企业的核心竞争力。随着市场的不断细分,在竞争日益激烈的旅游市场中形成并保持自己的核心竞争力,是旅游企业在竞争中取胜的关键。因此,通过积累优势资源、优化资本组合获取协同效率、创新产品和发展方式提升顾客体验价值等方式来提升企业核心竞争力,是推动旅游企业成长的强大动因。

四、旅游企业成长的影响因素

(一)外部因素

旅游企业成长的现实外部环境是非常复杂的,包括技术环境、产业环境、法律和政策环境、自然环境、社会文化环境、融资环境和市场环境等。其中市场准入制度、政府财税政策、融资成本信用制度、人才资源、教育培训等许多方面都是制约企业成长的重要因素。想要解决这些问题,仅靠旅游企业是难以实现的,而是需要各界相关部门的长期努力,为旅游企业的成长营造良好环境。

(二)内部因素

基于动态能力理论和资源基础理论的视角,影响旅游企业成长的重要内部因素是动态能力和资源。动态能力在旅游企业中更多地表现为战略实施能力。此外,旅游企业以中小企业为主的特点决定了企业家在企业成长过程中的关键作用。所以,可以将影响旅游企业成长的内部因素总结为企业家能力和资源战略的相互作用。其中,资源是指企业拥有的现实和潜在的旅游资源的禀赋、级别,人力资源水平与层次,社会资源,信息资源等;企业战略包括旅游企业为适应动态环境变化而不断采取的各种发展战略;企业家能力包括社会关系能力、政府关系能力、战略能力、管理能力等。

第三节 旅游目的地旅游企业投资与旅游目的地发展

一、旅游目的地旅游企业投资特征

除具备一般企业的特征以外,旅游目的地旅游企业投资往往具有以下特征。

(一)追求稀缺资源

旅游目的地旅游投资的最突出特征是追求稀缺性旅游资源。旅游资源的稀缺性主要表现在两个方面:其一是资源本身在同类资源比较中的稀缺性,具有较高的观赏、游憩价值;其二是区位的稀缺性,旅游资源总是依附在一定的空间范围内,其地理的无法移动造成稀缺性。

(二)投资主体的多样性

由于旅游业的综合性,涉及旅游发展的行业种类多,因此在旅游目的地进行投资的企业的类型也较多。据不完全统计,目前我国几乎所有类型的企业都不同程度地涉足旅游投资。

(三)社会和政府的关注程度高

旅游与旅游目的地环境和社会具有联系,旅游资源的资源属性特征及其价值与功能的多元性,使得旅游投资项目和对旅游资源的利用方式备受政府和社会关注。

二、旅游企业投资对旅游目的地发展的促进

(一)先锋企业的示范效应与旅游目的地自我更新

在旅游目的地的发展过程中,一些理性的先锋投资企业往往能起到示范效应,带动旅游目的地有序发展,促进旅游目的地各项服务设施与公共管理水平自我更新。

在旅游目的地发展的某些阶段,一些有远见、负责任、理性的先锋企业投资建设的精品项目可能会带动一系列追随与模仿者。当越来越多的跟随者加入品质与技术的竞争行列中时,旅游目的地的投资项目在市场作用下不断进行自我更新,推动旅游目的地的整体转型升级。

(二)投资价值促进社区对遗产价值认同与保护意识觉醒

旅游企业对旅游目的地遗产资源项目的投资能让本地居民对自己家乡的遗产资源价值产生新的认识,使社区居民作为主人翁的自豪感也不断增强。随着旅游企业对旅游目的地遗产资源的投资、开发、利用,社区居民将开始有意识地维护自己的遗产产权(主要包括遗产利用的收益权、遗产的使用权等),并且开始关注遗产资源的保护。从某种程度上讲,社区居民出于维护自身利益的考虑,投资商的投资意向与投资行为促进了社区居民对遗产价值的认同与遗产保护意识的觉醒。

三、旅游企业投资对旅游目的地发展的抑制

（一）对稀缺资源的过度追逐导致旅游目的地收益模式缺陷

由于旅游企业对稀缺资源的追逐，旅游目的地内高度稀缺与垄断的资源成为投资者追捧的热点这种发展模式一方面会导致旅游目的地地价快速上涨，另一方面也会导致服务型企业的投入不足，旅游目的地收益模式更倾向于资源经济。

（二）旅游目的地发展空间格局固化

由于旅游投资项目对核心垄断资源的追求，旅游目的地最重要的区位也往往容易形成旅游投资的热点。受旅游者行为规律的影响，交通线路（交通入口、交通走向、交通中转点）、核心接待设施地点（承接旅游线路中起关键作用的住宿地）的选址直接影响到部分旅游景区甚至整个旅游目的地的空间布局。特别是在以团队游客为主体的景区，导游或旅行社的旅游线路选择方案在与投资项目不断互动的过程中，不断强化投资者对关键节点的住宿设施、交通的投资，使旅游景区的行程与线路设计也不断"团队化"，却忽略了散客的需求，对自助游市场形成挤出效应，也限制了旅游目的地空间格局和旅游产品类型的多元化发展。

第四节　旅游目的地旅游企业的社会责任

一、企业社会责任

（一）概念与内涵

企业社会责任是一个富有争议但又极具生命力的概念。现代企业社会责任概念的涵盖范围实际上包含了从基于企业自行裁量的自愿性实践到道德义务以及为回应社会期望而开展的相应活动。

企业社会责任的实质是处理企业和社会之间的关系，即责任内容和责任对象的问题。在责任内容上，企业社会责任大致可以包含经济责任、法律责任、伦理责任等；在责任对象上，包括管理者、股东、消费者、员工、非政府组织等各种利益相关者，而不同利益相关者在立场利益诉求等方面的差异会导致他们对企业社会责任的预期不尽相同。

（二）测量方式

常见的企业社会责任的测量方式有三种，即声誉指数法、问卷调查法和内容分析法。

1. 声誉指数法

声誉指数法是一种通过有关部门或机构的专家学者对企业社会责任的各方面进行主观评价后得出企业声誉排序结果的方法。

2. 内容分析法

内容分析法是指通过分析企业公开的各类报告或文件(包括年报、社会责任报告、官方网站文章、新闻报道)的相关信息和数据,得出衡量企业社会责任的指标和维度,然后对企业在社会责任各个项目上的表现进行量化评价。

3. 问卷调查法

问卷调查法一般是通过事先编制好的企业社会责任量表,收集应答者对量表题项的打分来评价企业社会责任。

此外,CSR(Corporate Social Responsibility,企业社会责任)这一指标也越来越受到企业评估机构的重视,一些专业的企业与评级机构纷纷建立了CSR指数数据库以供其用户参考。

上述涉及的几种企业社会责任测量方法的比较如表4-1所示。

表4-1 企业社会责任主要测量方法比较

测量方法	优点	缺点
声誉指数法	评价者内部一致性较高; 具有主观方法的优点,能代表专家的意见	主观性较强,只能代表专家、学者观点; 操作程序相对烦琐,适合小样本研究
内容分析法	衡量步骤比较客观; 操作简单,可用于大样本分析	变量的选取较为主观; 企业披露的信息可能失真或不全面
问卷调查法	课程用于对不同利益相关者的研究	实际上测量的是被调查者的态度或感知,而非企业的社会责任感绩效
CSR指数数据库	包含了社会责任的多个维度; 允许历时性连续评价; 评价较为客观和公正	数据的获取依赖于数据库的支持; 数据质量依赖多个评估方式和基准

(资料来源:李淑燕《旅游企业社会责任履行表现及影响因素研究》。)

二、旅游企业社会责任

(一)特殊性

1. 旅游企业CSR的核心是社会和环境责任

企业社会责任具有行业性特点。对于制造业等其他行业来说,社会责任和环境责任往往只是其经济责任和法律责任的补充之物。但旅游目的地旅游企业往往极大地依赖于当地资源与环境,其行为会直接影响旅游目的地可持续发展。因此社会和环境责任是其核心责任。

2. 旅游企业CSR的责任范围更广、层次更深

相比于制造业与其利益相关者的关系,旅游企业与股东、游客、旅游目的地社区、生态环境、政府部门等的关系更为复杂和紧密。在对旅游目的地的开发问题上,必须平衡各方利益

相关者的利益,结合自然保护、经济发展、文化传承等问题,积极承担对利益相关者(如企业员工、社区生态环境等)的社会责任。相对于制造业企业,旅游企业需要更多地履行保护环境、传承文化、支持社区发展等责任。

3. 利益相关者对旅游企业CSR决策的议价能力更强

对于制造业企业来说,管理者决策的主要依据是利润原则,对股东负责,其他利益相关者对企业决策缺乏影响力。然而,旅游企业的利益相关者更广泛,他们有着较强的议价能力,能够显著地影响旅游企业的经营决策和战略实施,这增加了CSR实施的难度。

4. 维度与测量

在旅游企业CSR的测量上,通常采用内容分析法和问卷调查法,少数研究也开始采用某些CSR指数数据库所提供的数据来展开分析。

在旅游企业CSR的维度划分上,目前主要根据研究的具体情境来确定,一些代表性的维度划分研究成果如表4-2所示。

表4-2 旅游企业社会责任维度划分的代表性研究成果

研究文献	研究对象	维度划分
KANG等,2010	以酒店、赌场、餐厅和航空公司为对象	积极责任和消极责任
PARK和LEE,2009	以餐饮业为对象	积极责任和消极责任
LEE等,2013	以餐饮业为对象	运营相关责任和运营非相关责任
Inoue,Lee,2011	以整个旅游业为对象	员工责任、产品责任、社区责任、环境责任和多样性责任
Gu等,2009	以酒店高管为访谈对象	环境责任、人力资源管理责任、慈善责任和顾客关系责任
胡兵等,2018	以旅游上市公司的企业社会责任报告为对象	经济责任、法律责任、环境责任、社区责任、员工责任、顾客责任、政治责任和伙伴责任
沈鹏熠,2012	以旅游目的地旅游企业为对象	经济责任、环境责任、游客责任、员工责任、法律责任和慈善责任
张朝枝等,2015	以景区开发企业为对象	企业对社区及环境、股东、游客、员工、遗产和政府的责任
苏志平和顾平,2010	以旅游供应链为对象	经济责任、法律责任和道德责任

(资料来源:基于文献整理。)

(二)影响因素

从企业利益相关者的角度,旅游企业外部的政府、投资者、消费者、非政府组织、社区、媒体、社会公众、其他竞争或合作企业,以及旅游企业内部的企业家、管理决策层、员工等利益相关者都会对旅游企业履行CSR产生约束力或促进作用。因此,旅游企业CSR的表现将受

到旅游企业外部因素和内部因素的影响(见表4-3)。外部影响因素主要包括:政策法规环境、政府的行政管理、外部利益相关者诉求、外部监督、市场竞争强度、行业CSR自律机制、行业企业示范效应。内部影响因素主要包括:企业的内在利益需求、企业对CSR的认知、企业对CSR的态度、企业履行CSR的能力、企业性质、企业道德水平。这些影响因素除了各自的独立作用,彼此之间往往也存在复杂的相互影响和交互效应,例如:政策法规环境既可以影响企业外部的利益相关者诉求、外部监督、行业CSR自律机制,也可以影响企业内部的CSR认知和态度,进而影响旅游企业CSR的履行;而旅游企业自身的CSR履行能力不同也会导致外部利益相关者的诉求期望和监督压力不同。

表4-3 旅游企业社会责任的影响因素

影响因素		内容	作用
外部因素	政策法规环境	旅游企业社会责任的相关政策及法律规范体系,包括:环境保护政策法规、资源保护政策法规、CRS财政补贴政策、资源税制、企业社会责任规范、旅游目的地社区及消费者权益维护政策等	完善的政策、法规、环境,有利于维护利益相关者的权益和遏制企业不正当行为;奖惩制度的引入增加了企业履行CSR的回报和不履行CSR的成本;履行CSR有助于提高企业的合法性,为其生存和发展带来便利,进而促进企业积极履行CSR
	政府的行政管理	政府的监测、检查、行政命令以及行政处罚等强制性手段	行政管理具有强约束力,通过增加不履行CSR的成本而实现对企业行为的调节,但其作用表现为倒U型。恰当的行政管理可以提升旅游企业的CSR表现;行政管理的缺失可能导致旅游目的地旅游企业CSR的低水平表现;高度的行政管理将扰乱旅游企业经营,增加旅游企业负担,影响旅游企业自身对履行CSR的积极性
	外部利益相关者诉求	政府、投资者、消费者、非政府组织、社区、新闻媒体、社会公众等外部利益相关者对旅游企业CSR的期望和诉求	舆论压力越大,旅游企业感知到的外部利益相关者对旅游企业CSR的诉求越强烈,就越倾向于在其能力范围内履行CSR
	外部监督	政府、投资者、消费者、非政府组织、社区、新闻媒体、社会公众等外部利益相关者对旅游企业CSR表现的关注和监督	外部利益相关者对旅游企业CSR表现的关注度越高,监督越严格,就越能督促旅游企业改善其CSR表现
	市场竞争强度	旅游目的地旅游企业所面对的市场竞争强度	市场竞争强度对旅游企业CSR表现的效应为倒U形。当市场竞争力缺乏时,企业没有通过履行CSR来获取差异化竞争优势的动机;当市场竞争非常激烈时,企业利润较低,为维持生存反而会减少对CSR的投入;只有当竞争强度适中时,企业既有通过履行CSR来获取声誉资本和竞争优势的动机,又有能力进行实践

续表

影响因素		内容	作用
外部因素	行业CSR自律机制	有旅游目的地、旅游行业协会等行业组织牵头制定的旅游目的地、旅游行业的CSR管理体系、自我监管体系，以及行业内部一致认可的CSR指南、准则等行业规范	完善的行业CSR自律机制有助于实现旅游行业CSR的自我管理与自我监督，进而推进旅游目的地、旅游行业整体的CSR履行，促进旅游目的地旅游企业改善CSR表现
	行业企业的示范效应	企业竞争对手CSR表现的示范作用；旅游企业合作伙伴和供应商CSR目标的示范作用等	旅游目的地履行CSR的旅游企业比例越高，示范效应越强，越能促进其他未履行CSR的旅游企业进行模仿
内部因素	企业的内在利益需求	企业将履行CSR作为一种满足企业战略利益需求的策略	旅行战略性CSR可以为旅游企业创造声誉资本，提升企业竞争力。越是将企业内在利益需求与CSR紧密联系的旅游企业越倾向于积极履行CSR
	企业对CSR的认知	企业内部对CSR的认知程度包括企业家的认知程度、企业管理层的认知程度和员工的认知程度	旅游企业对CSR的认知越充分，越倾向于积极履行CSR
	企业性质	企业属于国有企业还是民营企业，以及企业的国有资产占比、政治关联等属性	国有企业CSR履行表现水平一般是高于民营企业的。国有企业履行CSR的动力往往强于民营企业。此外，具有政治关系链的企业倾向于承担更多的CSR
	企业道德水平	企业家和高级管理层的个人修养，价值观和企业伦理文化	道德水平越高的企业越可能采取积极的CSR态度、决策和行为

（资料来源：基于文献整理。）

相关案例

旅游目的地企业社会责任缺失的对策研究

一、旅游目的地企业社会责任缺失的表现

在实际生活中，企业社会责任缺失现象仍较为盛行。旅游目的地企业社会责任缺失突出表现在环境、消费者、员工等方面，尤其在生态环境破坏、损害消费者利益等方面。企业社会责任缺失的情况及现象见表4-4。

表4-4 企业社会责任缺失的情况及现象

责任缺少情况	现象
环保意识薄弱,生态环境破坏严重	我国相当多旅游目的地企业走"先污染,后治理"的老路,将利润建立在破坏和污染环境的基础上,运用外延粗放型的增长方式,使得旅游资源利用率过低,生态环境破坏严重
损害消费者利益,扰乱社区秩序,造成本土文化流失	旅游目的地企业为提高旅游景点的知名度进行的广告宣传,大多数将旅游目的地完美化,甚至发布虚假信息,误导欺骗消费者,而一些不健康的经营意识带来的粗野拉客、哄抬物价、恶意宰客等现象时有发生,大大损害了消费者的利益
道德缺失,损害员工利益	一些旅游目的地企业为达到降低人力资源成本,不顾员工的基本生活保障,工资待遇低且随意拖欠其三,不签订合同,加班超时现象时有发生。在一些旅游目的地企业,雇佣童工或不与员工签订合同的现象屡见不鲜,而企业为了使其利润最大化,让员工超时加班工作而不给予应有的待遇的情况常常发生
缺乏伦理责任,无视公益事业	伦理责任是企业社会责任的组成部分之一,其要求企业在获得利润的同时,应该以一定的形式回赠社会,实现企业与社会"双赢"的局面

二、旅游目的地企业社会责任缺失成因

旅游目的地企业的经营管理行为均由企业经营理念支配和决定,而企业的内外环境又影响和决定着企业的经营理念。因此,对旅游目的地企业社会责任缺失原因的考察,必须纳入中国企业社会责任法制的大背景下进行,从政府、社会团体及企业自身三个层面进行剖析。

企业责任缺失的原因见表4-5。

表4-5 企业责任缺失的原因

原因	背景
企业社会责任的法制建设落后	我国在建设社会主义市场经济体制中,企业社会责任的相关经济法规的建立和推行比较滞后,很多只是宏观上的框架而缺乏具体的操作程序规定。市场经济的内在驱动力本身会把利润最大化作为企业的首要原则,而当前社会责任的法制建设难以将企业获取利润的行为规范在对社会有益的基础上
政府缺位,对企业承担社会责任监督滞后	政府是对企业社会责任监督的主体,其监督不力是企业社会责任缺失的外在因素之一。很多地方政府官员对企业社会责任问题了解甚少,或者根本没有概念,对它的利害关系也没有清醒的认识。政府管理部门只注重企业的利润和税收状况,而对企业守法行为的监督力度不够,即使有些政府了解情况,却未能从整体上予以整理
社会群体对企业社会责任的监督力度不够	目前社会群体主要是以媒体方式对企业履行社会责任状况进行监督,同时辅以行业协会、工会、消费者协会等其他社会群体的作用。但在媒体监督中,出现媒体滥用自身的权力,未能如实报道事实,不能客观地评论事情的真实情况,未能营造自身的公信力;旅游行业协会并没有制定旅游业的规范性文件或者所制定的文件并未有效地被企业参考与利用

续表

原因	背景
企业经营理念落后,领导人素质不高	大多数旅游目的地的企业以追求当期利润最大化为目标,利润的获得是企业生存发展唯一的使命和动力,企业唯一的社会责任就是对股东负责。以这种经营理念经营企业,不可避免地损害其他相关者的利益。为了获取利润,企业发布虚假的广告信息,欺骗消费者;企业压低员工工资,节约成本等。在企业满足股东利益的同时,有意无意地违背了道德规范,损害了消费者、员工、政府等相关者的利益

三、强化旅游目的地企业社会责任的对策

目前,各级政府都在广泛宣传和全面贯彻科学发展观,治理环境污染、保护员工权益等问题受到高度重视,绿色旅游、生态旅游等观念日益深入人心。由于市场竞争日益激烈,旅游产品已由短缺转化为过剩,在长期的市场博弈中旅游企业达成了承担企业社会责任将有助于树立企业形象,从而有利于企业的生存与发展的共识。有效治理旅游目的地企业的社会责任缺失问题,应从政府、社会团体及企业自身三个层面切入(见表4-6)。

表4-6 企业社会责任的三个治理方面

三个方面	治理
发挥政府主导作用,建立健全企业社会责任法律体系	首先,政府应制定和完善有关企业社会责任方面的法律法规。其次,应在西方企业社会责任评价体系的基础上,建立一整套合理的旅游目的地企业社会责任评估系统,加大对企业违背社会责任行为的惩处力度,以限制性措施规范企业行为,使企业严格在法制的轨道内运行。最后,建立信息披露机制,使自觉履行社会责任的企业得到赞扬和传颂,打响企业及其产品的知名度
构建企业承担社会责任的激励机制	应充分发挥消费者协会、行业协会等社会团体对企业社会责任的监督作用,形成多层次、多渠道的监督体系。行业协会对自身行业的理解比较深入,所以行业协会应该制定本行业的关于社会责任的规范性文件,从而对本行业的企业社会责任起到规范、参考以及监督作用。各个社会团体必须起到补充法律规范盲点的作用
发挥新闻媒体的舆论作用,加大社会团体的监督力度	首先,政府应制定和完善有关企业社会责任方面的法律法规。其次,应在西方企业社会责任评价体系的基础上,建立一整套合理的旅游目的地企业社会责任评估系统,加大对企业违背社会责任行为的惩处力度,以限制性措施规范企业行为,使企业严格在法制的轨道内运行。最后,建立信息披露机制,使自觉履行社会责任的企业得到赞扬和传颂,打响企业及其产品的知名度

本章小结

　　旅游企业是以营利为主要目的,为旅游者提供各种满足其需要的产品和服务的经济组织。旅游目的地旅游企业管理是通过旅游目的地管理机构对旅游企业的规制与协调,来弥补市场机制的缺陷,协调旅游企业与旅游目的地发展、市场、资源环境和社区的关系,培育旅游企业的社会责任感,以实现旅游目的地长期的、可持续的发展。

　　作为与旅游目的地发展密切相关的因素,旅游企业的成长规律、旅游企业投资对旅游目的地发展起的促进和抑制效应,以及旅游企业履行社会责任的影响因素是每一个合格的旅游目的地管理者都需要掌握并运用于管理实践的重要内容。

【关键术语】
旅游目的地旅游企业管理　　旅游目的地发展　　企业成长　　企业投资
社会责任

复习思考题

1. 简述旅游企业的定义和特征。
2. 简述旅游企业成长的内涵、动因与影响因素。
3. 分析旅游目的地旅游企业投资的特征及其影响因素。
4. 分析影响旅游企业履行社会责任的因素。

第五章

旅游目的地政府管理

第一节 政府与政府职能概述

一、政府

在我国古代,"政府"一词起源于唐宋时期的"政事堂"和"二府"。唐宋时,中央机关机构为三省六部。唐朝为提高工作效率将中书省和门下省有时合署办公,称为"政事堂"。宋朝将"政事堂"设于中书省内,称为中书。宋朝初年,枢密使主管军事,其官署称为枢密院;中书省和枢密院并称为"二府"。"政事堂"和"二府"合称为后来的"政府"。在现代社会,政府普遍地被理解为"在国家层面上运行的用来维持秩序和促进集体行动的政治制度过程"。所以政府是国家进行统治和社会管理的机关,是国家表达意志、发布命令和处理事务的机关。

政府的概念一般有广义和狭义之分。广义的政府是指行使国家权力的所有机关,包括立法、行政、司法机关;狭义的政府则只是指国家权力的执行机关,即国家行政机关。

政府可分为中央政府和地方政府两个层级。在我国,中央政府是指中华人民共和国中央人民政府,即中华人民共和国国务院。国务院是我国最高国家权力机关的执行机关,是最高国家行政机关。国务院由总理、副总理、国务委员、各部部长、各委员会主任、中国人民银行行长、审计长、秘书长组成。国务院统一领导所属各部、委的工作,统一领导全国各级地方行政机关的工作,有权根据宪法法律管理全国范围内的一切重大行政事务。地方政府是指一个国家的特定地方内,具有规范性和自我治理能力的政权团体,与中央政府相对应。地方政府的概念表明了中央政府与地方政府的关系。有中央政府,才有地方政府,反之亦然。在我国,地方各级人民政府是地方各级人民代表大会的执行机关,是地方各级国家行政机关。

地方各级人民政府对本级人民代表大会和上一级国家行政机关负责并报告工作。一般而言,旅游目的地政府主要是指地方政府(省级、地市级、县市级等)及其派出机构。

二、政府职能

如上所述,政府是国家进行统治和社会管理的一个特殊机构。政府职能也叫行政职能,是指行政主体作为国家管理的执行机关,在依法对国家政治、经济和社会公共事务进行管理时应承担的职责和所具有的功能。它体现着公共行政活动的基本内容和方向,是公共行政本质的反映。在我国,政府主要包括以下四个方面的职能。

(一) 政治职能

政治职能是指维护国家统治阶级的利益,对外保护国家安全,对内维持社会秩序的职能。我国政府主要有四大政治职能。

1. 军事保卫职能

军事保卫职能,即维护国家独立自主和主权完整,保卫国防安全,防卫外来侵略。

2. 外交职能

外交职能,即通过政府的外交活动,促进本国与其他各国正常的政治、经济往来,建立睦邻友好关系,促进国与国之间互惠互利,反对强权政治、霸权主义,维护世界和平。

3. 治安职能

治安职能,即维持国家内部社会秩序,镇压叛国和危害社会安全的活动,保障人民的政治权利和生命财产安全,维护宪法和法律尊严。

4. 民主政治建设职能

民主政治建设职能,即通过政府活动来推进国家政权完善和民主政治的发展。

(二) 经济职能

经济职能是指政府为保证国家的经济发展,对社会经济生活进行管理的职能。随着我国逐渐从计划经济体制转向社会主义市场经济体制,我国政府主要有三个方面的经济职能。

1. 宏观调控职能

宏观调控职能,即政府通过制定和使用财政政策和货币政策,对整个国民经济进行间接的、宏观的调控。

2. 提供公共产品和服务职能

提供公共产品和服务职能,即政府通过制定产业政策、计划指导、就业规划等方式对整个国民经济实行间接控制;同时,还要发挥社会企业、中介组织的力量,与政府共同承担提供公共产品和服务的任务。

3. 市场监管职能

市场监管职能,即政府为确保市场运行畅通,保证公平竞争和公平交易,维护企业合法权益而对市场和企业进行管理和监督。

(三) 文化职能

在我国,政府的文化职能是指政府为满足人民群众日益增长的文化生活的需要,依法对文化事业所实施的管理。它是加强我国社会主义精神文明建设促进经济与社会协调发展的重要保证。我国政府的文化职能主要有以下四个方面。

1. 发展科学技术的职能

发展科学技术的职能,即政府通过制定科学技术发展战略,加强对重大科技工作的宏观调控,做好科技规划和预测等工作,重视基础性、高技术和产业化研究。

2. 发展教育的职能

发展教育的职能即政府通过制定社会教育发展战略,优化教育结构,加快教育体制改革,逐步形成政府办学与社会办学相结合的新体制。

3. 发展文化事业的职能

发展文化事业的职能,即政府通过制定各种方针政策、法规等,引导整个社会文学艺术、广播影视、新闻出版和社会科学研究等各项事业健康繁荣地发展。

4. 发展卫生体育的职能

发展卫生体育的职能,即政府通过制定各种方针政策法规等,引导全社会卫生体育事业的发展。

(四) 社会职能

社会职能也称社会公共服务职能,即除政治经济、文化职能以外政府必须承担的其他职能。我国政府的社会职能主要有以下三个方面。

1. 调节社会分配和组织社会保障的职能

调节社会分配和组织社会保障的职能,即政府为保证社会公平、缩小地区发展差距和个人收入差距,运用各种手段来调节社会分配和组织社会保障,以提高社会整体福利水平,最终实现共同富裕。

2. 保护生态环境和自然资源的职能

保护生态环境和自然资源的职能,即政府通过各种手段,对由经济发展、人口膨胀等因素所造成的环境恶化、自然资源破坏等生态环境问题进行恢复、治理监督、控制,从而促进经济的可持续发展。

3. 促进社会化服务体系建立的职能

促进社会化服务体系建立的职能,即政府通过制定法律法规、政策扶持等措施,促进社会自我管理能力不断提高。

第二节　旅游目的地政府职能与机构设置

所谓政府管理,就是指政府部门运用政府权力,为解决政府面临的公共问题,从基础上维护与实现整个地方整体利益而对辖区内事务施加管理的政府行为模式。旅游目的地泛指吸引旅游者短暂停留、参观游览的地方。由于旅游目的地政府主要涉及地方政府及其派出机构,旅游目的地政府管理主要是指地方政府部门运用政府权力,为解决政府面临的与旅游目的地发展相关的各种问题、维护旅游目的地整体利益而对辖区内事务施加管理的政府行为模式。那么,旅游目的地政府如何对旅游目的地进行有效管理呢?为了回答这一问题,有必要了解旅游目的地政府的职能和机构设置。

一、旅游目的地政府职能

旅游目的地政府为什么要介入对旅游发展的管理呢?或者说,在旅游目的地的发展过程中,地方政府有哪些基本职能呢?依据上文有关政府职能的阐述,结合旅游目的地发展的实际情况,在中国,旅游目的地政府至少要承担以下六个方面的职能。

(一)招商引资

招商引资是指地方政府(或地方政府成立的开发区)吸收投资(主要是非本地投资者)的活动。招商引资是各级地方政府的主要工作,并且常在各级政府工作报告和工作计划中出现。在旅游目的地,招商引资是地方政府的主要职能之一。旅游目的地政府的招商引资主要是指地方政府(或各类旅游开发区)以说服投资者受让土地或租赁房屋为主要表现形式的、针对一个地区(旅游景区度假区等)投资环境进行的销售行为。例如,三亚市海棠区(海棠湾国际休闲度假区所在地)人民政府公布的相关文件中明确规定:三亚市海棠区发展和改革委员会的职权包括政府投资项目建议书审批、政府投资项目可行性研究报告审批、政府投资项目初步设计与概算、企业投资项目监管等。

(二)管制

政府管制又称政府规制。管制,是政府干预市场活动的总称,是指政府为达到预定目的,凭借其法定的权力对社会经济主体的经济活动所施加的某种限制和约束,其宗旨是为市场运行及企业行为建立相应的规则,以弥补市场失灵,确保微观经济的有序运行,实现社会福利的最大化。在旅游目的地,常见的政府管制包括价格管制、交通管制、环境卫生管制等。其中,常见的价格管制包括景区门票价格管制、酒店房价管制、旅行社团费管制等。在我国,公共景区(如杭州西湖、黄山风景区、北京故宫等)由于存在自然垄断,因此需要集中经营、统一规划与统一定价,以此避免碎片化经营与恶性竞争所导致的公地悲剧问题,但由此也会导致垄断定价问题。所以,各地政府部门一般会对门票价格进行管制。价格管制简单来说,就是指政府出面制定一个平均运营成本价格,让景区可以维持生存和有效运转。

（三）营销

市场营销是在适当的时间、适当的地方以适当的价格、适当的信息沟通和促销手段,向适当的消费者提供适当的产品和服务。旅游目的地营销指旅游目的地的各种营销组织进行的活动和过程,包括:①向旅游者提供旅游目的地的相关信息,突出旅游目的地形象,并打造景区吸引物;②吸引潜在群体和目标群体的注意力,引发其对旅游目的地的向往,激发他们的出游动机,促成他们的旅游决策以及实地的参访,乃至未来的口碑推荐以及重游行为。旅游目的地的政府是诸多营销组织中的一种,也是最为重要的营销组织之一。近年来,我国不少旅游目的地的政府部门也都致力于所在目的地的形象推广和品牌建设,如"好客山东"和"清新福建"等。

（四）协调

所谓协调是指正确处理组织内外各种关系,为组织正常运转创造良好的条件和环境,促进组织目标的实现。如果将一个旅游目的地看作一个组织,那么它的正常运转也需要正确处理其内部以及它与其他旅游目的地之间的关系。因此,对旅游目的地内外关系的协调也是政府的主要职能之一。对内而言,政府需要处理旅游目的地内各景区(各旅游企业)之间、各社区之间、景区(企业)与社区之间的关系;对外而言则需要谨慎处理与其他旅游目的地的竞合关系。举例来说,南京市作为一个旅游目的地城市,其政府需要协调城市范围内各景区(如玄武湖、钟山风景名胜区、总统府景区、莫愁湖、阅江楼、以夫子庙为中心的秦淮风光带等)之间、各旅游企业之间与旅游相关的各社区之间以及景区(企业)与社区之间的关系。与此同时,南京市政府还需要与邻近城市政府处理好各种竞合关系。例如,近年来,南京市政府积极参与长三角地区旅游合作的各种活动。

（五）教育与培训

对人的发展而言,虽然教育(狭义上指专门组织的学校教育)与培训(通过培养和训练使受训者掌握某种技能的方式)是不同的学习渠道,但都指为了促进人的身心发展的社会实践活动。对旅游目的地的生存和发展而言,拥有一支具备良好的基础教育水平、专业素养和职业道德的人力资源队伍至关重要。因此,作为旅游目的地主要的利益相关者之一,政府也肩负着提供推进与旅游相关的教育与培训的职能。一般而言,旅游目的地政府部门应与辖区内外的高等院校、中专和职业院校建立合作关系,培养旅游目的地发展所需要的各类人才;与辖区内外的旅游高等院校、咨询机构建立合作关系,展开各层次、各类型的人才培训项目。例如,湖南省张家界市、江苏省常熟市、扬州市(扬州市蜀冈——瘦西湖风景名胜区管委会,它是扬州市人民政府的派出机构)、湖南省浏阳市就曾与中山大学合作,分别举办过"2017年张家界市全域旅游人才精英班""常熟市全域旅游干部人才专题培训班""扬州蜀冈——瘦西湖风景名胜区旅游产业发展与规划高级研修班""浏阳市国家全域旅游示范区(县)创建专题培训班"。

（六）经营

在不同的行业和语境中,经营一词可能所指不同。但总体而言,经营含有筹划、谋划、计

划、规划、组织、治理、管理等含义。经营和管理相比,经营侧重于动态性的谋划发展。经营者是指从事商品经营或者营利性服务的法人、其他经济组织和个人,是以营利为目的的从事生产经营活动并与消费者相对应的另一方当事人。《中华人民共和国反垄断法》第十五条规定:经营者,是指从事商品生产、经营或者提供服务的自然人、法人和其他组织。那么,旅游目的地的政府为何承担着经营的职能呢?这与我国的经济和政治体制密切相关,不少旅游目的地(景区)依赖国有公共资源。因此,虽然国家在各行各业(包括旅游业)都致力于推进政企分离,但在我国许多旅游目的地,地方政府部门(及其派出机构)依然以不同形式不同程度地拥有、管理和运营一些旅游企业(景区)。例如,黄山旅游集团有限公司成立于1999年6月,2005年开始实体运作,是安徽省人民政府授权负责经营黄山风景区国有资产的国有独资公司。它还是安徽省百强企业、中国旅游集团20强、中国驰名商标和WTTC(World Travel and Tourism Council,世界旅游业理事会)会员单位。

二、旅游目的地政府机构设置

(一)机构设置概览

在中央政府层面,政府机构设置是指国务院组织机构设置。如前所述,国务院由总理、副总理、国务委员、各部部长、中国人民银行行长、各委员会主任、审计长、秘书长组成。国务院统一领导所属各部委的工作。国务院的组织由法律规定。截至2020年,国务院机构分为国务院办公厅、国务院组成部门(如国家发展和改革委员会、外交部、文化和旅游部、交通运输部等)、国务院直属特设机构(国务院国有资产监督管理委员会)、国务院直属机构(如中华人民共和国海关总署、国家市场监督管理总局、国家统计局等)、国务院办事机构(如国务院港澳事务办公室国务院研究室)、国务院直属事业单位(如新华通讯社、中国科学院、中国社会科学院、中国工程院等)、国务院部委管理的国家局(如中国民用航空局由交通运输部管理)。其中,文化和旅游部是国务院主管旅游的行政部门,即旅游的行政主管部门。

在国务院组成部门中,直接统筹规划旅游业发展的部门是文化和旅游部,其他部门也或多或少地参与全国旅游的管理及各级旅游目的地的规划发展。例如,交通运输部的主要职责之一就是承担涉及综合运输体系的规划协调工作,会同有关部门组织编制综合运输体系规划,指导交通运输枢纽的规划和管理。这与旅游目的地的交通发展与整体发展息息相关。再例如,自然资源部的职责之一是履行全民所有土地、矿产、森林、草原、湿地、水、海洋等自然资源资产所有者职责和所有国土空间用途管制职责。拟订自然资源和国土空间规划及测绘、极地、深海等法律法规草案,制定部门规章并监督检查执行情况。上述自然资源中的不少资源也是许多旅游目的地赖以生存和发展的旅游资源。

地方各级人民政府的机构设置按照《地方各级人民政府机构设置和编制管理条例》(中华人民共和国国务院令第486号公布,自2007年5月1日起施行)。一般而言,地方政府机构设置与中央政府机构设置基本保持一致。以广州市人民政府为例,广州市人民政府网显示,市级机构包括规划和自然资源局、林业和园林局、生态环境局、住房和城乡建设局、文化广电旅游局、体育局、民族宗教事务局、交通运输局、市场监督管理局等。其中,广州市文化广电旅游局是广州市政府组成部门,是广州市旅游行政主管部门(正局级),加挂广州市文物局牌子。

(二)机构设置模式

从涉及旅游管理的机构的层级角度来看,旅游目的地政府机构(专指目的地旅游行政主管机构)可以分为如下几种。

1. 国家旅游行政机构

国家旅游行政机构是指在中央政府层面成立的管理全国(将整个国家作为一个旅游目的地)旅游业的机构。国家旅游机构包括如下三种模式:

(1)独立的国家旅游局或旅游部。前者如中国国家旅游局(现文化和旅游部),后者包括印度旅游部。

(2)含有旅游的部委。典型的有马尔代夫旅游、艺术与文化部、土耳其文化和旅游部。

(3)国家层面的"双组织"制度。典型的有澳大利亚的资源能源与旅游部和旅游局,前者是澳大利亚联邦政府的组成部门,后者则是专司澳大利亚旅游管理与目的地营销的法定机构。

2. 州/省/地区旅游行政机构

新一轮的政府机构改革(2018年)之后,在我国省一级人民政府中,旅游行政主管部门一般是省文化和旅游厅(市文化和旅游局、市文化和旅游发展委员会)。例如,四川省文化和旅游厅、北京市文化和旅游局、重庆市文化和旅游发展委员会。较不一样的是,海南省人民政府下设海南省旅游和文化广电体育厅,为主管全省旅游和文化广电体育工作的省政府组成部门。

3. 城市旅游行政机构

在旅游目的地城市层面,主管旅游的政府行政机构的设置与省级行政区政府基本保持一致。例如,与海南省人民政府下设海南省旅游和文化广电体育局类似,三亚市人民政府下设三亚市旅游和文化广电体育局;与安徽省人民政府下设文化和旅游厅类似,芜湖市人民政府下设芜湖市文化和旅游局。但也有不完全一致的情况,例如,广东省人民政府下设广东省文化和旅游厅(政府组成部门),广州市人民政府则下设文化广电旅游局(政府组成部门);珠海市人民政府下设文化广电体育旅游局(政府组成部门)。

(三)内设机构

内设机构是指独立机构(工作部门)的内部组织,又称内部机构。在旅游目的地政府机构设置情境下,内设机构主要是指旅游目的地旅游行政主管部门的内部组织。旅游目的地的旅游行政主管部门的内部机构大体一致,但不同层级的旅游目的地可能会有机构设置和命名上的差异。例如,四川省文化和旅游厅下设办公室、政策法规处、规划指导处、艺术处、公共服务处、科技教育处、非物质文化遗产处、产业发展处、资源开发处、市场管理处(安全监管处)、综合执法监督局、宣传推广处、国际交流与合作处(港澳台办公室)、行政审批处(审计处)、财务处、人事处、离退休人员工作处、机关党委;厦门市(副省级城市)文化和旅游局机构下设办公室、政策法规处(审批处)、财务处、艺术处、公共服务处(非物质文化遗产处)、产业发展处、资源开发处、市场管理处、对外交流合作处(台港澳事务处)传媒管理处科技处出版管理处(印刷发行处)、版权管理处、文物与博物馆处、人事处机关党委、离退休干部工作处；常熟市(县级市)文体广电和旅游局下设办公室、市场管理科(法制安全科)、安全生产监督管理科、公共文化科(艺术科)、大数据管理科(广电管理科)、产业发展科、体育业务科、资源开发科、文化旅游推广科、文化遗产科、财务审计科、组织人事科等。

第三节　旅游目的地行政管理

一、旅游目的地行政管理概述

(一)旅游目的地行政管理概念

行政管理以及自身内部进行的各种管理活动,行政管理也可以还指企业事业单位的行政事务管理工作。行政管理系统是一类组织系统,它是社会系统的一个重要分系统。广义的行政管理是指一切社会组织团体对有关事务的治理,管理和执行的社会活动。同时,行政管理也指国家政治目标的执行,包括立法行政司法等。从狭义的定义看,行政管理是指国家行政机关对社会公共事务的管理,又称公共行政。在这一狭义的定义中,行政机关是指依法行使国家权力、执行国家行政职能的机关。从广义上讲,行政机关是一级政府机关的总称,即国家政权组织中执行国家法律,从事国家政务、机关内部事务和社会公共事务管理的政府机关及其工作部门。从狭义上讲,行政机关仅指政府机关内部的综合办事机构,即办公厅(室),它是在行政首长直接领导下处理各种事务、辅助进行全面管理工作的机构。本书中的行政管理是狭义上的行政管理;本书中的行政机关是广义上的行政机关。

结合旅游目的地的特征和行政管理的定义,旅游目的地行政管理是指旅游目的地的政府机关及其工作部门(包括其派出机构)对与旅游目的地发展相关的各种社会公共事务的管理。随着经济、社会的发展,行政管理的对象日益广泛,包括经济建设、文化教育、市政建设、社会秩序(社区管理)、公共卫生健康医疗、环境保护等各个方面。旅游目的地的建设与发展实际上也涉及上述诸多方面。因此,从这个意义上说,旅游目的地行政管理实际上也涉及上述这些方面的行政管理。

(二)旅游目的地行政管理手段

对旅游目的地的政府部门尤其是旅游行政主管部门及其派出机构而言,比较适用的旅游行政管理手段主要有以下六种。

1.政策和法规手段

法规是法令条例、规则和章程等法定文件的总称。采用政策和法规手段是指旅游目的地的各级政府的部门,尤其是旅游行政主管部门,根据国家宪法和基本法律原则,从旅游目的地旅游业和经济社会发展的实际情况出发,制定并出台各种旅游行政法规实施细则、行动

准则、方案,以此对旅游服务市场、旅游服务质量旅游经营行为、旅游权利和义务进行规范和调整

2. 规划和预算手段

规划是个人或组织制订的比较全面长远的发展计划,是对未来整体性、长期性、基本性问题的思考和考虑,是未来各种工作的整套行动方案。在旅游目的地层面,比较常见的规划有旅游目的地旅游发展总体规划、5年发展规划(如"十四五"发展规划)。预算则是经法定程序审核批准的各级政府部门(及其派出机构)的年度集中性财政收支计划。通过规划和预算手段,旅游目的地政府部门,尤其是旅游行政主管部门,可以对未来时间段(如5年、10年、15年等)内旅游业和旅游目的地发展做出总体构想、预测和具体安排。

3. 指导和引导手段

旅游目的地的行政管理工作范围广、关系复杂,单一地使用直接的干预和控制,难以取得预期的效果。采用旅游行政指导和引导往往可以取得更好的效果。所谓旅游行政指导和引导是指通过提供合理化建议、专业化信息、规范化要求和技术方法对旅游目的地发展进行指导引领,并通过金融、财政税收、环保等方面的优惠政策培育、引入旅游市场主体(旅游企业,尤其是中小企业),营造良好的营商环境。

4. 沟通和协调手段

旅游目的地的发展不仅涉及专业化的旅游企业、旅游社区和旅游行政主管部门,而且涉及诸多与旅游发展密切相关的其他企业、社区和政府部门等。因此旅游目的地的一级政府以及旅游行政主管部门(文化和旅游局、文化和旅游发展委员会)需要积极地对各个涉及旅游组织(政府部门、企业、社区)开展沟通和协调工作,确保各组织的目标、任务、利益得到妥善。

5. 检查和制裁手段

检查和制裁是旅游目的地行政管理的必要措施和执法形式,是指旅游目的地相关政府部门,依据旅游法规和行业标准,对涉及旅游发展和旅游目的地发展的旅游企业、个人、社区的行为进行对照、监督和评定的过程,对未达标和违规者要依法进行行政处罚,包括罚款、警告、停业查封、整改等,以此维护合法经营的旅游企业(个人)以及旅游者的合法权益。

6. 扶持和服务手段

扶持是指旅游目的地政府部门通过一定的财政和政策措施对涉及的旅游企业、个人、社区以及重点项目进行支持,从而带动区域旅游发展和旅游目的地的整体发展。服务则是旅游行政管理的宗旨和基本职能之一。旅游目的地的行政管理机构要改变居高临下、自我服务的官僚作风,为辖区内的企业个人社区提供良好的服务。

二、旅游目的地行政管理体制

在旅游目的地行政管理的诸多环节和内容(行政管理环境、行政管理组织、行政管理体制、行政管理职能、行政管理内容、行政管理文化、行政管理伦理)中,对旅游目的地的发展最

为重要和最为基础的是行政管理体制。一般而言,行政管理体制是指一个组织(政府)的行政机构设置、行政职权划分以及为保证行政管理顺利进行而建立的一切规章制度的总称。所以,从本质上说,行政管理体制就是一个组织(国家及其政体)及其管理制度的集中反映。从运行状态上说,行政管理体制是一种由行政管理机构管理权限、管理制度、管理工作、管理人员等构成的管理系统。

如前所述,政府分为中央政府和地方政府两个层级。因此,行政管理(包括旅游目的地行政管理)也涵盖中央政府行政管理和地方政府行政管理两个层级。下文将从两个层级来介绍旅游目的地行政管理体制:中央政府垂直型管理体制、地方政府管理体制。

垂直管理意味着中央政府及其职能部门直接介入某一领域、区域的行政管理,脱离地方政府管理序列,不受地方政府监督机制约束,直接由中央政府主管部门统筹管理人、财、物、事。在我国,垂直管理是政府管理中的一大特色,而且在行政体制改革中,它作为中央对地方进行调控的重要手段有不断被强化的趋势。我国比较重要的政府职能部门,主要包括履行经济管理和市场监管职能的部门,例如,海关、工商、税务烟草交通盐业的中央或省级以下机关,多数实行垂直管理。1998年,中国人民银行撤销省级分行,设立9家大区制分行。此后,银监、证监、保监均参照实行垂直管理。2004年国家统计局各直属调查队改制为派出机构,实行垂直管理。

但是,在旅游目的地管理领域,尤其是在对基于公共资源的景区(如黄山、九寨沟)和商业投资型景区(如主题公园)进行管理时,尚未建立起中央政府垂直管理体制。2015年以来,国家公园体制试点工作稳步有序推进,在理顺管理体制、创新运营机制、加强生态保护等方面取得实质性进展,基本完成顶层设计,实现了国家公园和自然保护地的统一管理。目前,全国已建立东北虎豹、祁连山、大熊猫、三江源、海南热带雨林、武夷山、神农架、普达措、钱江源和南山10处国家公园体制试点,涉及青海、吉林、海南、湖南、福建、湖北、云南、浙江、青海、四川、甘肃等12个省份,总面积约22万平方千米,占陆地国土面积的2.3%。

三、中央政府垂直管理体制:美国和加拿大案例

(一)美国国家公园管理体制

1916年,美国国会通过法令成立国家公园管理局。截至2018年,美国一共有58座国家公园,由美国内政部下辖的美国家公园管理局负责管理,实行联邦政府垂直管理制度。从1995年开始,管理体制改为在华盛顿总部国家公园管理局领导下,设立7个地区局,并以州界划分管理范围。美国国家公园管理体制有如下基本特点。

(1)国家公园管理局局长由内政部长须先经过参议院认可。地区局下设16个支持系统。一般是将生态环境和资源类似的公园组成一个公园组,以便按其资源类型和特色开展相应的管理工作。

(2)国家公园的规划设计由国家公园管理局下设的丹佛规划设计中心全权负责,独家规划设计。丹佛规划设计中心的技术人员包括风景园林生态、地质水文、气象等各领域的专家学者,还有经济学家、社会学家、人类学家。公园的设计监理,均由此中心全权负责,以确保规划实施的整体质量。规划设计在上报前,首先向地方及州的社区居民广泛征求意见,否

则参议院不参与讨论。事前监督与事后执行相呼应,体现出其管理体系的周密与协调、规划设计的科学性与公开性。

(3)国家公园管理局经费来自美国联邦政府,与地方不存在财政以及保护任务方面的冲突。

(4)国家公园管理局同时还负责其他的自然与人文遗产的管理。例如,国家纪念碑、国家湖岸。所有这些归国家公园管理局管理的国家级保护地和纪念地,均属于美国国家公园体系。

(5)国家公园实行特许经营权制度。根据1965年美国国会通过的《国家公园管理局特许事业决议法案》的要求,公园的餐饮、住宿等旅游服务设施及旅游纪念品的经营必须以公开招标的形式征求经营者,经济上与国家管理公园无关。1998年,美国国会通过了《改善国家公园管理局特许经营管理法》,该法规定了特许经营权转让的原则、方针、程序,并取代了《国家公园管理局特许事业决议法案》。特许经营收入除了上缴国家公园管理局,必须全部用于改善公园管理。这样,管理者和经营者分离开来,避免了"重经济效益、轻资源保护"的倾向,并有利于筹集管理经费、提高服务效率和服务水平。美国国家公园实行特许经营权制度还有如下特点。

① 国家公园的特许经营界限很明确,仅仅限于提供与公园核心资源无关的服务,即提供餐饮、住宿等旅游服务设施等,同时经营者在经营规模经营质量、价格水平等方面必须接受管理者的监管。

② 国家公园的特许经营权授权,主要是采取公开竞标的方式。投标人需提交申请提案,并且投标人的申请提案必须满足:最低特许费;项目投资全部由受让人负责,并且要提供必需的保护措施和手段;如果提案不符合国家公园的保护宗旨和发展目标,管理部门有权否决提案。

③ 国家公园管理部门接到、汇集提案后,会从保护措施、服务价格业绩背景融资能力、特许费等方面进行审核和比较选择出最佳提案,并提请国会进行公告。

④《改善国家公园管理局特许经营管理法》规定:投资法人在公园内的不动产产权最终归国家公园所有,公园外的不动产产权归投资人所有;而公园内私人财产归个人所有。

(二)加拿大国家公园管理体制

加拿大全国境内所有的国家公园,与国家历史遗迹、国家海洋保护国家地等一起组成加拿大的国家公园体系,并且均由加拿大联邦环境部的专设机构——加拿大公园管理局负责资源管理、保护以及游憩服务等工作。

与美国类似,加拿大公园管理局主要是保护资源和提供游憩机会。它的经费来自加拿大联邦政府,与地方政府不存在财政以及保护任务方面的冲突。例如2009年,加拿大公园管理局的机构开支就接近6亿美元。目前国家公园管理局的高级决策机构是国家公园管理局执行委员会,它由国家公园管理局执行总裁、4位处级主任、行政事务总干事、魁北克省及山区公园执行主任、生态完整性执行主任、人力资源办公室主任、高级财政官、联络办公室主任和高级法律顾问等人组成。国家公园管理局的执行总裁负责向加拿大环境部的部长做工作报告。在内部机构设置与职能方面,国家公园处主任和国家历史遗迹处主任分别负责制

定国家公园管理局在自然遗产项目和文化遗产项目方面的工作方针和营业政策。规划处主任负责提供商务、信息技术、不动产和财经方面的服务。全国人力资源办公室把握国家公园管理局的综合职能方向，同时又负责维护国家公园管理局的雇主形象。联络办公室主任为国家公园管理局提供战略性通信支持。

四、地方政府管理体制：中国的实践

与中央政府垂直管理体制相对应的地方政府管理体制是指特定区域和领域的行政管理由地方政府直接负责，接受中央政府的监督和指导，也就是常说的"属地管理"。在旅游目的地行政管理的地方政府管理体制方面，存在两种类型：准政府型管理体制和政府型管理体制。这种行政管理体制常出现在依靠国有公共资源建立的景区（如风景名胜区）。

（一）准政府型管理体制

准政府型管理体制，又称政府派出机构管理体制。准政府型管理体制区别于政府型管理体制的特点是旅游目的地（风景名胜区）覆盖范围小于所在行政区的管辖范围；旅游目的地（风景名胜区）的管理机构与所在行政区政府并非"一套人马、两块牌子"的关系。言下之意，政府型管理体制主要适用于旅游目的地（风景名胜区）的覆盖范围等于所在行政区的管辖范围的情况。

一般情况下，旅游目的地（风景名胜区）管理机构作为所在行政区政府的派出机构或者事业单位，由上级政府部门授予其在辖区范围内行使一定的行政管理职能。由于这一类旅游目的地（风景名胜区）覆盖范围小于所在行政区的管辖范围，且这一类旅游目的地的主要职能在于保护资源和提供游憩服务，它的管理机构实际上并不具备所有的政府职能，因而只能是准政府性质。准政府型管理体制是我国大部分风景名胜区常见的管理体制。在准政府型管理体制中，根据负责运营管理的企业的性质，又可分为上市公司型管理体制和非上市公司型管理体制。

1. 上市公司型管理体制

这一体制是指风景名胜区的主体经营企业经过股份制改造上市以后，受风景名胜区管理机构（管委会）的委托，代理经营风景名胜区包括门票在内的主体业务（如索道、环保车、住宿等），成为风景名胜区负责旅游运营的主体机构，对风景名胜区实行垄断性的经营。在这种行政管理（即经营管理）的制度安排下，风景名胜区的所有权仍然属于国家，由政府部门或其派出机构代为行使。风景名胜区的经营权则由风景名胜区管理机构（管委会）委托给上市公司，由上市公司统一负责风景名胜区内主体旅游资源的开发利用。风景名胜区内的资源与环境保护工作则依然由风景名胜区管理机构（管委会）承担。

这样的管理体制实现了风景名胜区管理权经营权开发权与保护权的"四权"完全分离，我国黄山风景名胜区是此管理体制下的典型案例。

2. 非上市公司型管理体制

这一体制是指不以公开发行股票的形式进行融资，并且股权不在公开市场交易的企业

管理体制,意味着企业的所有权不通过股票市场进行转让,而是由少数股东或者私人持有。这种形式下,公司的股权结构不会受到公众股东的影响。这种体制下的企业通常由少数股东或家族拥有,而不是通过公开市场的股票交易进行所有权转移。由于不受公开市场股东的限制,非上市公司可以更加灵活地制定经营战略和决策,不受上市公司必须向股东披露信息的约束。通常情况下,非上市公司更容易追求长期发展目标,因为他们不必受到每个季度或每年的股票市场表现的直接影响。由于不必公开财务信息,非上市公司可以更加灵活地保护自己的商业秘密和核心竞争力。

由于不必受到公开市场股东的制约,非上市公司可以更迅速地做出决策,因为他们不必等待股东大会的批准或者公开披露信息。这种体制下的企业更容易专注于长期发展而不是短期利润,因为他们不必频繁地考虑股票价格的波动。非上市公司可以更好地保护商业秘密,因为他们不必公开财务信息和经营策略,这有助于维护竞争优势,为企业提供了更大的灵活性和保密性,使其能够更好地专注于长期发展和核心竞争力的建设。

(二) 政府型管理体制

政府型管理体制是指由风景名胜区所在行政区政府直接负责风景区的保护利用和统一管理。这种管理体制仅适用于风景名胜区的范围与所在行政区的范围完全重合的地域。这种管理体制在国内并不多见,典型案例有衡山风景名胜区和武陵源风景名胜区。衡山风景名胜区是国家首批重点风景名胜区、国家4A级旅游景区,所在行政区有京珠高速穿过。湖南省衡阳市南岳区负责南岳衡山风景区内的保护、利用和统一管理工作。目前,南岳区下辖1个街道、1个镇、3个乡,区内党政部门齐全,与其他行政区无异。例如,南岳区旅游局,专门负责区内的旅游规划统计、旅游行业管理和教育培训等工作;南岳区门票管理处,在区人民政府授权下,发售中心景区门票和南岳大庙门票,负责景区建设、景点维护、门票管理等工作;另外设立自然保护区管理局,专司区内的森林保护、林场和南岳树木园管理等工作。

武陵源区是1988年5月经国务院批准成立的县级行政区。行政区划意义上,武陵源区下辖索溪峪(原慈利县)、天子山(原桑植县)、张家界国家森林公园和杨家界(1992年被发现)四大风景区,面积达390.8平方千米。武陵源区人民政府与武陵源风景名胜区管理局(主要由索溪峪、天子山张家界国家森林公园以及后来的杨家界组成)实行"一套人马、两块牌子"的管理体制,实现行政区与风景区管理合。"武陵源"的出现,结束了之前分属不同县域的分割格局,完成了从"三足鼎立"到三方一统的历史性跨越。

虽然理论上武陵源区政府(武陵源风景名胜区管理局)的有效管辖范围覆盖整个武陵源区(武陵源风景名胜区),但是,在武陵源区(武陵源风景名胜区)内的张家界国家森林公园内设置了一个同为正处级的企业管理性质的事业单位——张家界国家森林公园管理处(以下简称"张管处")。因此,实际上,武陵源区政府(武陵源风景名胜区管理局)的有效管辖范围仅限于索溪峪、天子山和杨家界三个区域;而张家界国家森林公园管理处则管辖张家界国家森林公园内的金鞭溪、金鞭岩、鹞子寨景区等。近年来,关于理顺武陵源风景名胜区管理体制的呼声越来越高,一种较为流行的意见是成立新的武陵源管理局,并整合目前的"张管处",使其作为武陵源风景名胜区唯一的行政管理主体。

相关案例

粤澳文旅会展政策梳理

"十四五"规划的出台,明确了未来五年粤港澳大湾区文旅的定位和未来发展方向,加强了粤港澳大湾区各城市文化和旅游领域的政策协调和规则衔接,进一步促进粤港澳大湾区文化和旅游协同发展。2022年1月,国务院发布的《"十四五"旅游业发展规划》明确了文化和旅游发展的总体要求、主要目标、重点任务和保障措施,进一步阐述了推进粤港澳大湾区旅游一体化发展,提升大湾区旅游业整体竞争力,打造世界级旅游目的地。深化香港澳门与内地旅游业合作,创新粤港澳区域旅游合作协调机制,推动资源共享(见图5-1)。

图 5-1 粤港澳大湾区

随着《粤港澳大湾区文化和旅游发展规划》和《横琴粤澳深度合作区建设总体方案》的推出,粤澳两地的文旅会展产业合作更加密切。近期,粤澳两地政府在文旅会展产业出台了多项实施方案和扶持措施,旨在推动粤澳文旅会展产业的融合发展。通过梳理2019年以来国家及地方政府为了推动粤澳文旅会展发展做出的重要政策文件,可以发现,不论是国家宏观规划,还是地方政策落地,都为粤澳文旅会展产业发展指明了方向。作为全国文旅会展产业的重要区域之一,粤澳的发展前景备受关注。广东依托CEPA(Closer Economic Partnership Arrangement,《关于建立更紧密经贸关系的安排》)服务贸易自由化、自贸试验区等政策,进一步扩大旅游领域对澳门服务业开放,旅游业已成为广东对澳门开放程度最高的服务业领域之一。澳门与广东地缘相接、文化同源,旅游资源丰富,两地旅游产业具有互补性,澳门、广东文旅会展产业融合发展对于实现大湾区世界级旅游目的地的目标具有实践先驱性。粤澳文旅会展融合发展重要政策梳理见表5-1。

表 5-1 粤澳文旅会展融合发展重要政策梳理

2022年1月	《"十四五"旅游业发展规划》	明确了文化和旅游发展的总体要求、主要目标、重点任务和保障措施,进一步阐述了推进粤港澳大湾区旅游一体化发展,提升大湾区旅游业整体竞争力,打造世界级旅游目的地;深化香港澳门与内地旅游业合作,创新粤港澳区域旅游合作协调机制,推动资源共享;推动澳门世界旅游休闲中心建设,支持澳门举办世界旅游经济论坛、国际旅游产业博览会等,打造以中华文化为主流、多元文化共存的交流合作基地

续表

		湾区政策
2019年2月	《粤港澳大湾区发展规划纲要》	在对粤港澳大湾区的战略定位、发展目标、空间布局等方面作出全面规划的基础上,提出依托大湾区特色优势及香港国际航运中心的地位,构建文化历史、休闲度假、养生保健、邮轮游艇等多元旅游产品体系,丰富粤港澳旅游精品路线,开发高铁"一程多站"旅游产品,建设粤港澳大湾区世界级旅游目的地
2020年12月	《粤港澳大湾区文化和旅游发展规划》	明确了粤港澳大湾区文化和旅游建设的目标、思路和主要任务,提出深化粤港澳大湾区文化和旅游交流合作,统筹推进粤港澳大湾区文化和旅游协调发展,高水平建设珠海横琴国际休闲旅游岛,支持澳琴旅游深度合作,并规划到2025年,人文湾区与休闲湾区建设初见成效。到2035年,宜居宜业宜游的国际一流湾区全面建成
		广东省政策
2021年11月	《广东省文化和旅游发展"十四五"规划》	明确"十四五"期间,将以规则衔接、机制对接为重点,支持横琴粤澳深度合作区、前海深港现代服务业合作区等重大合作平台建设,推进粤港澳文化和旅游交流合作,携手港澳打造粤港澳大湾区世界级旅游目的地
2023年1月	《广东省"十四五"2023旅游业发展规划实施方案》	指出"推进文化和旅游深度融合发展"持续推进广东省粤港澳大湾区文化遗产游径和广东省历史文化游径等精品线路建设,"提升粤港澳台旅游合作水平",携手港澳共同推进粤港澳大湾区世界级旅游目的地建设,提升国际影响力和对全球旅客的吸引力。操作上充分发挥粤港澳大湾区城市旅游联合会作用,加强与港澳在客源互送、"一程多站"联合推广、旅游教育培训等方面的合作
		澳门政策
2021年12月	《澳门特别行政区经济和社会发展第二个五年规划（2021—2025年）》	明确澳门特区未来发展蓝图,规划澳门的发展目标是:到2025年,世界旅游休闲中心内涵更加丰富,中国与葡语国家商贸合作服务平台功能进一步扩展,以中华文化为主流、多元文化共存的交流合作基地建设稳步推进,经济适度多元取得实质进展,民生持续改善,文化更加繁荣,政府治理水平得到新提升,维护国家安全的法律制度和执行机制进一步完善,更好融入国家发展大局,横琴粤澳深度合作区建设阶段性目标顺利实现,琴澳一体化发展格局初步建立,澳门发展的动力、创新力、竞争力和持久力不断增强
2022年11月	《2023年财政年度施政报告》	首次提出"1+4"经济适度多元发展策略,强调要逐步提升四大产业的比重,不断增强经济的发展动能和综合竞争力,着力构建符合澳门实际且可持续发展的产业结构,争取未来非博彩业占本地生产总值约六成的比重。重点强调要"切实推动博彩业带动非博彩业发展,着力发展非博彩项目,增加非博彩元素","加强拓展高端旅游客源市场,开拓会展商务和奖励旅游"。首次提出要"共同打造澳琴旅游形象IP","加快建设澳门文旅会展产业的延伸区、拓展区"

续表

		横琴粤澳深度合作区政策
2021年9月	《横琴粤澳深度合区建设总体方案》	赋予横琴更高的战略定位与属地层级，提出发展文旅会展商贸产业，高水平建设横琴国际休闲旅游岛，支持澳门世界旅游休闲中心建设，在合作区大力发展休闲度假、会议展览、体育赛事观光等旅游产业和休闲养生、康复医疗等大健康产业等相关内容，为粤澳两地产业融合发展注入强心剂，为文旅会展产业高质量发展指明了方向
2023年1月	《横琴粤澳深度合作区发展促进条例》	指出在产业发展上"支持合作区发展休闲度假、会议展览、舞台艺、体育赛事观光、游艇旅游等文旅产业，高水平建设横琴国际休闲旅游岛；支持合作区开展国际旅游品牌推广，打造一程多站'旅游精品线路'，推动旅游、文化跨界融合，发展影视、原创艺术、动漫、电竞等文化创意产业。"在区域联合方面，合作区携手澳门共同打造"一程多站"旅游精品线路，促进旅游业与其他产业的融合发展，实现旅游产业的互通共赢
2023年7月	《横琴粤澳深度合作区会展产业发展扶持办法》	为贯彻落实《横琴粤澳深度合作区建设总体方案》，打造具有国际影响力的展会平台的重要措施。会展产业发展扶持资金主要用于三大类，共19个具体事项。包括13种项目补贴，4种企业补贴和2种人才补贴

 本章小结

政府是国家进行统治和社会管理的机关，是国家表示意志、发布命令和处理事务的机关。广义的政府是指行使国家权力的所有机关，包括立法、行政和司法机关；狭义的政府则仅指国家权力的执行机关，即国家行政机关。

旅游目的地政府管理主要是指地方政府部门及其派出机构运用政府权力，为解决政府面临的与旅游目的地发展相关的各种问题、维护旅游目的地整体利益而对辖区内事务施加管理的政府行为模式。旅游目的地政府承担招商引资、管制、营销、协调、教育与培训、经营六个方面的职能。

【关键术语】

旅游目的地政府职能　旅游目的地行政管理体制　中央政府垂直型管理体制　地方政府管理体制

 复习思考题

1. 什么是政府？政府的职能有哪些？
2. 试阐述旅游目的地的政府职能。
3. 国家旅游机构的设置有哪些模式和典型案例？
4. 简述旅游目的地准政府型管理体制的基本特点。

第六章

旅游目的地营销管理

第一节 旅游目的地营销概述

20世纪70年代,为了树立纽约为美国重要的旅游目的地形象,"大苹果"作为纽约的旅游标识应运而生。"我爱纽约"(I LOVE NY)成为广为人知的营销口号。1998年,我国旅游界掀起一股探讨"都市旅游"现象的热潮,上海市以富有个性的都市旅游胜地的整体形象参与到国内和国际旅游市场的竞争中,体现出一种崭新的旅游营销观念——旅游目的地营销,这种营销观念给我国其他地区极大启发。

一、旅游目的地营销概念

1. 市场营销概念

市场营销通常简称为营销,源于英文Marketing一词。市场营销理论发源于20世纪初期的美国,20世纪80年代开始系统传入我国。在营销理论演变的过程中,各国学者和研究机构从不同角度对市场营销下了多种定义。这里简要介绍几种有广泛代表性和影响力的定义。

美国市场营销协会(AMA,American Marketing Association)于1960年对"市场营销"下的定义是:"市场营销是引导产品或劳务从生产者流向消费者过程中的一切企业活动。"这一定义的特点是把市场营销界定为产品流通过程中的企业行为,这里"营销"的含义基本与"销售"等同。英国特许营销学会(CIM,Chartered Institute of Marketing)对于市场营销的定义非常简洁:以营利为目的,识别、预测和满足消费者需求的管理过程。

美国西北大学教授菲利普·科特勒是现代营销理论发展过程中具有里程碑式意义的人物,由他编著的《营销管理》一书被称为营销学的"圣经"。在《营销管理(第10版)》中科特勒给出的"市场营销的"定义是:"市场营销是个人和集体通过创造,提供出售,并同别人交换产品或价值,以获得其所需所欲之物的一种社会的管理过程。"市场营销理论主要用于研究和指导各类工业企业尤其是制造业企业以暴利性为目的的市场经营活动。20世纪70年代以后,营销学者们把研究视角和范围扩大了政府、福利机构、教育等非营利性组织,极大地丰富和拓展了市场营销理论的内涵及其适用范围。

美国市场营销协会(AMA)于1985年对市场营销下了新的定义:"市场营销是对思想、产品及劳务进行设计定价、促销及分销的计划和实施的过程,从而产生满足个人和组织目标的交换。"这一定义不仅扩大了营销对象的内涵(不仅包括产品成品,还包括思想),营销研究的范围也得到扩展(市场营销活动不仅包括营利性的经营活动,还包括非营利性组织的活动)。因此,这一定义相比此前的诸多定义更加全面和完善,也更符合研究旅游业及其相关的营销规律。

2. 旅游目的地营销概念

瓦哈布等学者在20世纪70年代提出的旅游目的地营销的定义被学术界广泛认同。他们将旅游目的地营销定义为一个管理过程,通过这个过程,国家旅游组织或旅游企业能够识别现实与潜在的目标旅游者,能在地方、区域、国家以及国际层面上与他们交流,从而确定并影响他们的愿望、需要、动机、喜恶,并相应地制定与调整自身的旅游产品,以达到最佳的旅游者满意度,最后实现他们的目标。自此,开始出现大量关于旅游产品与服务营销的书籍,并且大多数书籍都采用了相似的旅游目的地营销定义。伦德伯格认为,旅游目的地营销包括三方面的内容:①确定目的地能够向目标市场提供的产品及其总体形象;②确定对该目的地具有出游意愿和行动的目标市场;③确定能使目标市场信任并抵达该目的地的最佳途径。由于对旅游目的地的认识不同,国内学界在对旅游目的地营销概念研究上也有不同切入点。吴必虎(2001)认为旅游目的地营销从市场角度看,除了第一市场营销、第二市场营销和机会市场营销,还应包括建立目的地产品与该物品市场的关联系统,保持并增加目的地所占市场份额。赵西萍(2002)认为旅游目的地营销就是要提高旅游目的地的价值和形象,使潜在旅游者充分意识到该地区与众不同的优势;开发有吸引力的旅游产品,宣传促销整个地区的产品和服务,刺激来访者的消费行为,提高其在该地区的消费额。王国新(2006)认为旅游目的地营销就是要在确定的目标市场上,通过传播、提升、组合目的地的关键要素,改变消费者的感知,建立目的地形象,提高旅游消费满意度,进而影响消费行为,达到引发市场需求、开拓旅游市场的目的。袁新华(2006)认为旅游目的地营销是以旅游目的地区域为营销主体,代表区域内各相关机构、所有旅游企业和全体从业人员,以一个旅游目的地的整体形象加入旅游市场激烈的竞争中,并以不同方式和手段传播旅游信息,制造兴奋点、展示新形象、增强吸引力,引发消费者注意力和兴奋点的全过程。舒伯阳(2006)认为旅游目的地营销作为目的地全面吸引旅游者注意力的工程,基本理念是从产品营销向综合形象营销跨越,营销运作机制从分散的个别营销向整合营销转变。

通过上面的定义可以看出,旅游目的地营销概念的基本点包括:①旅游目的地的营销主体是区域性或跨区域性旅游组织,不是一般的旅游企业。旅游目的地营销有别于单独的企业或部门的营销活动,它是以区域性的旅游组织(或政府部门)为主体,在区域层面上进行的一种新的营销方式。②旅游目的地营销的客体是旅游客源市场。目的地通过产品开发和形象营造,来拓展市场范围,建立市场关联,提高自身的市场竞争力。③旅游目的地的主要营销手段是目的地形象。旅游目的地营销应该是一个利益和目标一致但又相互分工的工作分工体系。旅游目的地组织的任务一方面是塑造本区域独特的旅游形象,另一方面还要协调好本区域旅游企业和旅游产品的营销活动,因为一个良好的目的地形象也有赖于优势旅游产品的支撑和烘托。

二、旅游目的地营销特点

1. 营销效果的不确定性

旅游目的地营销与物质产品营销有明显差别。一般的物质产品营销,产品实体可直接到达消费者身边,消费者对产品的满意度也主要受物质产品本身属性的影响,营销主体容易控制。而旅游消费要求旅游者做出空间位移,旅游者在出游前对旅游目的地信息的认识是不完整的,旅游者满意度受旅游行程中多个环节、多个因素的影响,营销主体往往难以完全控制。因此,旅游目的地营销的效果表现出更多的不确定性。

2. 营销内容的整体性

这是目的地营销与单个旅游企业营销的区别所在。目的地营销作为发生在区域层面的营销活动,在内容上主要从宏观层面和综合性角度宣传旅游目的地,不可能对本区域众多具体旅游企业的单项产品给予详细介绍。区域总体旅游形象、总体旅游产品才是其销售的重点;而单个旅游企业营销的重点是本企业的旅游产品,如各条线路、各个景区、各项服务等,以宣传本企业为主,关心的是其销售量和营业收入,销售局限于微观层面。虽然不少企业也顺便宣传所在地的景区景点,但毕竟是不完整的。

3. 营销组织的多元性

一般认为,当地政府是旅游目的地营销活动的主体。因为只有当地政府最有能力组织整个地区的营销活动。但也应看到,由于营销内容的综合性、复杂性,大量有能力的群众和私人团体、旅游企业及其从业人员、当地居民,对目的地的营销也有重要作用。广泛吸收当地利益相关者参与营销活动,实施不同层面的"关系营销和文合营销",对旅游目的地提高营销成效有积极意义。

4. 营销范围的层次性

从国家、省到各个县市等不同等级范围的旅游目的地,均存在营销工作,中小城区不会因大区域进行了营销就不再进行该项工作。从国家级旅游主管部门到各省、市旅游部门,均存在众多不同市场范围的营销系统,呈现出明显的等级层次性。这主要是由于不同区域旅游目的地的客源市场和竞争对手不同。国家层次的旅游营销主要是吸引海外客源,其他层次的区域范围兼有国内外两个市场。

三、旅游目的地营销组织

1. 旅游目的地营销组织概念

一个旅游目的地要想增加知名度直至形成品牌，离不开自身的营销和推广。随着竞争的日益激烈，越来越多的旅游目的地都设置了专门的旅游目的地管理机构，并设有与政府旅游管理机构合为一体的或相对独立运作的旅游目的地营销组织(Tourism Destination Marketing Organization)，这些机构对于发挥营销主体的作用起到了积极的影响。旅游目的地营销组织是推行旅游目的地营销行为的主体机构，有狭义和广义之分。从狭义角度看，旅游目的地营销组织是指主要负责对旅游目的地进行形象策划推广、开展整体产品和服务促销的机构；从广义角度看，旅游目的地营销组织除了包括研究规划、产品开发、营销促销等核心职责，也包含了旅游目的地管理组织的相关职责。一般而言，旅游目的地营销被认为是旅游目的地管理的对外职能。

2. 旅游目的地营销组织职能

旅游目的地营销组织的重要职能之一是信息职能，即收集当地的、区域的或国内的旅游产品信息并在全世界范围内传播；相应的旅游企业提供信息，让旅游企业了解当前旅游业发展趋势、比如市场形势和国内外竞争情况；面向消费者，旅游目的地营销组织也有提供信息咨询的职责。莱斯·拉姆斯顿认为市场营销有四项职能：一是开发符合各类市场要求的旅游产品；二是促销目标提取特殊诉求；三是管理需求；四是监督旅游开发带来的社会的、经济的和环境的影响。库珀等认为目的地市场营销的重点仅限于促销策略，以此来改善目的地形象或者使潜在及现实的旅游者产生更多的正面"精神理念"。目的地需着重突出那些能够对不同旅游者产生吸引力的产品属性，并且确保促销活动能够传递有吸引力的信息。目的地还需创造差异性的特征或"品牌"，以建立目的地区域定位基础，使目的地具有与竞争对手不同的个性和差异。他们将目的地营销的核心内容总结为旅游目的地形象的塑造与宣传、目的地市场定位和目的地竞争战略。除了莱斯·拉姆斯顿提出开发旅游产品外，其他观点都集中在刺激需求、应对竞争、持续发展和信息传递等方面。其中，树立品牌、提高知名度和美誉度是目的地营销活动的根本任务；引起消费者的注意，并最终使消费者满意，提高重游率是目的地营销的根本目标；市场细分与选择、定位、竞争分析和信息传播等是目的地营销活动的具体内容。

3. 世界主要旅游组织

旅游目的地营销活动需要智力支持和专家意见，只有科学系统地规划才能事半功倍，目前国际上有一系列非政府组织，致力于研究和推广先进经验，为目的地营销提供了许多成功经验参考。

（1）世界旅游组织(United Nations World Tourism Organization, UNWTO)。世界旅游组织是联合国系统的政府间国际组织，最早由国际官方旅游宣传组织联盟(IUOTPO)发展而来，总部设在西班牙首都马德里，其宗旨是促进和发展旅游事业，使之有利于经济发展、国际相互了解、和平与繁荣。世界旅游组织主要负责收集和分析旅游数据,定期向成员国提供统计资料、研究报告,制定国际性旅游公约、宣言、规则、范本,研究全球旅游政策,每年都会发布一系列目的地管理相关经验手册,对旅游目的地管理和营销具有重要意义。

(2)国际大会及会议协会(International Congress and Convention Association,ICCA)。国际大会及会议协会创建于1963年,是全球国际会议的主要组织机构之一,是会务业最为全球化的组织。国际大会及会议协会的成员包括来自全球90多个国家与地区的1100多个会员公司与组织,作为会议产业的领导组织,国际大会及会议协会为所有会员提供最优质的组织服务,为所有会员间的信息交流提供便利,为所有会员最大限度的发展提供商业机会,并根据客户的期望值提高和促进专业水准。

(3)国际目的地营销协会(Destination Marketing Association International,DMAI)。国际目的地营销协会是世界上规模最大、拥有最可信赖资源的官方目的地营销机构,协会的历史超过100年。协会始终致力于促进和改善目的地营销机构成员的工作。

(4)亚太旅游协会(Pacific Asia Travel Association,PATA)。亚太旅游协会成立于1951年,是世界三大旅游组织之一,总部位于泰国曼谷,多年来致力于支持、推动并引领亚太地区旅行及旅游业可持续发展。凭借独特的组织结构,PATA成功地促进了本地区旅游资源的融合。通过整合并宣传本地资源力量,PATA引领着近80家国家或地区的政府旅游机构、省市一级旅游部门,40家航空公司和游轮公司,以及数百家旅游企业。此外,数千名旅游专业人士分属于PATA在世界各地的将近40个分会,在指导亚太旅游发展方面作出了突出贡献。

四、旅游目的地营销组合

1. 旅游目的地营销组合概念

"市场营销组合"这一概念是由美国哈佛大学教授尼尔·博登于1964年最先采用,并确定了营销组合的12个要素。随后,理查德·克莱维特教授把营销组合要素归纳为产品、定价、渠道、推广,受到了学术界和企业界的认可,并广泛运用。菲利普·科特勒认为,营销组合就是企业用来从目标中寻求其营销目标的一套营销工具。也就是说,营销组合是企业为满足目标市场的需要,对自己可控制的各种营销变量进行优化组合和综合运用,以更好地实现营销目标而制定的综合营销方案。营销组合是旅游目的地营销战略的重要组成部分。所谓旅游目的地营销组合,是指旅游目的地的组织为了满足目标市场需要,在综合考虑购物能力、竞争状况等的情况下,对自身可以控制的因素,加以最佳组合和运用,完成既定的目的与任务。

2. 旅游目的地4P营销组合

4P理论产生于20世纪60年代的美国,是随着营销组合理论的提出而出现的,由营销学者杰罗姆·麦卡锡(Jerome McCarthy)提出。麦卡锡认为,企业从事市场营销活动,一方面要考虑企业的各种外部环境,另一方面要制定市场营销组合策略,通过策略的实施适应环境,并满足目标市场的需要,从而实现企业的目标。旅游目的地4P营销组合的内容为产品

(Product)、价格(Price)、渠道(Place)和促销(Promotion)。

(1) 产品。旅游产品的范围实际上包含很广,它是指一切可满足旅游者需求的有形产品和无形产品的总和。旅游产品的设计与开发,必须建立在满足旅游者需求的前提下。

(2) 价格。价格是旅游产品价值的反映形式。价格不仅与产品本身相关联,也与品牌的附加内涵和价值相关联,与市场的供求关系相关联。旅游产品的定价方法包括成本导向法、需求导向法和竞争导向法。

(3) 渠道。旅游营销渠道是指旅游产品信息从旅游生产企业向旅游消费者转移过程中所经过的各种独立组织的组合。旅游企业能通过旅游营销渠道将旅游产品在"特定的时间""特定的地点",以"特定的方式"提供给"特定的旅游消费者"。

(4) 促销。促销关心的是如何将旅游产品信息有效地传递给潜在消费者,其作用包括:刺激旅游需求,扩大旅游产品销售;提供信息,沟通供需关系;突出旅游产品特点,强化竞争优势;树立旅游企业良好形象,提高抗风险能力。广告、营业推广、人员推销和公共关系是促销的四大工具。

第二节　旅游目的地品牌

旅游目的地品牌化的出现,被认为主要是由其所面临的现实市场和营销环境所驱动的,包括全球旅游业竞争的激烈、目的地之间可替代性增强、旅游消费者行为的日趋成熟和挑剔、相似的目的地促销技术、紧张的目的地营销经费等因素(Pike,2004)。旅游目的地品牌化是目的地形象建设的目标和核心。

一、品牌

品牌,是用于区别商品的主要标志,也是消费者识别商品的重要途径。具体而言,它是一个名称、术语、符号、标志或设计,或者是它们的组合,用以识别一个或一群销售者的商品或服务,并以此区别于其他竞争者。品牌化是根植于古代的一种商业战略,诸如给牲畜烧刻印记、给物品或行会标刻标志,其目的已从单纯进行所有权的标志、鉴定与分化以防止窃取、伪造、假冒和欺诈,演变成为包含了质量承诺的差异化手段。

随着当代市场竞争日趋激烈,品牌化已成为企业的战略目标。由于许多行业几乎都进入了完全自由竞争阶段,这促使不少供应商想方设法吸引消费者,其中,品牌化就是最战略意义的方式与手段。品牌化已成为企业获得比较竞争优势的重要途径,尤其受到了消费品企业的普遍关注。地方品牌化是一个相对较新的课题,但也已经在大量相关的文献包括国家品牌、旅游目的地品牌或级别更小的城市品牌语境中出现,导致品牌化的相关术语过于泛滥,让读者感到相当困惑。旅游目的地品牌化的概念框架可以由图6-1较清晰地呈现出

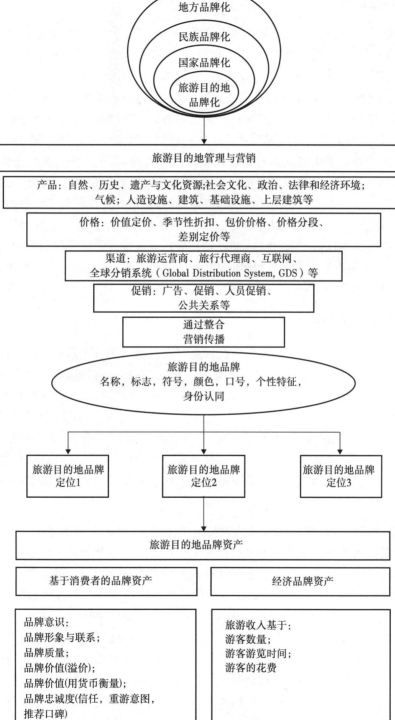

图 6-1　旅游目的地品牌化的概念框架

二、地方品牌化

当国家成为一个有竞争力、独特且强势的品牌,就有可能在出口、对外直接投资与旅游业等领域取得成功,并因此成为优等产品和服务的生产者以及居民、外籍人士、移民、劳动力、旅游者、工厂、企业总部、新企业、投资者、外国直接投资者和企业家们的理想之地。例如,法国以时尚著称,日本以电子产业蜚声国际,德国以汽车产业闻名于世界。与国家相比,旅游目的地品牌化相对简单得多,因为它更关注旅游收入的增长,还可以通过管理与营销手段来应对更多的可控因素。许多旅游目的地从乡村到国家都已将旅游业作为国民经济的重要产业,向不同的旅游者市场营销它们的独特产品。然而,除了一些著名的独特的吸引物,如迪士尼乐园或大峡谷,其他旅游目的地虽然都存在某种形式的自然、历史、文化或娱乐性吸引物,但它们在某种程度上都是可替代的。因此,这一定程度上使得旅游目的地的品牌化成为重要的战略选择。根据国家的发展愿景,旅游目的地被包装成一个有着特定营销要素组合的水平,这些要素包括产品、价格、渠道以及促销等因素。最理想的结果就是,将旅游目的地打造成为一个具有一致的名称、标志与颜色的强势品牌,其中还包含一个或多个目标市场的身份、性格与个性。

三、旅游目的地品牌管理

旅游目的地作为一个产品,其品牌化在许多方面都不同于有形消费产品。首先,当旅游目的地是包含着人类居住地的一个较大的地理空间时,在相关营销活动还没开始前,该地理空间的品牌可能就已经形成了。从全球的视角来看,国家能够代表一个旅游目的地品牌,它们拥有各自的名称、国旗与相关的标志、历史与文化、政策、独特性与普遍性特征。旅游目的地品牌管理活动通常包括:广泛的调查研究、旅游资源开发、活动管理、整合营销传播以及持续的监测活动。然而,由于每个旅游目的地具有独特性,并不存在一个完全通用的品牌化战略或方法。任何品牌化活动,从开始都需要开展广泛的调查研究来确定相应的措施。

1. 定位

定位是旅游目的地品牌化获得成功的关键所在,即在目标市场中建立并维持自身鲜明的独特性,使其与其他旅游目的地明显区别开来。旅游目的地品牌定位的第一步,就是在与核心竞争者的比较中,评估旅游目的地属性在现实与潜在目标市场中的形象。通过评估,旅游目的地品牌管理者可以发现目的地在不同目标市场中的竞争优势或核心能力,这使得目的地从市场竞争中脱颖而出,在满足市场需要与需求的同时实现旅游目的地效益。一个旅游目的地品牌,尤其是国家,可以进行多元化定位,因为一个旅游目的地可能拥有多个不同的客源市场,它们在属性、需求与动机方面也各不相同。国家可以采取多元品牌化的方式,为每个旅游吸引物塑造一个有自身品牌身份、面向不同旅游者市场的独立品牌。然而,从品牌长期发展的愿景来看,多元品牌化战略需要与国家的母品牌名称相结合,使所有产品都与母品牌的名称联系在一起。

2. 促销

促销在建立、维持、加强与改变一个旅游目的地品牌及其定位方面极为重要,在旅游者实际参观前,促销是最能展现旅游目的地品牌与产品的活动。促销在创造意识、激发兴趣、刺激欲望并最终导致消费行为的发生等方面发挥着重要的作用。因此,目的地品牌化过程中,往往包含大量的语言与视觉信息的促销资源。其中,视觉信息更直观地为旅游者展现了旅游目的地的现状与面貌,是一种非常重要的促销资源。同时,促销信息必须正面且符合实际情况,当旅游者实际感知一个旅游目的地时,虚假的广告反而会为旅游目的地的品牌形象带来负面影响。

与日用消费品相比,旅游目的地促销信息的来源更加多元化,其中包括了公共关系、游说活动、媒体宣传、巡回演出、旅游展览会、事件、名人推荐、国际媒体、人员销售、广告(视频、海报、宣传板)、在线广告(网址、播客、照片共享、旅游博客、简讯、电子邮件)、旅游运营商与旅行代理商的橱窗陈列、酒店宣传册以及其他产品。对于成功的品牌化,所有信息来源所传递的伞形品牌主题信息都必须是单向且协调一致的,通过整合营销传播可以实现这一要求。因此,相同的品牌主题在有着自身的颜色、标识、口号、身份认同、性格与个性的前提下,应该将这些信息渗透到目标市场的方方面面。整合营销传播的目标,就是通过一个战略性规划的传播方法来影响人们对一个产品的感知与行为。因此,整合营销传播是旅游目的地努力进行差异化与品牌化营销的一种战略工具。

3. 目的地品牌监测

与有形日用消费品品牌相比,旅游目的地品牌对环境的变化更加敏感,并很可能随着时间的迁移而不断发生演变。因此,目的地必须随着环境的变化(不断变化的消费者品位、新的经济形势或竞争形势)来对品牌进行监测、评估、维护、调整与定制。特别是地震与恐怖袭击这些天灾人祸所导致的危机,将在国家层面上强烈影响一个旅游目的地的品牌形象,这些事件一旦发生,必须马上启动有效的危机管理预案,公开、真诚、一致、迅速与准确地向利益相关者做出回应,使旅游目的地品牌不至于受到毁灭性的破坏。

4. 旅游目的地品牌化的应用

旅游目的地品牌可界定为一个特定的标志,如名称、标识、颜色或者口号。这些具有一定特征、个性与身份的标志符号代表了一种安全感与承诺,使消费者在众多的商品中迅速识别出这个品牌,强大的旅游目的地品牌能为消费者带来身体的、情感的、经济的以及心理的价值与福利。因此,旅游目的地品牌在产品、符号、企业与消费者之间建立了一个有意义的、强大的、有效与持久的纽带与联系。

如果存在多个品牌策略,可以在与总品牌的目标保持一致的情况下使用不同的标志与口号。有些国家会提取国旗的颜色来设计旅游目的地的符号或标志,有些则直接将国旗作为旅游目的地品牌符号或标志,如英国、瑞典与美国;有些目的地会选择有文化意义的符号,如中国香港选择"飞龙"作为品牌符号;有些目的地(如西班牙与澳大利亚)选择展示其吸引物资源,如阳光和自然资源;还有一些目的地已经拥有一个得到世界认可的现成符号(如澳大利亚的悉尼歌剧院和袋鼠),这些符号有可能成为旅游目的地品牌的标志,可以强调潜在的体验。有些目的地的品牌标志是以一句抽象而又引人遐想的鼓动性口号来激发游客想象或游兴,例如,激情巴西(Brazil Sensational)。独特是旅游目的地品牌化的前提条件,但如果仅通过口号或信息表达是不足以保证这种独特性与差异性的。因此,品牌口号还必须能够传递清晰的信息,使人们了解这个旅游目的地如何与众不同。但有些旅游目的地的品牌口号仍然使用一些过于抽象且没有针对性的概念,如"独特新加坡"和"澳大利亚,与众不同",这些词已经被频繁使用,以至于它们很难吸引目标市场。

四、旅游目的地品牌资产

成功的旅游目的地品牌能突出产品的差异化,品牌自身凝聚的价值、质量与信任能够满足消费者的期望,激励消费者的消费行为,为消费者降低成本与感知风险。对于市场营销者而言,品牌向消费者所传递的含义将凝结成为品牌资产。品牌资产实质上是一种来源或基于消费者的资产,而消费者的品牌购买行为又是受其品牌心理驱动的,品牌资产之所以有价值并能为企业创造巨大利润,是因为它在消费者心中产生了广泛而高度的知名度、良好且与预期一致的产品知觉质量、强有力且正面的品牌联想(关联性)以及稳定的忠诚消费者(顾客)这四个核心特性。类似于有形产品,旅游目的地的品牌资产包括以下几方面:

(1) 旅游目的地的知名度与熟悉度;
(2) 强有力的品牌联想;
(3) 旅游目的地的服务质量和其他有形特征;
(4) 旅游目的地的游览成本与收益之间的差异所形成的价值;
(5) 与同类产品的竞争对手相比,旅游目的地产品在溢价方面的品牌价值;
(6) 游客忠诚度,不仅体现在行为指标上,如重游,还体现在态度指标上,如重游一个旅游目的地、口碑宣传与推荐的意愿。

品牌资产虽然很抽象,但一旦变得强大与积极,就会带来可观的旅游收入。游客量及其产生的旅游收入可以看作旅游目的地品牌资产的一个表征,当一个旅游目的地成功地在一个领域中进行品牌化时,其他领域也会产生"晕轮效应":如果该目的地在自然旅游领域中成为一个强势品牌,那么,在那些以自然资源为基础的行业与部门中,如手工业、农业与餐饮业等,其所生产的产品也会被看作优等产品。此外,旅游目的地品牌化的成功不仅能带来经济效益,还将带来昂扬的斗志、民族自豪感以及团队合作精神,最重要的是,能够提高当地人的生活水平与生活质量。

第三节 旅游目的地营销调研

旅游目的地营销旨在理解目的地中旅游者与旅游提供者之间的互相关系。在本质上,两者的互动分别代表了旅游的需求方与供应方。在当今高度竞争的旅游市场中,无论新兴的还是成熟的旅游目的地,都需要拥有精确、及时且相关的信息来保持竞争力,以增加它们在旅游市场中的份额。在资源有限的情况下,旅游目的地需要借助调研来有效且充分利用有限的资源,从而满足旅游者日益变化的需求。由于旅游者的期望不断变化,旅游市场的专业化程度也在进一步加强,旅游目的地必将需要价值重组以适应当前的发展趋势,才能为旅游者提供可以创造非凡与难忘体验的产品与服务。目前,旅游目的地的营销重点已经发生了转变,过去主要把旅游目的地作为一个地方来关注,现在不仅关注环境背景,还关注如何使旅游者得到满意的体验。旅游目的地营销已成为发展并保持旅游宏观产品精髓和保持目的地持续竞争力水平的一个必要手段。

一、旅游目的地营销调研的目标

旅游目的地营销调研的深度,一方面应达到对市场动态的了解,另一方面需要能够引导产品调整以满足市场需要与期望。无论在旅游目的地管理还是创造全面旅游者体验方面,了解市场的动态变化都是非常重要的。在高度竞争的旅游市场中,旅游目的地营销调研是一种持续进行的活动,需要不断得到每个相关个体的支持。不断涌现的新旅游目的地营销者所面临的一个重要挑战是:其所提供的信息必须比竞争品牌的信息更加敏锐、独到,或者能够替代竞争者的信息,这样才能吸引旅游者的注意力。因此,旅游目的地营销调研的两个主要目标分别是:第一,在现实与潜在旅游者心目中保持可持续竞争优势的同时增加其对旅游目的地的需求;第二,促进旅游目的地的营销及管理效率,营销调研的首要功能在于提供信息与情报,提高决策过程的有效性,使目的地的营销及管理目标与旅游目的地的整体战略一致。

二、旅游目的地营销调研的程序

为简单起见,这里介绍国际旅游营销协会提出的方法,并简要解释每一步骤。这种方法包括以下八个步骤。

第一步,确定旅游目的地的吸引要素。一个旅游目的地最重要的吸引力在于能为旅游者创造深刻的情感或心理反应的元素。例如,当今不少旅游目的地都认同遗产旅游、文化旅游以及自然旅游是有利可图的潜在市场。实际上,诸如"历史的"或"自然的"等形容词已经被广泛地使用在许多旅游目的地品牌中。然而在激烈的市场竞争中,旅游目的地还应该努力唤醒旅游者诸如浪漫、冒险、全面的度假体验以及具有相应的知名品牌。值得反复强调的是,卓越的旅游目的地能够提供卓越的体验,这些体验超越了任何一个纯粹的吸引物。旅游目的地营销调研者可利用许多不同的定性与定量针对工具来识别目的地的吸引力与旅游者感知。他们需要了解旅游者对目的地产品的感知,以及对那些超越了产品外在美的东西的重视程度。

第二步,制作旅游目的地当前的产品清单。在旅游目的地营销调研过程中,资产预评估也许是最重要却往往被忽视的步骤。这个步骤有助于旅游目的地找出产品差距。一般而言,旅游目的地对自身的看法与旅游者所持有的看法之间往往存在巨大的差距。

第三步,评估产品质量与全面旅游者体验。引导标识与解说的缺失或混乱,可能是全球旅游业共同面临的一个严峻挑战。许多旅游者可能不知道如何到达一个旅游目的地,也不知道一旦到达那个旅游目的地将会看到什么。目的地可以利用一些简单的调研工具来评估

产品质量,例如建立一个矩阵来评价资源或吸引物的发展潜能、营销潜能、经济潜能。全面旅游者体验的好坏能通过大规模调查、个人访谈以及焦点小组访谈等简单的方法进行有效的评估。旅游目的地有了这些基础外部信息,就能开始针对品牌化与市场营销问题展开内部讨论了。

第四步,开发或升级旅游者期待的吸引物并提供服务支持。可以引导旅游目的地开发新的吸引物,或升级现有的吸引物以及增强相关的服务支持。例如,对一个旅游目的地的景点景观进行美化可能使其变得更有吸引力,但它们是否能符合各个年龄层旅游者的标准呢?在资产清点与评估的基础上,旅游目的地可能会创造一些新的旅游产品,但紧接着又必须决定出新的旅游产品应放在什么位置。这进而会产生新的问题:哪一个地方将会从一个新的旅游产品提供中受益呢?谁又将会受到消极影响呢?旅游目的地管理必须考虑给予新产品涉及的领域以适当的服务支持。就像当地居民一样,旅游者也需要水、停车场、休息室以及卫生间,许多旅游目的地所存在的一个通病就是,他们在进行市场营销时,没有优先考虑到该目的地的最大承载量。

第五步,使用最有效的形象、身份认同或品牌。旅游目的地的"资本"是由文化、社会、自然与经济维度等方面所表达出来的价值与意义组成的。营销人员与调研者就是利用这些资本来构建目的地品牌。这个品牌化的过程实质上是一个建立共识的过程,旅游目的地从中确定最适合自身与最具吸引力的形象、身份认同或品牌。在理想的情况下,这些决策主要依据过去的调研情况,即潜在旅游者对该目的地的感知及其与吸引物之间的匹配程度,这个过程往往通过专业的营销或品牌人员来执行,然而品牌吸引潜在旅游者与重访的过程很难一蹴而就。品牌、设计、标志以及口号共同形成一个整合营销活动的基础。

第六步,向重点目标市场进行传播。判断一个品牌是否发挥了最佳作用,主要看它是否到达了目标市场。市场细分是用以确定哪些旅游者可能对目的地品牌与产品做出反应的必要手段,若不进行市场细分研究,旅游目的地很可能会遗漏一些目标市场。例如,假设一个旅游目的地的旅游者最可能来自附近城市的居民,这个假设也许是正确的,但其在指导营销活动方面所涉及的地域范围也会相应狭窄,因而有可能使旅游目的地失去潜在的宝贵市场。一旦通过市场细分确定了旅游者的具体属性,规划者、服务提供者就能够设计合适的品牌化市场营销工具,与这部分受众进行有效沟通,从而节约有限的预算资源。

第七步,整合传统媒体与新媒体促销手段。通过市场细分调研了解目标市场,有助于旅游目的地选择合适的传统媒体与新媒体促销组合。成本效益好且能接触不同受众的新媒体,如微信、抖音以及微博,已经取代了许多传统媒体,尤其是新闻报纸与杂志。然而,许多"50后"和"60后"仍然倾向于从印刷品、电视与收音机上接收关于目的地的信息。这些传统媒体的目标定位相对更加准确,因此还存在一定的营销优势。一旦确定了传统媒体与新媒体之间的适当比例,旅游目的地营销就必须确保无论使用何种媒体,其所传递的品牌形象与信息都是一致的。

第八步,旅游目的地的关系整合与数据库营销管理。旅游目的地可以使用非常精确的地理信息系统来协助品牌化与营销活动。根据"物以类聚,人以群分"的观点,这些系统可以生成具体的地理与人口学数据,并以此识别和锁定其他可能有兴趣参观相同旅游目的地的个体。旅游目的地的调研工作者、市场营销者以及网络经理,都必须共同合作以便及时收集与发布准确的信息,从而对旅游目的地进行有效的促销,最终获得更多的市场份额。在激烈的旅游目的地营销世界中,关系整合与数据库管理已成为必要的营销手段,而不再是自由选择的项目了。

实际上,旅游目的地营销调研者可能不会严格遵循上述过程。比如,在每个步骤上所花费的时间可能是不同的,还常常可能出现步骤重叠、忽略或改变顺序的情况。在每一个调研步骤中,他们往往可以从中开发一个新研究项目,并提出一系列更详细与具体的步骤来实现这些特定课题的具体目标。

三、旅游目的地营销调研的领域

旅游目的地营销调研的范围很广,并且根据旅游业的经济意义、旅游发展水平以及社区对旅游业的支持程度而异。旅游目的地主要的五类常规调研领域包括旅游者信息,旅游者行为信息,产品开发、营销与管理研究信息,旅游行为结果信息,与投资相关的政策信息。

旅游者信息主要包括旅游者的社会人口学特征方面的信息。这类信息主要收集参与者(个体或团体)的年龄、性别、婚姻状况、教育水平、职业、家庭收入或个人收入、种族、社会阶层、国籍,以及家庭生命周期的阶段等。

旅游者行为信息主要是收集旅游者行为方面的数据。这类可能包括的领域有期望、动机、满意度、忠诚度、活动体验、目的地形象、服务感知、吸引物需求类型、住宿偏好、目的地安全、目的地选择过程、度假决策、熟悉度、目的地属性的重要性、竞争优势感知、市场识别与细分、行为意向、投诉、消费者失调、旅游者的态度、信息资源、旅游相关支出、心理影响、旅游参与的障碍、旅游空间流、旅游者类型(休闲或商务旅游者)以及旅游模式等。

以上两类研究领域主要反映旅游者的需求方面,而第三个类别产品开发、营销与管理研究信息则主要从旅游供应方的角度来研究旅游需求,其主要包括的领域有产品规划与开发、目的地营销组合、竞争力与吸引力测量、标杆管理、危机管理、容量与使用管理、接待中心与旅游者信息中心管理、目的地营销方案、品牌与形象身份构建、品牌定位过程、推广与广告、目的地的可达性、目的地设施管理、目的地效益、目的地战略与生命周期、供应资源的分布、供应资源的利用等。

第四类主要研究旅游行为结果信息。该研究领域主要源自供需之间的相互作用。相关研究包括旅游活动带来的影响(文化、经济、环境以及生态影响),旅游行为监测研究,社区居民态度与感知,目的地营销评估,目的地形象与品牌测量,品牌的有效性评估,品牌战略与跟踪,灾后品牌重塑与形象重塑,关键成功要素,有竞争力的方法与战略,危机管理,灾难管理的后续评估等。

第五类研究领域包括政策制定、投资回报率、资本预算决策、转化研究、税收政策与法规的效应、未来规划与挑战等。

需求导向型研究,如一般的旅游者与行为信息,可能需要使用横向或纵向的调查研究方法,合适的数据收集方式如访谈、焦点小组以及在线调查等;供应导向型研究可能需要通过其他方式来生成数据,如焦点小组、案例研究方法,德尔菲法以及管理科学技术等。研究者所面临的挑战在于,选择最好的方法来执行研究计划从而实现研究目标,并找出解决旅游目的地问题的方案。

第四节 旅游目的地整合营销

旅游整合营销的理论基础源自美国西北大学教授舒尔兹等人提出的整合营销传播理论(Integrated Marketing Communication,IMC),该理论被认为是市场营销理论在20世纪90年代的重大发展,被誉为"现代企业新战略""21世纪的营销革命",其基本含义就是"根据目标设计战略,并支配资源以达到目标"。国际营销大师菲利浦·科特勒指出,整合营销包括两个层次的内容:一是不同营销功能,销售、广告、产品管理、售后服务、市场调研等必须协调;二是不同营销单位,地区、行业、部门、企业之间必须协调。

旅游整合营销的主体可以大到国家、地区,小到单个企业内部。作为旅游目的地管理所要研究的整合营销,主要指以目的地为核心的区域旅游整合营销,是在产品同质化、市场饱和化、竞争激烈化的背景下,以市场为调节方式、以价值为联系方式、以联动为行为方式,统一营销策略、集聚营销力量、协调营销手段、提升营销效果,以较低的成本形成强大的宣传攻势和促销高潮,谋求旅游目的地内整个旅游价值链营销效果最大化的一种新的营销理念和营销模式。通过整合营销,既可以保证提供产品或服务的各个环节的质量,树立品牌形象,又可以更有效地动员各种相关资源,形成整体优势和更大的市场冲击力。

整合营销理论传入我国后,在一些大型企业得到初步应用,对中国企业经营界、咨询界、广告界都产生了积极的影响。随着我国旅游业的快速发展,尤其是区域旅游合作的迅猛发展,整合营销理论也逐渐进入旅游业,成为区域旅游合作的核心内容。旅游目的地整合营销是在旅游市场竞争激烈、旅游营销经费有限的现实中,一种非常符合旅游业特性、完全具备帕累托效率的新型营销模式。它不仅适用于跨行政区的区域旅游宏观层面,而且适用于同一行政区的中观层面和单个旅游企业的微观层面,是旅游业全面进入营销时代的重要标志。旅游目的地整合营销虽然在旅游界刚刚起步,由于认识水平及合作能力等主客观原因,目前还存在着合作不够深入、激励不兼容、搭便车等现实问题,但对于协同性要求极高的旅游业来说,旅游目的地整合营销正在成为旅游竞争的有力武器。

一、旅游整合营销的动力机制

旅游目的地整合营销之所以能够快速被我国旅游业所采纳,是因为与当前我国旅游产业特征与市场特征紧密相连,其动力来自旅游业自身特性形成的内在推力和垄断市场竞争形成的外在压力。

(一)旅游产品是期货性"信息产品"

旅游产品的营销不同于普通物质产品。普通物质产品的生产与销售在时空上是可分离的,在生产地集中生产后,通过储藏、运输等物流形式到目标市场上销售,在空间上表现为物的"辐射"状态,消费者在购买前可以比较明确地感知产品形态与质量;而旅游产品的生产与消费同时性、不可移动性、无形性等特征,使得旅游产品不能像普通物质产品那样通过物流来销售。

（二）旅游营销是跨区式目的地营销

旅游经济是一种"注意力"经济。随着网络时代的到来,提供给旅游者的旅游信息如潮水般涌来,旅游者的注意力成为一种稀缺资源,旅游者对目的地的选择越来越趋向于以目的地的整体形象信息为基础,而非分散的产品信息；同时,旅游者的旅游活动实际上是一段跨区域的人生经历,具有很强的综合性、历时性和过程性特征,一个完整的旅游产品必须能同时满足旅游者生存、享受、发展等多重需要,并保持质量、价格等相对一致。这就要求旅游营销必须打破行政区划的束缚,树立完整的目的地理念,站在旅游者的角度,以旅游者需求所客观构成的目的地为营销主体。而传统的旅游营销却是站在行政区划的角度,以本行政区、本企业的"自我营销"为核心,人为割裂了旅游产品的完整性。由于立场不同,在营销者看来,所提供的信息似乎是完整的"产品",而在旅游者看来,则是分散、无序的"零件"。整合营销的主旨就是"以顾客为主导、整合相关资源、传播完整信息"。因此,整合营销是进行旅游目的地营销的最佳途径。

（三）旅游市场是合作型竞争市场

由于客源的有限性和产品的可替代性,旅游市场竞争是非常激烈的,单枪匹马的竞争也是困难而昂贵的。然而,由于旅游资源的空间分布是自然形成的,旅游者的旅游活动是跨区域性的,各相关区域必须通过合作才能满足游客的旅游需求,这就使得旅游市场在竞争的同时,又蕴含着极大的合作潜能。旅游目的地整合营销是竞争与合作的有效结合,因竞争而合作,又因合作而更富有竞争力。因此,旅游目的地整合营销符合目前旅游市场竞争的迫切需要。

二、旅游整合营销的主要路径

与传统营销4P(产品、价格、渠道、促销)相对应,整合营销理论的核心是4C,即对应于"产品",要求关注顾客(Customer)的需求和欲望,向客户提供能满足其完整需求的营销信息；对应于"价格",要求关注客户为了满足自己需求和欲望所可能支付的成本(Cost)；对应于"渠道",要求考虑客户购买的便利性(Convenience)；对应于"促销",要求注重与客户的全方位信息沟通(Communication)。旅游目的地整合营销应以打造理想旅游目的地为核心,坚持从旅游者的角度出发,围绕4C来整合相关资源,提升目的地综合竞争力,实现营销效果的最大化和营销成本的最小化。

（一）以旅游者为中心整合产品

好的产品是营销成功的基础。旅游目的地整合营销的首要任务就是根据旅游者需求,分析区域内产品的共性与个性特征,整合区域旅游供给要素,制定区域产品规划,有针对性地重新组合、包装区域内现有产品,用区域级旅游产品吸引旅游者、占领市场,从而带动区域内单体旅游产品的销售。这样不仅可以保持旅游产品的整体性与深度,满足旅游者的完整

需求,而且可以避免同类产品过度竞争所造成的旅游者分流,便于形成规模经济。如"丝绸之路"旅游产品,对沿线城市来说,都有一些单体产品,单独营销不仅成本很高,而且难以形成较强的吸引力,而若将这些单体产品整合成区域旅游产品,其单体产品的价值就会凸显出来,成为有市场冲击力的世界级旅游产品。营销"丝绸之路"旅游产品,要比营销沿线各个单体产品的效果好得多,而且平均成本也会下降。

（二）以成本为中心整合价格

价格优势是营销的核心优势。整合营销以降低旅游者成本为目标,以低廉而富有吸引力的综合价格来占领市场。综合价格不是简单的单体产品价格的累加,而是一种具有批发性质的价值让渡,能最大限度地降低旅游者的旅游成本。价格整合的主要手法包括综合报价、捆绑销售、买此赠彼、累进优惠、多方联票等,整合的范围越广,让渡给旅游者的价值越多,旅游吸引力就越强。如某旅游App推出过总价值7000元以上且网罗139家景区的售价仅为100元的旅游联票,该联票价格优惠、使用十分人性化、多个景点刷卡可顺利进入。虽然综合价格不高,但由此扩大了市场以及增加了冷点接待量,使总体收入远远大于整合前的收入。

（三）以便利性为中心整合销售渠道

能否便利地购买到产品是营销成败的保障。英国旅游学家利克里什指出:"营销任务包括两个基本职能:第一个职能就是确保可能对产品有兴趣的消费者了解产品的存在与价值;第二个职能就是使消费者通过有效的供应渠道购买到该产品。"现实中,人们往往注重"卖什么"的问题而忽视"怎么买"的问题。整合销售渠道,就是要将散乱的单个产品信息和分销渠道整合为一个完整而清晰的产品销售体系,从而降低代理商组合产品的成本,以及旅游者搜寻产品和购买产品的成本。如建立区域性预订销售网点、组建区域性旅游集散中心、编制区域性旅游服务指南、相互代理销售等。

（四）以整体形象为中心整合促销工具

促销是创立品牌、树立形象的具体工具。旅游者对一个旅游目的地的了解,来自他们接触到的各类信息所反映出的目的地整体形象。因此,既要综合运用各种促销手段与旅游者进行全方位的信息沟通,又要保证信息传递在纵向和横向上的一致性。纵向一致性要求目的地的整体形象、经营战略及大众传媒所传递的信息在相当长时期内协调一致;横向一致性要求目的地在同一时间内通过各种渠道所传递的信息保持一致,从而使旅游者形成一个总体而清晰的印象和情感认同。旅游目的地整合营销不仅要通过整合,使原本分散的媒体广告、宣传手册、期刊、信息网站、公关活动等工具能够服务于全局,还要使其统一于整体目标之下,从而提升各种促销工具的综合效能,树立鲜明的整体形象。

相关案例

安居古城光影夜游

一、安居古城光影夜游的细分市场

根据安居古城光影夜游的特点做出各个层面的市场细分(见表6-1),以便掌握游客对光影夜游的不同需求类型,更好地结合游客自身情况做好服务的细化,并对光影夜游进行不断地优化与完善,以游客为中心,为游客着想,提高其满意度,增加光影夜游对游客的吸引力,进一步完善与扩大夜游市场。安居古城夜景如图6-2所示。

表6-1 细分市场的原因

层面	分析
心理需要	喜欢光影夜游,希望体验美好的夜生活,以及对古城文化、美食、建筑、活动感兴趣的相应群体
人口特征	性别、年龄、家庭、朋友、学生、职业、收入水平等
地理位置	重庆市、重庆市周边省市(贵州省、四川省等),以及其他地区(国内/国外)
行为特点	光影夜游进行美食品尝,选购纪念品、特产等,体验古城夜游的特色住宿,看演出、参与节庆活动

图6-2 安居古城夜景

二、光影夜游不同游客群体需求分析

不同游客群体的需求分析如表6-2所示。

表 6-2　不同游客群体的需求分析

身份	需求
企业或自由职业者	体验古城"不夜城"的魅力游玩与餐饮项目放松身心
学生群体	可以夜游拍照打卡,有很多特色美食品尝,景点门票性价比高,可以体验舞会、晚会以及参加各种特色游玩项目
工人	难得的玩耍与休闲时刻,欣赏古城特色建筑,品尝美食
事业单位或政府人员	体验古城传统文化魅力,了解非遗文化以及传承情况,体验特色住宿等
国外游客	了解与探索古城文化、建筑特色,参与活动体验,品尝当地传统特色美食

三、目标市场客源群体分析

青年群体是安居古城光影夜游的重要目标市场,青年人喜欢丰富多彩的夜生活,老年人和儿童一般入睡较早,所以对夜游而言,青年群体往往成为主要目标客源群体。青年群体在旅游产品中多喜欢充满互动性、趣味性、丰富性、实在性的旅游产品。因此,光影夜游对于青年群体具有较大吸引力。

不管是青年群体还是其他群体,大多是通过抖音、小红书等网络平台来了解安居古城的,其次是朋友推荐,通过其他方式的相对较少。因此,对于安居古城来说,其他平台对其的营销相较弱势缺乏,应该加强其他平台的营销与推广。

四、市场策略

市场策略如表6-3所示。

表 6-3　市场策略

策略	内容
产品	按照市场调研的分析结果选定的目标市场——青年群体,结合目标市场的需求与消费偏好,有针对性地推出新的产品、产品组合、产品打包 比如:充满安居古镇特色的帆布包、团扇、邮票、油纸伞等文创产品,以及针对情侣设计的七夕活动、体验传统习俗的端午活动等节庆活动
价格	主要采用错定定价法。既有价格便宜的引流款产品,也有贡献档次的形象款产品、贡献利润的利润款产品。相较于其他景区,整体定价较为实惠,目的是促进消费者的消费欲望与树立经济实惠的品牌形象

五、安居古镇的推广与获客渠道

1. 线上推广

在抖音、微博、哔哩哔哩、小红书、知乎等网络平台建立官方社交自媒体账号、博客等,多个账号共同运营,发布有关安居古城的信息、照片、视频、在线商城、产品组合和产品打包等内容,吸引潜在客户的关注。同时与一些素质高、拥有一定粉丝基数、定期更新视频的优质网红进行合作,比如剧本杀博主、古装博主、旅游博主等,借助他们的热度与流量推广安居古城。

2. 线下推广

在重庆市主城区和周边省市的地铁、公交车、高速公路、大楼广告牌等进行广告投放与推广，给来往的人们留下深刻印象。举办各类活动，例如结合传统节日、能展现中华民族传统文化的非遗龙舟会，广受年轻群体欢迎的音乐节、美食节，等等。在吸引新客户群体的同时，也引回老客户群体。

3. 在线商城

建立会员积分制的在线商城，与微信公众号、小程序相结合，使商场成为为全体粉丝服务的工具。消费者不仅可以在商场中购买产品，还可以通过其他的方式获取积分兑换优惠券，例如在朋友圈中推荐产品；在抖音等社交媒体平台中发布产品的体验视频；邀请新用户等，将粉丝价值转化为真实的传播价值和商业价值。做到以社交购物模式开启全员和全民营销，增强用户黏性，降低营销成本。

4. 合作伙伴

与旅行社等相关行业建立合作伙伴关系，共同推广安居古城，进行互惠互利的合作。如今大学生旅游的热情日渐高涨，安居古城可以和一些专门从事大学生旅游项目的旅行社进行合作，签订实际性的契约，明确双方的权利、义务与责任。还能与各个企业进行合作互利，将去安居古镇旅游作为企业的员工福利。

5. 目的导向

使消费者群体多样化，年轻化。提供一些特别的优惠和活动，比如持学生证半价、情侣住宿套餐打折等，吸引年轻游客群体前来游览和体验安居古城。还能针对某一消费者群体推出特殊的产品、产品组合和产品打包。

六、安居古镇的营销

1. 口碑营销

通过提供优质的服务和体验，借助在线商城的积分激励，鼓励游客在朋友圈、社交媒体上分享他们的安居古城之旅，增加口碑宣传效果，并精准定位，准确触达潜在消费者群体。

2. 安居古镇品牌IP推广

包括形象设计、标志设计、口号等，并推出相关的文创产品系列。IP可以在碎片化的信息环境中形成完整全面的品牌形象展示，快速带来流量，使安居古镇的品牌形象在公众心中更加清晰和深刻，有利于品牌的传播和渗透。

3. 客户关系管理

建立客户数据库，采取营销自动化的方式，做到个性化营销、实时营销、接触管理。定期与客户保持联系，当安居古镇有新活动或新产品等需要推广时，系统自动向对应的目标群体客户提供相关的信息和优惠，以及回应客户的反馈和需求。

4. 搜索引擎优化(Search Engine Optimization, SEO)推广

利用搜索引擎的搜索规则来提高安居古城在有关搜索引擎内的自然排名，研究在线搜索信息的单词和短语，优化自身的标题、标签，让更多的搜索用户能看到

有关安居古城的信息与产品。

七、产品组合推广与获客渠道

（一）线上推广

(1) 通过官方社交自媒体账号发布宣传产品组合、产品打包的信息、图片、视频。

(2) 邀请在小红书、抖音等平台的旅游主播、探店主播等来安居古镇体验，并发布对产品组合和打包产品的体验式宣传视频和文章。博主的亲身体验比简单的宣传更具有真实性与可靠性更容易引起观看者的消费冲动。

(3) 为需要推广的产品组合和产品打包设计具有吸引力的封页和标题，在官方的在线商城中设置首屏广告、首页广告，增加曝光量，使用户第一眼就能看到。

(4) 在线商城通过积分奖励的方式，鼓励用户在朋友圈、小红书等平台发布推荐产品、产品体验的推广内容。

（二）线下推广

(1) 在景区的游客接待中心、各景点、导路牌等容易被游客注意的地方，放置宣传广告立牌，做到广告的精准投放。投放在重庆市及周边省市的景区宣传广告中，也可以额外添加针对产品组合和产品打包的推广信息。

(2) 制作相关的宣传单、宣传册，并在景区人流聚集处设立宣传资料展示架，供来往游客自行拿取。

(3) 进行地推宣传。消费者有想要询问的，地推人员可以立即解答疑问。地推人员在推广的时候可以让那些本不关注的人关注到产品组合和产品打包，可以让目标用户看到，还能让目标用户遇到。

本章小结

旅游目的地营销是一个社会过程，在这个过程中，旅游目的地（包括旅游目的地的企业、政府、社区、个人等）通过为旅游者创造（与旅游者共创）、提供和交换有价值的旅游体验来满足旅游目的地各利益相关者的所需所求。旅游目的地营销管理是指旅游目的地的营销组织选择目标市场并通过创造、传递和传播卓越顾客价值，来获取、维持和增加旅游者的过程。

旅游目的地定位、旅游目的地形象策划和旅游目的地品牌建设是互相联系但又有较大差异的旅游目的地营销策略，共同构成了旅游目的地营销管理的相关内容。旅游目的地定位是根据旅游市场细分的原则在市场竞争中找准定位；旅游目的地形象是由旅游目的地的各种旅游产品（吸引物）和因素交织而成的在旅游者心目中的总体印象；旅游目的地品牌是指一个旅游目的地区别于其他旅游目的地的名字和标志。

第六章 旅游目的地营销管理

【关键术语】

旅游目的地营销　旅游目的地营销管理　旅游目的地形象　旅游目的地品牌　旅游目的地定位

　复习思考题

1. 什么是营销？营销管理是什么？
2. 试阐述旅游目的地的定位、旅游目的地的形象策划和旅游目的地品特征牌。

第七章

旅游目的地资源管理

> **案例导入**
>
> **空气指数也是旅游资源**
>
> 2015年3月5日,在乐山市"两会"上,"环保"成为热词。在这次会议中,建设国际旅游目的地的乐山,将着力改善空气质量,把空气指数作为重要旅游资源,提高监测能力,形成减排控制的有利局面。
>
> 2014年,乐山城区空气优良天数为331天,其中的占比为90.7%。按照空气质量指数排名,在全省21个城市中,乐山的城市排名一般为7—9名,处于中游水平。影响环境空气质量有两大因素:一是气候,二是污染物排放量。其中影响最大的是气候条件,并且受工业和企业"退二进三"、乐山高新区全面禁煤、宏观经济形势、工业排放强度降低等因素影响,二氧化硫、二氧化氮的浓度逐年下降,其浓度仅相当于北京等北方城市的1/3左右。
>
> 2015年初,乐山市政协组织政协委员对大气污染防治工作进行了专题视察。根据报告显示,乐山市工业因用煤量大,污染排放强度高。据调查,2014年汽车总量为22.3万,排放量大。对此,乐山对实施空间和总量管控划定红线。严格实施大气污染排放总量控制,把污染物排放总量作为环评审批的前置条件,以总量定项目,现有企业技改立足于"增产减亏",新建项目实行污染物排放减量替代,区域削减。具体措施有:加强机动车污染减排、加强城区扬尘管控、加强灰霾污染环境科研、完善预警预报体系、加强舆论宣传引导全民参与。"今年城区施行了定点限时燃放烟花爆竹的方案,取得了一定效果。"乐山市政协委员、环保局副局长认为,目前乐山的监测能力还不够。2015年,将邀请科院专家到乐山,对PM2.5的成因进行为期一年的研究,以"对症下药",不断改善空气质量。乐山市环保局副局长介绍,新版《中华人民共和国环保法》实施后,乐山环保队伍已开展业务培训,以加强执法力度。
>
> (资料来源:四川日报网《空气指数也是旅游资源》。)

第一节　旅游目的地资源概述

一、旅游资源的概念

众多学者对旅游资源进行了概念的界定,但是由于研究者的研究角度和出发点并不完全一致,因此旅游资源的定义也各有侧重。

一类定义是从旅游者角度出发,揭示了旅游资源的吸引力本质要素,如邓观利认为凡是构成吸引旅游者的自然和社会因素均是旅游资源;谢彦君认为客观存在于一定地域空间并因其拥有的审美和愉悦价值而使旅游者为之向往的自然景观或人文景观即旅游资源。

另一类定义则强调了资源和旅游行业的关系,如外文昌认为在自然和人类社会中能够激发旅游者旅游动机,并进行旅游活动,且由此产生经济、社会和环境效益的客体即旅游资源;杨桂华认为凡能激发旅游者旅游动机的,能为旅游业所利用,并由此产生经济效益的自然和社会实物即旅游资源;保继刚和楚义芳认为对旅游者具有吸引力的自然存在和历史文化遗产,以及直接用于旅游目的的人工创造物为旅游资源。

两类定义的分歧主要体现在资源的可利用性是针对旅游者的,还是针对旅游业的。本书认为"旅游资源"这一专业术语出现于旅游业产生之后,那么,旅游资源就不仅是对旅游者具备吸引力的对象物,更是能够被旅游行业所用,表现出其旅游价值才可以。2003年,《旅游资源分类、调查与评价》(GB/T 18972—2017)将旅游资源定义为"自然界和人类社会凡能对旅游者产生吸引力,可以为旅游业开发利用,并可产生经济效益、社会效益和环境效益的各种事物和现象"。该定义体现了旅游资源对旅游者和旅游业两者所具有的吸引和利用功能。

  拓展阅读:旅游资源是动态发展的概念

二、旅游资源的特征

(一)多样性

旅游资源多种多样,既有自然形成的海洋、河流、湖泊、山地、沙漠、雨林、溶洞、生物等,又有历史遗留下来或当代逐渐形成的文化科学、艺术等,资源的多样性与旅游目的地的多样性有着十分密切的联系,并且在地理范围内的各个区域都有旅游资源的存在。

(二)区域性

各种旅游资源既是地理环境的组成部分,它们的形成和存在也会受到地理环境的影响和制约。随着环境的区域变化,旅游资源也存在着一定的区域差异,例如热带风光、高山冰雪、沙漠驼铃、林海雪原等,均与不同的地理环境有关。不仅自然旅游资源如此,人文旅游资源的分布也同样受到地理环境的影响,存在区域差异,如黄土高原的窑洞、牧区的帐篷与毡房、西南地区热带亚热带的竹楼、华北地区的四合院、内蒙古草原的蒙古包等。此外,我国民族众多,不同的民族生活在不同的地区,也形成了独特的节事活动,如傣族的泼水节、藏族的浴佛节、侗族的花炮节、彝族的火把节等。这些盛大的民族节日和盛会,对来自世界各地的旅游者来讲,都有着非常大的吸引力。

（三）垄断性

垄断性即不可转移性。大家常常称旅游业为"无形贸易""风景出口",实际上就是凭借着这些千姿百态的自然和社会文化资源把旅游者从世界上各个角落吸引到旅游目的地来。旅游资源不同于其他各种资源,它具有极强的垄断性。正如世界建筑史上伟大的奇观之一的万里长城,在别的国家是看不到的,还有一句广为流传的话:到了中国,没有去北京,相当于没有去中国;到了北京,不去游长城,相当于没有到北京。

（四）季节性

自然景观受到气候或其他因素的影响,常有季节性、周期性的变化。例如海滨城市,每到夏季,前来避暑的游客蜂拥而至,而每年10月份至次年5月份,天气逐渐转凉,来这类旅游胜地的游客就少了许多。因此,旅游资源的季节性造成了旅游产业的淡旺季。

（五）文化属性

文化是旅游资源的灵魂,一般的旅游资源都具有与之相应的文化内涵,即蕴藏着一定的科学性和自然的或社会的哲理,使得该旅游资源不显得空洞,而是成为活灵活现的故事或科学哲理被游客铭记,当游客身处实地时有一种融入故事的不同体验或者面对故事深思其哲理。正因如此,旅游活动本身才成为一种文化交流活动。例如,各种奇峰异石、幽深的峡谷、寂静的山林、雄伟的瀑布等,不但给人们以不同的美感,而且都具有一定的科学哲理,能引发人们的思考。

三、旅游资源的分类

根据不同的目的,旅游资源有多种分类标准和方法。其中按资源的性质与成因,把旅游资源划分为自然旅游资源和人文旅游资源两大系统,是目前应用最广泛也是最重要的一种分类方法。在两分法基础上演化出了三分法,即在自然旅游资源和人文旅游资源的基础上增添一个大类。关于第三类的确定,学者们持有不同的观点,如服务性旅游资源、社会性旅游资源等。

傅文伟归纳了数种旅游资源分类方法:

(1) 按资源的形态划分为有形的旅游资源和无形的旅游资源;

(2) 按资源的存在空间层位划分为地上旅游资源、地下旅游资源、天上旅游资源、海底旅游资源;

(3) 按资源的作用、性质和用途划分为物质享受旅游资源和精神享受旅游资源;

(4) 按旅游活动的性质划分为观赏型旅游资源、运动康乐型旅游资源、特殊型旅游资源；

（5）按吸引性质划分为场所吸引物旅游资源、事件吸引物旅游资源、其他吸引物旅游资源；

（6）按资源开发利用的变化特征，划分为原生性旅游资源、萌生性旅游资源。

甘枝茂和马耀峰又新增了几种不同的分类方法：

（1）按旅游资源的功能分为观光游览型、参与型、购物型、保健休养型、文化型和情感型；

（2）按旅游资源的增长情况分为再生、不可再生和可更新旅；

（3）按旅游资源的管理级别分为国家级、省（市）级和县级；

（4）按旅游资源的开发利用状态分为已开发、正在开发和潜在。

目前，我国最具权威性和代表性的，并且也是国家规范性质的实战操作型方案的典型代表是《旅游资源分类、调查与评价》（GB/T 18972—2017）。标准将各类旅游资源划分为地文景观、水域风光、生物景观、天象与气候景观、建筑与设施、历史遗迹、旅游购品和人文活动共8个主类和23个亚类，共110个基本类型。

表7-1给出了其具体内容，每个层次的旅游资源类型有相应的字母代号，其中第一个字母代表主类类别，第二个字母代表亚类类别，第三个字母代表基本类型。

表7-1 旅游资源分类表

主类	亚类	基本类型
A 地文景观	AA 自然景观综合体	AAA 山丘型景观；AAB 台地型景观；AAC 沟谷型景观；AAD 滩地型景观
	AB 地质与构造形迹	ABA 断裂景观；ABB 褶曲景观；ABC 地层剖面；ABD 生物化石点
	AC 地表形态	ACA 台丘状地景；ACB 峰柱状地景；ACC 垄岗状地景；ACD 沟壑与洞穴；ACE 奇特与象形山石；ACF 岩土圈灾变遗迹
	AD 自然标记与自然现象	ADA 奇异自然现象；ADB 自然标志地；ADC 垂直自然带
B 水域景观	BA 河系	BAA 游憩河段；BAB 瀑布；BAC 古河道段落
	BB 湖沼	BBA 游憩湖区；BBB 潭池；BBC 湿地
	BC 地下水	BCA 泉；BCB 埋藏水体
	BD 冰雪地	BDA 积雪地；BDB 现代冰川
	BE 海面	BEA 游憩海域；BB 涌潮与击浪现象；BEC 小型岛礁
C 生物景观	CA 植被景观	CAA 林地；CAB 独树与丛树；CAC 草地；CCD 花卉地

续表

主类	亚类	基本类型
C 生物景观	CB 野生动物栖息地	CBA 水生动物栖息地；CBB 陆地动物栖息地；CBC 鸟类栖息地；CBD 蝶类栖息地
D 天象与气候景观	DA 天象景观	DAA 太空景象观赏地；DAB 地表光现象
	DB 天气与气候现象	DBA 云雾多发区；DBB 极端与特殊气候显示地；DBC 物候景象
E 建筑与设施	EA 人文景观综合体	EAA 社会与商贸活动场所；EAB 军事遗址与古战场；EAC 教学科研实验场所；EAD 建设工程与生产地；EAE 文化活动场所；EAF 康体游乐休闲度假地；EAG 宗教与祭祀活动场所；EAH 交通运输场站；EAI 纪念地与纪念活动场所
	EB 实用建筑与核心设施	EBA 特色街区；EBB 特性屋舍；EBC 独立厅、室、馆；EBD 独立场、所；EBE 桥梁；EBF 渠道、运河段落；EBG 堤坝段落；EBH 港口、渡口与码头；EBI 洞窟；EBJ 陵墓；EBK 景观农田；EBL 景观牧场；EBM 景观林场；EBN 景观养殖场；EBO 特色店铺；EBP 特色市场
	EC 景观与小品建筑	ECA 形象标志物；ECB 观景点；ECC 亭、台、楼、阁；ECD 书画作；ECE 雕塑；ECF 碑碣、碑林、经幢；ECG 牌坊牌楼、影壁；ECH 门廊、廊道；ECI 塔形建筑；ECJ 景观步道、甬路；ECK 花草坪；ECL 水井；ECM 喷泉；ECN 堆石
F 历史遗迹	FA 物质类文化遗存	FAA 建筑遗迹；FAB 可移动文物
	FB 非物质类文化遗存	FBA 民间文学艺术；FBB 地方习俗；FBC 传统服饰装饰；FBD 传统演艺；FBE 传统医药；FEF 传统体育赛事
G 旅游购品	GA 农业产品	GAA 种植业产品及制品；GAB 林业产品与制品；GAC 畜牧业产品与制品；GAD 水产品及制品；GAE 养殖业产品与制品
	GB 工业产品	GBA 日用工业品；GBB 旅游装备产品
	GC 手工工艺品	GCA 文房用品；GCB 织品、染织；GCC 家具；GCD 陶瓷；GCE 金石雕刻、雕塑制品；GCF 金石器；GCG 纸艺与灯艺；GCH 画作
H 人文活动	HA 人事活动记录	HAA 地方人物；HAB 地方事件
	HB 岁时节令	HBA 宗教活动与庙会；HBB 农时节日；HBC 现代节庆

要注意的是，在实际的旅游资源调查中，除了引用已有的资源分类方案，还有可能发现新型的旅游资源。《旅游资源分类、调查与评价》(GB/T 18972—2017)只是一个建议标准而非强制标准，在使用时可以进行必要的调整。该标准本身也建议："如果发现本分类中没有包括的基本类型时，使用者可自行增加。"

实践训练：尝试对你家乡的旅游资源进行归类，并与其他同学进行讨论交流。

第二节 旅游目的地资源开发

一、旅游资源开发的原则

旅游资源开发的目的是实现社会生活品质提升,获取一定经济效益,促进生态优化和资源最优配置,在保证旅游目的地或旅游景区旅游经济可持续性发展的同时,满足旅游者日益增长的精神和物质文化的需要,并使旅游目的地生态与文化得到保护,旅游地环境得到改善,地方文化得以传承和发展,民众的素质得到提高。为了实现这一最佳目标,我们在进行旅游资源的开发过程中,应当注意遵守若干原则。

(一)保护性原则

旅游资源具有脆弱性,不但会受到自然因素的破坏,还可能会在旅游业开发过程中遭到损耗。相当多的旅游资源不具有再生性,一旦毁掉了就难以复原。所以,旅游资源保护在旅游开发中极其重要。主要包括两个方面:一是资源本身的保护,限制资源的损耗,延缓自然衰减的过程,将人为损耗降到最低,绝不允许人为随意破坏;二是旅游环境的保护,就是要求旅游资源的开发既要和自然环境相适应,有利于环境保护和生态平衡并控制污染,又要与社会环境相适应,遵守旅游目的地的政策法规和发展规划,不危及当地居民的文化道德和社会生活。开发旅游资源要为当地提供就业机会,加快基础设施建设,促进文化交流,以得到当地政府和居民的认可和支持。

(二)特色性原则

特色是旅游之魂,而旅游资源的特色是发展特色旅游的基础,是构成旅游吸引力的关键因素。特色性原则要求在开发过程中不仅要保护好旅游资源的特色,而且要充分挖掘并开发旅游资源独有的、异质资源的特色。特色越鲜明,吸引力越强。

特色性原则要求:在开发建设中必须尽量保持自然和文化资源既有风采,尽量开发利用具有特色的旅游项目,尽量凸显地方文化,突出民族特色和地方特色。此外,"特色"并不是单一,在突出旅游资源特色的基础上,还应围绕旅游主题,不断创新,丰富旅游项目和旅游活动内容,满足旅游者多样化的需求。旅游的特色性体现在以下几个方面。

1. 原真性

无论是自然性旅游资源还是文化性旅游资源,都应尽量保持其原有风貌,展示其原本特征。特别是拥有深厚文化背景和历史价值的人文资源不宜过分修饰,更不能毁旧作新。对那些虽有记载或传说,但实物遗迹不全或不存在的历史人文资源,根据史料复原重建也要尽量体现原汁原味。旅游景区的自然景物,应该将主动性还给自然。

2. 民族性与地方性

旅游者旅游动机之一就是求异性,希望通过旅游,获得不同的文化体验,体验异域文化

风情。因此在资源开发中应当充分体现当地的民俗与地方文化特色。例如,泰国开发的佛教旅游、泰拳、刀棍对打、斗风筝、"人妖"表演等,都是极具民族特色的旅游项目。深圳的中国民俗文化村,将我国各民族独具特色的活动项目汇聚到一起,游客可以看到各民族独有的建筑、服饰,欣赏各种风情的歌舞,并能参与到活动中去体验各种民族节日的气氛。这些都会使旅游者流连忘返、乐在其中。

3. 创意性

在旅游开发中,创意必不可少,旅游各要素都需要独特的创意。例如旅游建筑特色是极为重要的一环,富有独创性和艺术性的建筑,其本身就可以作为吸引游客、发展旅游业的重要资源。例如澳大利亚的悉尼在城市建筑上追求以独创为美,从而出现了闻名世界的悉尼歌剧院、悉尼海港大桥、悉尼塔等杰出的建筑;北京市的水立方、鸟巢等建筑成为北京的新旅游景点。

(三) 经济性原则

旅游资源开发是一项经济活动,必须遵循一定的经济效益原则。如果以经济效益为参照标准,不是所有的旅游资源都值得开发。如果有的开发投入高于它所能带来的收益,这种开发显然是不经济的、不可行的。因此,需要进行旅游开发"投入—产出"分析,确保开发活动能带来合理的利润。在充分了解旅游市场的基础上,对旅游资源开发项目的可行性,对旅游者的吸引力、投资规模、投资效益、建设周期、资金回收周期等各方面,都应有细致的数据分析。同时,还要根据开发实力(财力、人力、物力等供给保障因素),分阶段、有重点地优先开发某些项目,之后再不断增添新项目和配套设施及服务,最终形成完善的旅游设施和服务体系。坚决禁止不加选择地盲目开发,更不能不分先后地全面开发。

(四) 市场导向性原则

所谓市场导向性原则,就是根据旅游市场的需求内容和变化规律,确定旅游资源开发的主题、规模和层次。市场导向性原则要求旅游资源开发一定要进行市场调查和预测,准确把握市场需求和变化规律,结合资源特色,寻求资源条件与市场需求之间的最佳结合点,确定开发主题、规模和层次,减少开发过程中的盲目性。

(五) 社会文化性原则

旅游资源本身具有社会价值和文化价值,其开发对当地社会的影响体现在价值观念、生活方式、消费理念、文化导向等许多方面。例如,旅游开发能够促进城市化与现代化的进程、提高当地的文化素质和文明程度、促进文化交流与发展等,但也可能造成当地传统文化的破坏和削弱,以及商业化气氛加重导致基于传统道德的人际关系被破坏、消费水平的提高与当地居民消费能力低下产生冲突、社会风气下降等。因此旅游资源的开发利用应该充分考虑其社会性和文化性,合理发挥它们的社会价值、文化价值、公益价值等,力求保护当地传统文化特色,协调好传统文化与外来文化的关系,降低旅游对社会风气的负面影响,达到最佳的社会效益。

(六)综合开发原则

旅游目的地往往同时存在着多种不同类型的旅游资源,在这个层面上综合开发就是要在突出重点旅游资源标志性形象的同时,对其他各类旅游资源适当进行必要的开发,以核心景区为基础,带动周边的相关景区,进行资源的优化组合和多功能纵深开发,形成综合产品结构和资源的规模效益。在开发手段上,促使多学科、多部门相互渗透与融合。在开发内容上,综合考虑旅游者食、住、行、游、购、娱等多方面的需要,做好配套设施建设和物资供应工作。在开发过程中,要注重发挥旅游的联动功能,为进行多元化经营做好铺垫,形成"旅游兴、百业兴"的局面。

二、旅游资源开发的程序

旅游资源开发是一项复杂的系统工程。不同旅游资源的开发,其目标市场定位、旅游产品定位和旅游方式不同,开发过程也有所差异。一般来说,旅游资源开发包括以下主要步骤。

(一)确定开发项目

开发项目的确定是指依据当地的旅游资源特色、旅游市场需求、国家旅游政策、当地基础设施条件和经济社会发展条件,选定要开发的旅游资源项目,对未来工作做出的一个初步设想。确定开发项目是旅游资源开发工作的起点。

(二)可行性研究

可行性研究是指在旅游资源的实地勘察调研、科学分析和评价旅游资源以及其他相关因素的基础上,分析、预测旅游资源开发的必要性和可行性以及开发前景。旅游资源的可行性研究主要包括五个方面内容:旅游资源调查与评价、旅游资源的社会经济环境分析、客源市场分析、环境影响分析、投资和效益预测。可行性研究是涉及旅游资源多方面的系统工作,必须综合多方专家意见,以确保研究的客观性、准确性和科学性。

(三)编制旅游资源开发规划

旅游资源的开发规划是在调查、评价和做出可行性论证后,根据旅游资源开发的原则、市场的最新动态和当地开发旅游的基本条件,编制旅游资源开发的方案,从而从总体上指导项目开发的实践过程。规划方案包括总体规划、重点项目规划和控制性规划。其中,总体规划包括旅游开发的目标、对象、规模、定位、布局方式、时间、步骤、配套设施及总投资估算等。重点项目规划包括每个重点项目的选址、规模、样式、期限及投资额等。合理、科学的规划能够增强资源开发的计划性和目的性,同时又能为旅游地带来良好的经济效益、环境效益和社会效益。

(四)实施经营

旅游资源开发规划方案制定并通过评审之后,就进入具体的实施和经营运行阶段。具体内容包括:确定开发范围和目标;根据已有资料,提出项目的模式、土地使用要求等;制定建筑总体规划;制定资金来源及财务预算;进行项目具体设计,画出施工图纸;投标及施工;反馈与评估。在旅游开发实施过程中,要根据市场信息反馈和需求结构的变化,对旅游开发项目进行调整和完善,改进旅游设施和服务体系,维护并不断提高旅游资源的吸引力,形成旅游资源开发的良性循环。

三、旅游资源开发的方法

根据旅游资源的性质和开发目的,旅游资源开发方法包括新建、利用、修复、改造与升级四种方式。这四种开发方式并无严格界限,在进行旅游资源开发时,要结合现状与需求,根据具体的旅游资源状况,确定开发方式。

(一)新建

新建是常见的一种旅游资源开发模式,具体是指创造性地建设新的旅游资源,并借此进行旅游开发。这种方法主要适用于旅游资源匮乏,但区位条件优越、经济较为发达、具有大量的潜在客源的地区。新建的方法重在创新,要根据当地旅游资源特点做到出奇制胜,创新出个性鲜明和风格独特的旅游产品,做到"人无我有、人有我优、人优我特"。但是,新建旅游资源必须进行科学的论证,否则风险性很大。

(二)利用

利用是指对非传统概念中的各种资源进行开发利用。利用主要是根据旅游者的旅游需求和旅游偏好,借助其他行业中的资源和设施进行旅游开发,如利用工业基地开发的工业旅游、利用农业资源开发的农业旅游、利用科学研究开发的科普旅游等。利用的关键在于旅游开发中能巧于借用、善于利用、精于利用。

(三)修复

受人为和自然因素等的影响,旅游资源经常会受到一定程度的破坏,尤其是历史建筑、名胜古迹等,这类旅游资源开发的首要任务就是修复资源,以满足旅游和保护的基本要求。资源修复的原则是"修旧如旧",尽可能保持原来的历史风貌。

  拓展阅读:华侨城文化主题景区

(四)改造与升级

随着旅游者增加,旅游地的旅游接待能力和环境承载力会出现饱和现象,还有可能由于旅游需求变化,现有的旅游设施和设备不足以满足旅游业的发展。改造与升级就是通过投入一定的人力、物力、财力进行局部或全部的改造,通过挖掘旅游资源的深度吸引力,开发出更多类型、更多层次、更具吸引力的旅游产品,以提高整体的旅游质量和吸引力,从而满足更多、更高的旅游需求。如南京秦淮河—夫子庙风光带、成都宽窄巷子和锦里古街等都是通过大规模改造而成功进行旅游升级开发的经典案例。

实践训练：谈一谈哪些旅游资源开发方法适合你家乡的旅游资源开发。

第三节　旅游目的地资源保护

《中华人民共和国旅游法》第四条规定："旅游业发展应当遵循社会效益、经济效益和生态效益相统一的原则。国家鼓励各类市场主体在有效保护旅游资源的前提下，依法合理利用旅游资源。利用公共资源建设的游览场所应当体现公益性质。"总体而言，我们首先要有效保护资源，才能更好地开发旅游资源。

一、旅游资源保护的意义

第一，旅游资源能使人类获得幸福的生活。随着旅游活动的常态化发展，一些人意识到，旅游资源能够满足人们对美好生活的需要，并能通过旅游获得身心健康。人们通过旅游净化心灵、满足心理与生理的需求，从而增强幸福感，达到培养高尚的情操、愉悦精神的目的。因此，旅游资源是我们生活中不可缺少的资源。

第二，保护文化和历史遗迹。要传承文化，首先要保护好资源，只有这样才能使文化更好地得到传承，可持续地发挥其价值。旅游资源是人类祖先和大自然的恩赐和传承，是祖先留给我们的宝藏。依托旅游资源，游客才可以感受到自然的美景，见识到历史的发展遗迹，认识到它们具有不可代替的观赏价值、教育价值、研究价值等。保护好旅游资源才能为后人留下宝贵财富并将其传承下去，也只有保护好它们，才能更好地、持续地开发和利用，并创造新的价值。

二、旅游资源保护的原则

旅游资源的开发还要兼顾保护，要将两者结合起来。为了保护旅游资源而阻止旅游开发活动并不是最佳选择。旅游资源地的开发与保护，应寻求一个平衡点，在旅游开发经营的同时重视旅游资源的保护，兼顾保护与开发，才能达到双赢和可持续发展的要求。旅游资源保护必须遵循以下原则。

（一）永续利用原则

"永续利用"是时代的产物，它是一种使人类在开发旅游资源时不仅要顾及当代人的经济需要，还要顾及不对后代人进一步需要构成威胁和危害的发展策略。尽管它不意味着为后代和将来提供一切、造就一切，但它却通过对经济效益、社会效益、生态效益三者的协调，使当代人用最小的代价充分利用旅游资源，造福子孙后代。

（二）保护性开发原则

要使旅游资源可持续利用，就必须加强对旅游资源的保护。生态旅游资源的开发和保护应体现的总原则为开发应服从保护，在保护的前提下进行开发。资源得到妥善保护，开发才能得到收益;开发产生效益,反过来可促进保护工作。但是,一旦开发与保护出现矛盾,保护对开发拥有绝对否决权。

(三)特色性原则

旅游资源贵在稀有,其质量在很大程度上取决于它与众不同的独特程度,即特色。有特色,才有吸引力;有特色,才有竞争力。特色是旅游资源的灵魂。

(四)协调性原则

生态旅游资源开发必须与整个生态区的环境相协调,既有利于突出各旅游资源的特色,又可以构成集聚旅游资源的整体美,使游客观后感到舒适、自然。

(五)经济效益、社会效益和环境效益相统一的原则

市场经济就是追求效益最大化。生态旅游作为旅游的一种形式,也追求效益最大化,但这个效益不仅是指经济效益,还包括社会效益和生态效益,三者必须高度地协调统一。当三者出现矛盾时,以生态效益和社会效益高于一切为指导原则,即经济效益必须从属于上述两种效益。实际上,当生态效益和社会效益达到最大化、最优化时,其经济效益肯定也是相当可观的。

旅游资源主要包括自然风景旅游资源和人文景观旅游资源。自然风景旅游资源包括高山、峡谷、森林、火山、江河、湖泊、海滩、温泉、野生动植物、气候等,可归纳为地貌、水文、气候、生物四大类。人文景观旅游资源包括历史文化古迹、古建筑、民族风情、现代建设新成就、饮食、购物、文化艺术和体育娱乐等,可归纳为人文景物、文化传统、民情风俗、体育娱乐四大类。

三、旅游资源保护的途径

(一)严控旅游资源开发全过程

1. 加强旅游资源开发的前期论证

旅游资源开发需要前期的科学论证,其中包括开发的可行性论证、旅游资源价值评价、旅游市场论证等,以保证旅游资源的价值得到更加有效的利用,避免无序开发带来的资源损失和破坏。

2. 对旅游开发区域进行科学规划,合理布局

对于拟定开发区域,应该强化前期规划的可行性论证,进行合理规划,划分区域进行分级保护。比如说,自然保护区一般情况下,分为规划核心区、缓冲区、试验区。核心区是整个保护区的绝对保护地段,除进行巡护、经国务院批准的定期资源普查外,不准进行任何其他活动,以保持自然状态和储存物种;缓冲区是其他两个地区过渡区,主要还是为了保护核心区;试验区可以开展自然保护的参观性旅游活动,还有科学考察、研究和试验以及教学。

3. 严格管控旅游开发建设的过程

很多旅游资源被破坏都发生在建设过程中,主要是由于施工操作不合理、资源保护意识

不强所致。例如,建造索道、公路、基础设施等,容易对自然资源与环境造成破坏,有时后果是非常严重的,所以在规划中应该充分考虑这些问题,合理布局,并严格管理旅游开发实施的过程。

(二)加强旅游经营管理

加强旅游经营管理,旅游经营地的管理者水平,是旅游资源可持续发展关键因素之一。在经营时,可以采取"粗放经营"的方法,用优美的自然环境和优质服务吸引游客,当旅客人数超标时,可以采取限制游客数量的措施,进行容量管理、预警管理等,这样既有利于资源的保护同时还保证了游客的游玩体验。同时,目的地还应有专门的管理团队,运用现代科学技术和管理手段,对目的地资源、环境变化进行监控和预警,一旦出现任何问题,立即报警,随即整改。

(三)完善旅游资源保护的相关法律法规

完善的法律法规是旅游资源的重要保障,使旅游资源的保护有法可依。法律法规的完善还分为横向完善和纵向完善。横向完善保护法律体系应涵盖旅游资源保护专项法律、刑事相关法律、治安管理法规等方面的内容。纵向完善指的是国家和地方的法律法规体系。

我国政府对各类旅游资源采取了相应的以防为主、以治为辅、防治结合的保护措施。目前,我国与旅游资源保护相关的法律制度主要包括:《中华人民共和国水法》《中华人民共和国森林法》《中华人民共和国野生动物保护法》《中华人民共和国矿产资源法》《中华人民共和国环境保护法》等;部分地方政府也制定了旅游资源保护的地方性规章制度,如四川制定了《四川省风景名胜区条例》《四川省世界遗产保护条例》,湖南制定了《岳麓山风景名胜区》《湖南省武陵源世界自然遗产保护条例》等。

(四)运用现代信息技术,提升旅游资源管理效率

传统旅游资源的调查、监测与评估等,受到人力、资金及自然条件的限制,无法及时获得旅游资源的最新信息数据,无法满足动态化管理和开发的需求,迫切需要新技术、新手段的加入,以提高旅游资源信息收集、管理的效率。现代信息技术中,3S技术可以对旅游资源进行有效管理。3S技术是遥感技术(Remote Sensing,RS)、地理信息系统(Geography Information Systems,GIS)和全球定位系统(Global Positioning Systems,GPS)的统称,是空间技术、传感器技术、卫星定位与导航技术和计算机技术、通信技术相结合,多学科高度集成地对空间信息进行采集、处理、管理、分析、表达、传播和应用的现代信息技术。其中,RS技术具有探测范围大、多时段周期短、信息量大、能实时客观地反映地物动态变化特征等特点,能够在旅游资源遥感调查、资源动态环境监测以及旅游地图的遥感制作等方面发挥巨大作用;GIS技术虽然在我国旅游资源信息管理中的应用范围还比较小,但是有很大的发展空间,尤其在辅助旅游资源开发规划、旅游管理和辅助决策等方面能够提供有力支持;GPS技术能够辅助RS技术进行旅游资源调查评价,尤其可以帮助调查人员在野外调查时进行精确定位。

（五）加强宣传，增强全民资源保护意识

旅游资源保护最关键的还是"保护意识"，其中包含旅游资源开发中的保护意识、旅游经营过程中的保护意识、旅游者游览过程中的保护意识等。保护不是某部门、某些人的事情，应该是整个旅游产业相关利益者共同的事情。我国公民在环境和资源保护问题的认识、行动上，与发达国家还存在较大差距，这就更需要我们加强环境和资源保护的宣传和教育。

  拓展阅读：故宫的修复

第四节　旅游目的地规划

一、旅游规划概述

"凡事预则立，不预则废"，旅游开发，规划先行，只有通过科学的规划，才能保证旅游目的地旅游业的健康、持续发展，促进旅游与环境的协调。科学的旅游规划是提高旅游资源吸引力的必要手段，是旅游资源科学开发和有效保护的前提，是促进旅游目的地经济效益、社会效益、生态效益协调发展的重要保证。改革开放40多年来旅游产业在快速发展过程中积累的经验和教训，使得"规划先行"已经成为政府管理部门和旅游企业的共识甚至常识。

旅游规划是目的地开发建设的蓝本，在旅游系统发展现状调查评价的基础上，结合社会、经济和文化的发展趋势以及旅游系统的发展规律，以优化总体布局、完善功能结构以及推进旅游系统与社会和谐发展为目标的战略设计和实施的动态过程。

二、旅游规划的主要类型

（一）旅游发展规划

旅游发展规划按规划的范围和政府管理层次分为全国旅游业发展规划、区域旅游业发展规划和地方旅游业发展规划。地方旅游业发展规划又可分为省级旅游业发展规划、市级旅游业发展规划和县级旅游业发展规划等。地方各级旅游业发展规划均依据上一级旅游业发展规划，并结合本地区的实际情况进行编制。旅游发展规划包括近期发展规划（3—5年）、中期发展规划（5—10年）或远期发展规划（10—20年）。旅游发展规划的主要任务是明确旅游业在国民经济和社会发展中的地位与作用，提出旅游业发展目标，优化旅游业发展的要素结构与空间布局，安排旅游业发展优先项目，促进旅游业持续、健康、稳定发展。

旅游发展规划属于注重战略规划的总体规划，为申请政府旅游专项资金和招商引资提供规划支撑，为下一层次的旅游规划提供依据。规划内容以发展战略、旅游策划为重点，辅之以物质空间规划。规划重点内容包括：旅游发展的区域地位和旅游业的产业地位，旅游发

展的条件与主要问题,旅游发展目标与战略,旅游发展性质定位与规模预期,旅游形象塑造、产品开发、项目策划,旅游发展的空间结构与布局,旅游业发展的支撑体系等。

(二)专项旅游规划

专项旅游规划是指针对旅游地或旅游区特定课题的研究和规划安排。根据实际需要,可编制的专项旅游规划可以概括为三大类数十种规划,即创建国家旅游局(现文化和旅游部)旅游品牌类型专项规划、创建国家其他部门的专项规划以及对旅游热点产品、重点项目和业态进行的专项规划三种类型。

具体来看,创建国家旅游局旅游品牌类型的专项规划主要有三大类。

一是创建全域旅游示范区规划。2015年9月,国家旅游局启动开展国家全域旅游示范区创建工作,颁布《关于开展"国家全域旅游示范区"创建工作的通知》,旨在推动旅游业由"景区旅游"向"全域旅游"发展模式转变,推动旅游业创新、协调、绿色、开放、共享发展,促进旅游业转型升级、提质增效,构建新型旅游发展格局。2016年2月和11月,国家旅游局先后公布了两批国家全域旅游示范区创建名单:2016年2月公布"国家全域旅游示范区"首批创建名单(262家);同年11月,公布第二批"国家全域旅游示范区"创建名单(238家)。2017年6月12日,国家旅游局发布《全域旅游示范区创建工作导则》,为全域旅游示范区创建工作提供行动指南。各地争先创建全域旅游示范区,遵循规划先行的原则,编制全域旅游专项规划。

二是创建国家A级旅游景区规划。按照《旅游区(点)质量等级的划分与评定》(GB/T 17775—2003)规定,旅游景区质量等级划分为五级,从高到低依次为AAAAA、AAAA、AAA、AA、A级旅游景区。旅游景区质量等级的划分有利于提升景区服务质量、维护景区和旅游者的合法权益、促进旅游资源的开发和保护。为了成功申报高等级景区,旅游景区需要按照一定的规范与框架,来比照、改进、完善自身的不足之处。近年来,各地争先申报创建A级旅游景区,使A级旅游景区规划成为热点规划之一。

三是创建旅游度假区规划。创建国家级旅游度假区是促进和引领旅游行业由观光型向休闲度假型转变的一项重要工作,对我国旅游产品体系的建设和完善具有重要意义,是旅游行业继5A级景区之后又一金字招牌,2015年国家旅游局宣布吉林省长白山旅游度假区等17家度假区创建为首批国家级旅游度假区,各地积极组织申报国家级旅游度假区,自此为申报创建所做的国家旅游度假区以及各省级旅游度假区专项规划也成为近年的热点规划之一。

国家其他部门的专项热点规划主要包含体育专项规划、工业专项规划、乡村旅游专项规划、风景名胜区专项规划、湿地公园专项规划、森林公园专项规划、历史文物保护单位专项规划、特色小镇专项规划等,这些规划都是由相关部门颁布指导建设、由旅游企业或政府委托进行编制的热点专项规划。此外,我国的旅游业处于发展转型期,正由传统的观光旅游向休闲旅游转变。旅游市场在爆发式增长的同时,结构也在快速升级,对旅游品质、内容以及行程安排等个性化需求越来越高,个性化、多样化特点凸显,出现了越来越多的旅游产品和新的旅游业态,温泉旅游、邮轮旅游、低空旅游成为新兴的旅游热点和市场的引爆点,而与之相对应的专项规划也逐渐增多。

(三)旅游区规划

旅游区规划按规划层次分为旅游区总体规划、旅游区控制性详细规划和旅游区修建性详细规划。

1. 旅游区总体规划

旅游区在开发、建设之前,原则上应当编制总体规划。小型旅游区可直接编制控制性详细规划。旅游区总体规划的期限一般为10—20年,同时可根据需要对旅游区的远景发展做出轮廓性的规划安排。对于旅游区近期的发展布局和主要建设项目,亦应做出近期规划,期限一般为1—5年。旅游区总体规划的任务,是分析旅游区客源市场,确定旅游区的主体形象,划定旅游区的用地范围及空间布局,安排旅游区基础设施建设内容,提出开发措施。

旅游区总体规划属于旅游开发策划与物质空间落实并重的旅游规划,是以旅游创意策划和产品开发为特色,以旅游区用地布局和配套旅游功能优化为依托的总体规划。规划内容主要包括:客源市场分析,实地调研对资源进行评价,确定主体形象,确定功能分区和土地利用,确定交通布局,景观绿地系统布局,基础设施布局,防灾系统布局,旅游资源保护,环卫系统布局,投资分析,重点项目策划等内容,成果形式包括文本、图件和附件等。

2. 旅游区控制性详细规划

在旅游区总体规划的指导下,为了近期建设的需要,可编制旅游区控制性详细规划,旅游区控制性详细规划的任务是,以总体规划为依据,详细规定区内建设用地的各项控制标准和其他规划管理要求,为区内一切开发建设活动提供指导。旅游区控制性详细规划的主要内容有确定不同性质用地界线,规定各项建设指标,规定交通方位、泊位及建筑间距,提出建筑风格、体量,确定道路红线的设计标高等。成果形式有文本、图件和附件。旅游区控制性详细规划与城市区域的控制性详细规划最大不同点在于,前者控制重点是用地功能和景观环境,后者控制重点在于土地使用性质和土地开发强度。

3. 旅游区修建性详细规划

对于旅游区当前要建设的地段,应编制修建性详细规划。旅游区修建性详细规划的任务是,在总体规划或控制性详细规划的基础上,进一步深化和细化,用以指导各项建筑和工程设施的设计和施工。规划的主要内容有综合现状及建设条件分析用地布局、景观系统规划设计、道路交通系统设计、绿地系统规划设计、旅游服务设施及附属设施系统规划设计、工程管线系统规划设计、竖向规划设计、环境保护和环境卫生系统规划设计等详细内容。成果形式包括规划设计说明书和图件。

  拓展阅读:文化和旅游规划

三、旅游规划与相关规划的关系

旅游规划通常由旅游局委托或旅游开发商委托编制,旅游发展管理与政府各职能部门之间的管理事务都存在协调关系。反映在规划层面上,旅游规划与政府各职能部门委托编制的规划之间也存在协调关系。协调关系分为两大类:从属关系和平行关系。

1. 从属关系

一般是指需要衔接的规划比旅游规划具有更高的法律效力或行政效力,这时旅游规划完全从属于相应的规划,并将此类规划称为"上位规划"。比如,城市总体规划和土地利用总体规划,二者都具有综合规划性质,任何城市空间布局和土地利用都必须得到城市规划和土地利用规划的认同或批准;旅游规划在与城市规划或土地利用规划相协调时,需要与其刚性规划达成某种从属和响应的关系。

2. 平行关系

一般是指需要衔接的规划与旅游规划的内容存在交叉,且编制的时间要早,但是在法律效力或行政效力上并不比旅游规划要高。这种情况下,如果旅游规划与需要衔接的规划之间在同一问题上出现不同方案,即产生了矛盾和冲突时,可以与相关部门进行沟通协调。作为平行关系的不同规划方案,旅游规划可以坚持旅游特色的规划思路,会对平行的相关规划产生影响,甚至成为最终在实践中被执行的方案。比如农业、工业、水利、商贸等其他产业门类对口部门编制的产业发展规划。

"纵向"自上而下的部门垂直管理和"横向"多规并行、相互渗透。规划内容交叉、管制重叠、标准不一的各类规划复杂交错,共同对空间进行规划布局和管制。这种现状带来的结果常常是"规划打架"。规划冲突的最大弊端,就是造成被涉及的新规划难以通过评审和审批批复,开发建设工作停滞不前。因此,旅游规划在编制过程中,需要特别注意与相关规划之间的衔接,减少不必要的规划冲突,为旅游规划提高可操作性。

四、旅游规划与多规合一

根据《中华人民共和国旅游法》,旅游发展规划需要与土地利用总体规划、城乡规划、环境保护规划以及其他自然资源和文物等人文资源的保护和利用规划相衔接。但在实际的衔接过程中,旅游规划面临多方面困境。长期以来,各部门规划编制、审批和实施的失衡和不协调,使得各项规划在操作上难以应对、矛盾重重。2014年底,国家发改委、自然资源部、环保部(现生态环境部)和住建部四部委联合下发《关于开展市县"多规合一"试点工作的通知》,提出在全国28个市县开展"多规合一"试点。推进市县"多规合一"是中央全面深化改革委员会确定的经济体制和生态文明体制改革的一项重要任务。具体来说,"多规合一"是指将国民经济和社会发展规划、城乡规划、土地利用规划、生态环境保护规划等多个规划融合到一个区域上,实现一个市县一本规划、一张蓝图,以解决现有各类规划自成体系、内容冲突、缺乏衔接等问题。

"多规合一"为提升旅游规划的法律效力和行政效力提供了一个很好的机会。在以旅游业为战略支柱产业的县市区,"多规合一"制定规划时又将旅游规划纳入规划体系的需求,旅游发展尤其是全域旅游发展可以为"多规合一"提供规划轴心。海南省作为省级层面"多规合一"的试点,积极推进"多规合一",按照一个大城市对全省进行整体规划,对更好发挥海南

生态立省、经济特区、国际旅游岛三大优势,打造旅游特区具有重大意义。以旅游特区先行先试,突破体制机制上的束缚,创新手段,以国际旅游岛建设为"总抓手",实现"四个全面"战略布局的要求,形成了"海南省多规合一经验"。

  拓展阅读:住建部:国家级风景区和世界遗产要全面整治违建

"两山"理论

2005年8月15日,时任浙江省委总书记习近平到安吉县余村考察,首次提出了"绿水青山就是金山银山"的重要论述。他说,绿水青山就是金山银山,不要以环境为代价去推动经济的增长,因为这样的经济增长不是发展。

2015年3月24日,习近平同志主持召开中共中央政治局会议,正式把"坚持绿水青山就是金山银山"的理念写进《中共中央 国务院关于加快推进生态文明建设的意见》之中。党的十九大报告为未来中国推进生态文明建设和绿色发展指明了路线。积极践行"两山"理论,就是要加快生态文明体制改革、推进绿色发展、建设美丽中国。战略部署要绿水青山,就必尊崇自然,实现绿色发展,既要为发展提供优良的环境质量,也需要为生态健康提供保障。要实现绿水青山就是金山银山,必须树立人与自然和谐共生的理念,推动绿色产品和生态服务的资产化,让绿色产品、生态产品成为生产力,使我国的生态优势转化成为符合中国特色社会主义新时代的经济优势。

相关案例

一、案例一:巴南区一品镇燕云村油菜花田

位于重庆市巴南区一品镇的燕云村,距离主城区约45千米,这里原本只是一个坐落在大山之中普普通通的小山村,却因为一片片规模较大的油菜花田,而渐渐地爆红于网络,吸引了一大批的市民从主城区前往燕云村踏青赏花。据此,可利用当地特色,将此打造成乡村休闲度假旅游地。

燕云村油菜花田规模很大,分布范围比较广,连绵的山头上种满了金黄的油菜花,远远望去颇为壮观。燕云村地形独特,油菜花多种在山坡而非平原,层层叠叠充满3D立体感。燕云村环境秀丽,整个村庄淳朴、自然,能使来此游玩的市民获得身心的放松,与城市截然不同的乡村风貌,对长期生活在大城市的人们来说更添吸引力。

美丽的田园风光、舒适的乡村气候和特殊的3D立体地形构建了巴南区一品

镇燕云村油菜花田独特的旅游模式,在未来的发展中,可打造为田园综合发展模式,依托生态资源,运用国家帮扶政策引入企业资金及技术等,打造成"生态＋农家乐＋民宿＋旅游"发展模式。

巴南区一品镇旅游开发景观小品乡村旅游开发景观小品见图7-1。

图7-1　巴南区一品镇旅游开发景观小品乡村旅游开发景观小品

二、案例二:二滩国家森林公园

二滩国家森林公园地处成都—峨眉山—西昌—昆明这条旅游热线上。公园规划面积达到60多万亩,其中包括15万亩的丁字形湖面,40多万亩的林地。公园具有50%以上的森林覆盖率,包括大型水电站、碧绿湖泊、青翠群山、原始森林、民俗景观等多种旅游资源,环境幽静,气候适宜,空气清新,是典型的集旅游、探险、休闲娱乐、度假、康养、观光等多种功能于一体的旅游胜地。公园具有独特的气候,全年平均气温20℃,既无夏日的酷暑难耐,亦无冬日的天寒地冻,一年四季都适合旅游,是一个集游览观光、休闲度假、水上娱乐、民族风情、科普教育、探险和自然保护于一体的国家级森林公园。

主要景点:二滩水电站,地处雅砻江下游,位于四川省西南边陲攀枝花市盐边与米易两县的交界处。坝址距雅砻江与金沙江的交汇口33千米,距离攀枝花市区46千米,系雅砻江水电基地梯级开发的第一个水电站,上游为官地水电站,下游为桐子林水电站;二滩湖,地处雅砻江干流下游,位于四川省攀枝花市境内,是二滩国家森林公园内的重要景点及组成部分,亦是二滩水电站建设形成的人工湖,因而成为川滇境内香格里拉生态圈中重要的涵养水源;白坡山,省级自然保护区,海拔1200—3400米,土壤气候、植被呈垂直分布,原始森林以云南松为主。

总体而言,二滩国家森林公园是大自然的鬼斧神工和人类智慧的共同结晶,它从一个小小的滩涂到如今的高峡平湖、森林公园,将山与水的关系演绎得淋漓尽致。在这里,可以欣赏到如诗如画的山水风光,感受飞瀑如雪的波澜壮阔,还可以领略欧方营地小联合国的异域风情。二滩国家森林公园,是一个集自然生态环境、原始的森林风光、古朴的彝族风情、令人叹为观止的自然景观构为一体的绝佳自然生态旅游区。

二滩国家森林公园南大门高峡平湖见图7-2。

图7-2 二滩国家森林公园南大门高峡平湖

本章小结

旅游资源是旅游目的地的发展根基,是决定旅游目的地品质的重要因素。本章主要介绍了旅游目的地资源的概念、特征和分类,旅游资源开发的原则、程序与方法,阐述了旅游资源保护管理的意义、原则与实现途径,旅游规划的主要类型及"多规合一"的发展趋势。

【关键术语】

资源 科学 程序

复习思考题

1. 认识旅游资源的概念与特征。
2. 理解旅游资源的分类。
3. 了解旅游资源开发的原则与程序,理解旅游资源开发的方法。
4. 认识旅游资源保护的重要意义与原则,理解旅游资源保护的实现途径。
5. 了解旅游规划的主要类型,理解"多规合一"的发展趋势。

第八章

旅游目的地节事活动管理

第一节　节事活动概述

节事活动是旅游目的地推广中重要且有效的环节，能为旅游目的地带来经济收入、树立旅游品牌、提高目的地知名度和促进文化传承。节事活动对旅游者而言是一种特别的体验，是通过精心的组织安排而创造的一个日常生活中不易出现的场景，是一种"动态"的旅游吸引物。

一、节事活动概念

从概念上来看，节事是节庆、事件等精心策划的各种活动的简称，其形式包括精心策划和举办的某个特定的仪式、演讲、表演和节庆活动，各种节假日及传统节日以及在新时期创造的各种节日和事件活动。"节事"一词来自英文Event，含有"事件、节庆、活动"等多方面的含义。国外常常把节日（Festival）和特殊事件（Special Event）、重大事件（Mega-event）等合在一起作为一个整体，在英文中简称为FSE（Festival and Special Event），中文译为"节日和特殊事件"，简称"节事"。西方学者根据自己的理解，将文化庆典、文艺娱乐事件、体育赛事、教育科学事件、私人事件、社交事件等通通归结到节事范围内。

（一）事件（Event）

事件指的是在短暂的一段时间内，所有的相关活动项目、环境设施、管理和人员的特殊组合。

（二）特殊事件（Special Event）

特殊事件有两层含义：一是指发生在赞助主体或举办主体日常进行的项目或活动以外的事件，有非经常性的特点；二是指发生在人们日常生活体验之外的事件，或者是日常选择范围之外的事件，该事件能为顾客提供休闲、社交或文化体验的机会。"特殊事件经过事先策划,往往能够激发起人们强烈的庆贺期待"(高布拉特,1990)。

(三) 节事(FSE)

节事(Festival and Special Event)是一个外来的组合概念,是节庆和特殊事件的统称。节庆通常是指有主题的公共庆典,特殊事件可以用来形容精心策划和举办的某个特定的仪式、演讲、表演或庆典,可以包括国庆日、庆典、重大的市民活动、独特的文化演出、重要的体育比赛、社团活动、贸易促销和产品推介等,比如江西宜春月亮文化节。

(四) 标志性事件(Hallmark Event)

标志性事件是一种在某旅游目的地重复举行的事件,在传统、吸引力、形象或名声等方面具有重要性。这种事件的独特性为该地社区、旅游目的地增强了竞争实力,并随着时间的推移,标志性事件与该旅游目的地融为一体。例如河南洛阳的牡丹文化节已经成为其旅游主题。

(五) 重大事件(Mega-event)

从规模和重要性来看,重大事件是指能够使事件主办社区和目的地产生较高的旅游和媒体覆盖率、赢得良好名声或产生经济影响的事件。在实际运作中,重大事件一般称为"大型活动"。

(六) 事件(或节事)旅游

事件(或节事)旅游指的是以各种各样的节日、活动、重大事件的举办为核心的一种特殊旅游形式。事件吸引指的是,去某个旅游目的地的原因是该地所发生的事情。由这种事情而引起的人们前往的旅游就是事件旅游,而作为吸引物的事件则称为旅游事件。

同步思考:节事活动与旅游目的地有什么关系?

二、节事活动特点

归纳起来,节事活动有下列特点。

(一) 文化性

节事本身就是文化活动,从出现至今就一直作为文化和历史的载体,在发展过程中留下文化的印记,不断展现着历史和文化的特性。由于这种独特的文化属性,参与者就容易把自己内心的情怀寄托于这样一项看似简单、休闲、普通的旅游活动。所以,文化属性是构成节事活动的根本特性。

(二) 地方性

节事活动作为历史的产物,存在地域性的差异。不同的地方有不同的风俗习惯、资源条件,从而形成了独具特色的节事活动。在很多旅游目的地,节事活动被作为地区形象的塑造者,更能凸显地方特色。一些节事活动的举办地为大众所熟悉,如巴西里约热内卢狂欢节、澳大利亚乡村音乐节、苏格兰爱丁堡艺术节和伦敦泰晤士河艺术节。一些地方的民族节日更是有其独特的地方性,地方色彩更为浓厚,例如,泼水节总是与傣族的形象联系在一起,而那达慕大会也总是代表着内蒙古的形象。此外,宗教的固定传统节日与庙会活动融合,又成为该宗教圣地或该寺庙的代表,例如,我国福建、台湾等地的"妈祖诞辰",几乎成为当地最隆重的节事活动。

(三)短期性

短期性是节事活动的本质特征,每项节事活动都受季节和时间的限制,都是在往期对应的时间段进行。由于旅游的变化性,节事活动的时间还要根据当地的气候、旅游淡旺季、交通情况、经费落实、接待能力、活动主题、策划组织需要的时间等条件,根据实际情况进行相应调整。上述的实际情况,也为旅游带来了挑战,要在短暂的时间内准备充分的客房和餐饮等旅游接待设施和便利的交通设施等基础设施,为四面八方而来的旅客提供可能性。

(四)多样性

节事活动是一个内涵广泛的集合概念,任何能够对参与者产生吸引力的因素经过开发都可成为节事活动。除此之外,节事活动也具有多样性的特点,例如在表现形式方面,节事活动可以是展览会、会议庆典、体育赛事、花车游行及各种形式的文化娱乐活动;在主题方面,可以是纪念某个名人、某个历史事件,也可以是当代庆典;活动的内容可以有宴会、戏剧、音乐舞蹈、服装展示、画展、土特产品展销、体育竞技、杂技表演、狂欢游行等各种形式,涉及政治、经济、文化、体育、商业等多方面。

三、节事活动类型

对节事活动的分类方法,可说是众说纷纭、见仁见智,习惯上可按节事的属性、影响范围、活动组织者和主题对其进行分类。

(一)按节事活动的属性分

1. 传统节日活动

按传统节日的发展历史可分为:

(1)古代传统型,如中国端午节的赛龙舟活动等。

(2)近代纪念型,如各国国庆日、美国纽约的玫瑰花节等。

2. 庆典活动

(1)与生产劳动紧密联系的节庆活动,如广州花会、泰国象节、摩洛哥的献羊节等。

(2)与生活紧密联系的节庆活动,如威尼斯狂欢节、上海饮食文化节等。

3. 其他重大活动

其他一些重大活动,如大型会议、体育盛事等。

(二)按节事活动的影响范围分

1. 世界性节事活动

世界性节事活动,如国际孔子文化节、戛纳国际电影节、慕尼黑啤酒节等。

2. 全国性节事活动

全国性节事活动,如青岛啤酒节、洛阳牡丹文化节、厦门国际广告节等。

3. 地区性节事活动

地区性节事活动,如上海南汇桃花节、浙江陆羽茶文化旅游节等。

(三)按节事活动的组织者分

1. 政府性节事活动

政府性节事活动,如教师节、"五四"青年节等政府组织的联谊活动、纪念活动。

2. 民间自发性节事活动

民间自发性节事活动,如云南傣族泼水节、意大利狂欢节等。

3. 企业性节事活动

企业性节事活动,如上海旅游风筝会等。

(四)按节事活动的主题分

1. 文化类

文化类节事活动主要是指在各个地方举办的庆典活动和宗教节日,以及戏剧节、艺术节、舞蹈节、音乐节等一般文化活动节。

2. 体育类

体育类节事活动,如世界杯足球赛、国际马拉松比赛、奥林匹克运动会等体育活动。

3. 商业类

商业类节事活动主要指在各地举办的商业活动,如广交会、进口博览会等。

4. 农业类

农业类节事活动主要指各种与农业生态有关的节庆活动。

四、节事活动功能

节事活动可以用来吸引旅游者、投资者、赞助者等参与,甚至成功的节事活动还可以产生多方面的牵引效应。

(一)提高目的地的旅游竞争力和知名度

节事活动可以通过高强度、多方位、大规模的宣传活动引起广泛关注,形成巨大的轰动效应,吸引游客前往,并通过社交媒体形成更大范围的影响,使游客对实地游览留下初步印象,从而在短期内提升旅游目的地的形象。成功的节事活动的主题会增强与旅游目的地的联系,例如一提到斗牛就想到西班牙,一提到泼水节就会想到西双版纳,一提到啤酒节就会想到青岛,一提到民歌节就会想到南宁。种种成功的案例可以说明,旅游目的地可以借助成功的节事活动,增强关联性,提高该地的知名度,增强该地的旅游竞争力。

(二)弥补旅游淡季供给与需求不足的情况

旅游目的地因为季节变化,会有不同的风光,所以就会产生淡旺季之分。旺季时,游人如潮;淡季时,资源闲置。节事活动具有多样性,能为旅客提供更多的选择机会,获得更好的满足感,在旺季时,也要注意节事活动要在旅游目的地的资源在不超过承受能力的前提下进行,比如在哈尔滨国际冰雪节期间,有逾百万的游客到哈尔滨旅游观光,市内各大宾馆、酒店的入住率比以往同期提高了30%—50%。同样,在旅游景区的淡季,举办人们喜闻乐见的节事活动也会吸引旅行者。

(三)可以满足游客多层次的需求

节事活动还涉及宗教、礼仪、歌舞、戏剧、服饰、建筑、饮食等多方面。旅客在放松身心的同时,还可以了解到不同的异域风情。例如,武汉国际旅游节通过节事活动充分展示湖北楚文化、三国文化、宗教文化、水文化、武汉近现代文化以及市民文化等。旅客在接受文化的熏陶的同时既可以游览东湖、长江等优美的自然风光,还可以参与焰火晚会、花车巡游等大型节事活动。游客不管男女老少都可以在节事活动中找到自己的喜好,满足此次出行的体验。

游客多层次的需求也需要良好的基础设施和旅游服务设施来保障。旅游目的地可以完善基础设施和接待设施,例如,完善交通、酒店、体育运动场所、休闲场所、饮食环境、公厕等方面。还应该建立健全规章制度,加大管理力度维护游客的利益,从而进一步提升旅游目的地的旅游接待服务能力。如昆明举办世博会,为满足前来参加世博会的众多游客的需求,昆明除了对各个景区进行整治和设施翻修,还投资10多亿元进行了18项重点配套设施建设工程,同时购置了1000多辆出租车和近300辆公交车,完成了世博园及市区通信设施及旅游信息网络的建设,城市的基础设施得到了极大改善。这种改变的益处不仅体现在这一次的世博会上,还为当地的居民日常出行和生活带来了长期的效益。

第二节 节事活动策划

节事活动策划是一项系统工程,其主要任务是利用文化、经济和旅游等资源,对节事活动进行分析、创意、设计和整合,系统地形成目标、手段、策略和行动高度统一的逻辑思维过程和行动方案,从而使其在举办过程中产生巨大的社会效应。

一、节事活动策划内涵

策划是为了解决现存问题而进行的一种谋略、打算的活动,是指策划主体为达到一定的目标,在调查、分析有关材料的基础上,遵循一定的程序,对未来某项工作、某项活动或某个事件事先进行系统、全面的构思、谋划,制定和选择合理可行的执行方案,以达到预定的效果的一种综合性创新活动。策划主要包括以下几个要素:一是必须有明确的主题目标。策划如果没有主题目标,就成了一些无目的的构想的拼凑,根本没有成功可言,更不要说解决问

题了;二是必须有崭新的创意。策划的内容及手段必须新颖、奇特、扣人心弦,使人观后印象深刻,打动对方的心;三是必须有实现的可能性。在现有人力、物力、财力及技术条件下有实现的可能性,否则再好的策划也是空谈。

(1)从策划的过程来看,一个完整的策划,包括预测和决策两大步骤。一是预测,它要对组织未来发展的前景和趋势进行科学分析和准确判断;二是决策,它要在预测的基础上,对组织的应对方针和行动措施进行大胆的抉择。任何一种策划都可以说是"大胆设想,小心求证"的过程。

(2)从策划的内容来看,一个完整的策划,包括战略策划和战术策划两大内容。战略策划是统筹天、地、人等综合资源环境,以确定长远的目标和方针,使自己在总体上立于不败之地,并且还能保持或创造发展的态势,保持一种良性循环;战术策划则是为了实现战略所必须采取的一系列行之有效的行动方案。战术策划具有很强的操作性,它往往要设计出"做什么、如何做、何时何地做"等每一个环节的运作步骤,以保证在每一个环节上达到最佳组合,在每一个阶段都取得最大效益。

(3)从策划的性质来看,策划是一项极为复杂的综合性思维工程。其一,策划本身就是一种极为复杂的思维活动,是策划者运用知识、信息、智慧进行复杂的脑力劳动的过程,属于提供智慧的智力咨询行业。其二,策划是一项综合性思维工程。在策划过程中,既要运用周密严谨的理性思维,进行分析、判断和预测,又要运用灵活多变、有创意的感性思维进行想象、创造和重新组合。

(4)从策划的范围来看,策划普遍存在于人类行为之中。无论是政治统治、企业经营还是个人发展都需要精心地设计策划。

节事活动策划是一项立足现实、面向未来的非常复杂的创造性活动,它不同于一般的"建议",也不是单纯的点子。点子是不容易想到但容易做到的,策划则是不容易想到,也不容易做到。策划其实是一种包含创造性的建议。节事活动策划与广告策划、公关策划、企业发展策划一样,都是策划人员为达到一定目标,经过调查、分析与研究,根据现实的各种情况和信息,判断事物变化和趋势,识别并创造需求,借助一定科学的方法、手段和技术,对节事活动的整体战略和策略运筹规划的过程,从而形成正确的决策和高效的工作。

二、节事活动策划思路

在进行节事活动策划时,要实现区域内的资源整合并让各个节事活动和谐共存,有六个关键点可以为节事活动策划理清思路。

(一)节事活动品牌化

目前市场上节事活动五花八门,种类繁多,但是能形成地方特色的却很少。有的地方看到举办节事活动能产生"井喷效应",便纷纷模仿或兴办;有的地方节事活动办了一两次后就销声匿迹,各地"昙花一现"的节事数不胜数。造成的后果就是既劳民伤财,又没有对当地的旅游业产生应有的推动作用。节事活动的开发要以品牌化开发为原则,以长时间的品牌塑造为目标。节事品牌化有利于游客及时了解节事活动信息、缩短选择时间,同时能够增加节事旅游产品的附加值。品牌作为一种无形资产,能吸引游客多次参与节事活动,延长节事活动的市场生命周期,并对当地旅游品牌或形象的树立产生积极的推动作用。

(二) 时间安排序列化

由于一些旅游资源本身具有很强的时间性,在节事开发上可以通过区分时间序列,将其分散到各个季节,避免内部恶性竞争带来的损失。时间安排序列化主要体现在三个方面:一是区域内各节事的开发按季节或时间进行分布,避免节事活动聚群现象,如西安曲江新区按一年十二个月进行节庆策划,每个月都策划出主题各异的节庆活动来吸引游客;二是区域内各节事的开发时序化,按照实际情况,分阶段对节事活动进行开发和推广;三是节事活动本身的安排要有时间概念,每个主题节事下一般都会设有若干的活动项目,策划方案要提前将这些活动顺序进行安排,避免出现因操作不当带来的混乱场面。

(三) 空间分布协同化

空间分布协同化主要体现在两个方面:一是在同一区域内,要注重对区域内各旅游资源的挖掘,并最终按照某一思路将它们组合起来,实现在这一区域的共同有序发展;二是不同区域间,具有相关性文化的节事举办地可以进行整合策划,加强各地之间的相互配合,例如广西融安的节庆活动,还可以和柳州及周边三江、融水等地的节庆活动在时间和空间上联动,相互推广。

(四) 节事活动主题化

举办节事活动必须有明确的主题,有了独特的活动主题,节事活动的开发才会目的明确、层次清楚,从不同方面突出、加深主题,给游客留下深刻印象。节事活动主题会随着举办时间和环境而有所不同,如青岛啤酒节举办初期是以"市民狂欢节"为主题定位的,随着其影响的不断增强,节庆的主题定位也逐渐从国内转向国际,提出了"青岛与世界干杯"等主题口号。

(五) 节庆事件区分化

节事是节庆和事件活动的综合体,节事的策划不仅包括节庆的策划,还包括大型事件或活动的策划。在节庆策划上,我们常说"大节造势、小节造市",一方面就是要通过举办一个或两个较大规模的经典节庆在旅游市场上形成强大的宣传声势,使主题节庆快速地向规模大、影响大的方向发展,保持良好的品牌上升发展势头。另一方面在小节的策划过程中,要充分运用多种营销手段,充分利用当地的各种旅游资源,寻求节庆本土化,并在本土化的基础上增强主题节庆的影响力,迅速扩大市场。在节庆活动期间,通过策划几个具有标志性的大型特殊事件,可以加深旅游者对举办地印象,迅速提升举办地的影响力。

(六) 节事内容体验化

举办活动的目的不仅仅是为了吸引游客"到此一游",更重要的是为了让游客"有所游、有所感、有所想、有所思、有所乐",从而对旅游目的地产生良好的品牌认同感。节事活动的开发不仅应从形式上、内容上加以丰富,更要从活动体验上加以重视。要设计丰富、生动的体验活动,让游客从视觉、听觉、嗅觉、触觉、味觉等方面与活动项目进行相互交流,满足个性化体验需求,提高节事活动对游客的吸引力。体验精髓在于使游客身临其境,游客参与程度越高,体验效果越好,越能给游客留下难忘的记忆。

同步思考： 从我国节事活动发展现状来看,节事活动创新动力普遍不足,陷入创新"困境"。你认为节事活动面临新的困境是什么？有什么出路？

三、节事活动策划模式

分析我国现有的节事活动,可以总结出四种经典策划模式,即经典回归模式、传统提升模式、提炼整合模式、无中生有模式。

（一）经典回归模式——"老壶装陈酒"

经典回归模式就是在保持地方传统节庆形式和内容不变的基础上,以体现地方风俗节庆的原真性为主,向参与者展示其原有风貌。节庆策划者不需要对节庆的形式和内容进行改变,主要是保持传统节庆的"原汁原味",通过对当地民俗节庆活动系统全面的调研,借助各种宣传策划活动,以传统活动的神秘感和个性化来吸引参与者。例如大理白族的三月街,古代又称观音市或观音会,是一个有着一千多年历史的大理各民族物质文化交流的传统盛会,也是大理州各族人民一年一度的民间文艺体育大交流的盛大节日。

（二）传统提升模式——"老壶装新酒"

传统提升模式是采取向传统节日庆典"借壳"的方式开发新型节事。它要求策划者注重"老壶"与"新酒"间的匹配程度,既要有创新,又不能"串味";既要保持传统风格,又要有内容创新。例如民间古庙会是一种特殊的社会活动,庙会最早的形式是隆重的祭祀活动,是人们敬祀神灵、丰富身心的产物。随着社会的发展,特别是经济的发展,庙会和集市交易融为一体,成为人们敬祀神灵、交流感情和贸易往来的综合性社会活动。

（三）提炼整合模式——"新壶装陈酒"

前两种开发模式都是对已有的传统节庆活动进行开发,或是"原真性"的回归,或是"传统性"的提升,而提炼整合模式是在没有经典传统节庆活动依托的前提下,通过对现有资源的整合开发,打造出来的节庆活动,是以获取经济利益、提高地方知名度为主要目的,更看重的是旅游资源的经济价值,是现代节庆策划中较常用的一种模式。提炼整合模式的开发要求"壶"与"酒"的吻合度要高,对"陈酒"的鉴赏要准要精,对"新壶"的开发利用合情合理,要求节庆活动的形式、主题和内容与举办地的文脉特征高度一致。例如,河北吴桥国际杂技艺术节、山东曲阜国际孔子文化节、陕西黄帝陵祭典的节庆活动的开发都与当地的历史文化发展有着高度关联性,如果将这些节庆名称放到其他举办地则会"东施效颦"、笑话连篇。

（四）无中生有模式——"新壶装新酒"

无中生有模式正是应了"靠山吃山,靠水吃水"这句俗语。那么如果一个地方既没有特色的传统节日,又没有浓厚的文化民俗,如何来开发节庆活动呢？无中生有模式就是一种解决之道。它利用地方的典型环境、特色饮食、特色物产及流行元素等现代特色资源,选择适当的节庆主题和包装方式,通过现代的节庆活动形式向参与者展示现代节庆活动内容。这里的"无"并不是真的没有,而是已经存在但尚未系统化,没有形成节庆表现形式的旅游资源,这里的"有"是指经过提炼、包装、赋义、展示等系列化策划工作而形成的完整的节庆活动。例如青岛国际啤酒节、潍坊风筝节、大连国际服装节、哈尔滨国际冰雪节、洛阳牡丹文化节等都是此类开发模式中的经典品牌项目。

四、节事活动策划方法

节事活动策划方法主要有以下几种。

(一) 比较分析法

节事活动的好坏、得失、成败、节约与浪费等,都是相对而言的,有比较才有鉴别,通过比较才会发现各自的优缺点。通过对多个成功或是不成功的节事活动进行纵向或横向比较,可以挖掘和发现新的机会。如中国青岛传统的"国际啤酒节"是感性的、动态的,突出的是饮食娱乐功能;而"青岛海洋节"则是理性的、动态的,突出的是科技、经济功能,双节的有机结合,使青岛的形象更加光彩耀眼。

(二) 头脑风暴法

现代创造学的创始人——美国学者阿历克斯·奥斯本于1938年首次提出头脑风暴法。在节事活动策划中使用头脑风暴法,是指让与节事活动有关的人员共同讨论,使各种设想在相互碰撞中激起脑海的创造性风暴,想出更多独特的策划方法。节事活动策划采用这种方法时一般以2—6人为宜。论时应注意两点:一是讨论者应畅所欲言,自由表达自己的想法;二是大量的想法中必定包含有价值的内容,要进行综合评价,归纳总结。要求是不许有任何随意而离谱的想法,不许对他人的想法提出批评,鼓励多提有关活动策划的设计和灵感创意等。

(三) 灵感创新法

灵感创新法主要是利用发散性思维或逆向性思维,对信息进行定向的融合从而产生新想法。在节事活动策划中,大量创新成果均是在灵感的火花中诞生的。策划人只有发挥想象力、激发灵感,才能有所创新,从而制定出可行的节事活动策划方案。

(四) 运筹学方法

"运筹"即运算筹划、以策略取胜。进行节事活动策划时,要借助运筹学的方法,提高节事活动策划的质量与效率。在节事活动策划中使用运筹学,就是要使用分析的、定量的、定性的科学方法,在内外环境的约束条件下,为了达到策划的目标,合理配置整个活动中的人力、物力、财力等资源,统筹兼顾所有各环节之间的关系,使策划方案有效实施,以达到效益最优化,并体现节事活动可持续发展的长效性。

五、节事活动策划流程

节事活动策划流程大致分为三个阶段:节事活动前期准备、节事活动现场实施和节事活动后续总结,是一个从策划到实施,最后再进行总结的过程,具体见图8-1。

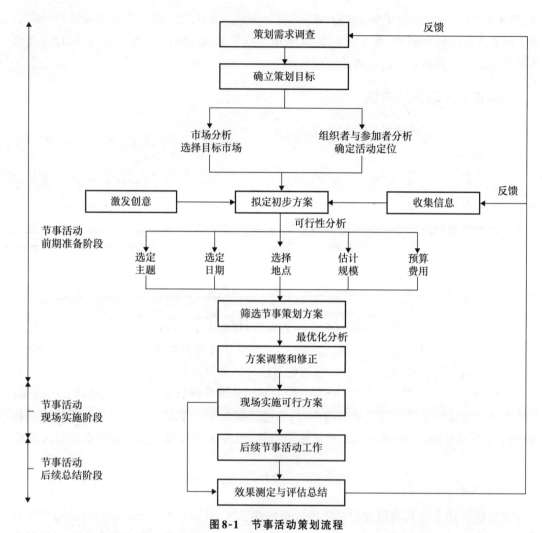

图 8-1 节事活动策划流程

(一)策划需求调查

收集有关活动的各种资料,包括文字、图片以及录像等活动资料。对收集的资料要分类编排、结集归档,进行调查和可行性研究。节事活动方面的政策和法规、历史上同类个案的资讯、场地状况和时间选择等,都是调查的内容。调查是策划的基础,为策划提供客观可靠的依据。但是要特别强调的是,千万不要盲目相信调研数据,一定要把数据和经验结合起来。

(二)确立策划目标

目标就是策划所希望达到的预期效果,是策划的起点。节事活动策划要明确目标,如果没有目标或者目标不明确,方案则无法开始或者可能导致失误。从节事活动策划工作的特性出发,明确目标主要是以下两点:一是通过市场分析,选择目标市场;二是通过对组织者和参加者进行分析,来确定活动定位。

（三）收集策划信息

信息是策划的基础和素材。成功的策划，是创造性思考的过程及结果，是策划者在头脑中把多种有效信息组合成创意、灵感。每一项成功的策划，都包含有策划者对特定信息的思维加工。

（四）激发策划创意

创意是策划的核心，是创造性的意念。当产生了一个绝无仅有而又切实可行的创意时，一连串的相关灵感就会相继产生，策划很快形成，成功也随之一步一步靠近。

（五）拟定初步方案

1. 选定主题

主题是对活动内容的高度概括，是整个策划的灵魂。节事活动要为广大公众接受，就必须选好主题，应避免重复化、大众化。

2. 选定日期

除了固定的纪念日，日期的选择一般较为灵活，但策划时首先要将日期确定下来，以便做具体的时间安排，并将其列入组织计划中。

3. 选择地点

选择地点时必须考虑公众分布情况、活动性质、活动经费以及活动的可行性等诸多因素。

4. 估计规模

估计参与者的人数。

5. 预算费用

计算好活动成本和各项费用支出，使有限的资金发挥最大的作用。

（六）筛选策划方案

重大节日与庆典活动策划时要明确庆典活动的目的与意义，要精心设计活动的形式和内容，要有独特的创意，根据策划原则，筛选最合理的方案，避免落入俗套。

（七）策划方案调整与修正

在选定策划方案后，还要对策划方案进行调整和修正，以满足节事活动举办的需求。

（八）实施方案

根据策划方案进行具体实施，尤其体现在活动的现场管理之中。

（九）后续工作、效果测定与评估总结

对活动进行评估，做好节事活动后期服务工作。

节事活动策划是一项十分复杂的系统工程，具有很强的创造性，在策划过程中要不断推陈出新，通过新颖别致的方法、周密的计划、精心的安排，达到出奇制胜的效果。

六、节事活动策划书

(一)节事活动策划书内容

把策划过程用文字完整地记录下来就是节事活动策划书的写作。策划书的种类很多,写法也很灵活,没有固定的写作模式,这里主要介绍节事活动策划书的基本结构和基本要求,具体如下。

1. 标题

节事活动策划书的标题通常由两部分组成:策划的对象名称和文体,如"上海旅游节策划方案",根据需要也可以添加副标题。

2. 文头

在标题下方依次排列下列内容:策划书的名称、策划者的姓名、策划书完成的日期、策划书的目标。策划书的名称和标题相同,策划者的姓名除了策划者的名字外,所属的单位、职位均应写明,策划书完成的日期也包括修改的日期,策划书的目标写得越明确越具体越好。

3. 正文

正文由策划书的前言和策划书文本两个部分组成。

(1) 前言。前言包括:策划的缘起、背景资料、问题点和节事活动创意的关键等。另外,也可以加上序文、目录、宗旨。序文把策划书所讲的概要加以整理,内容简明扼要,让人一目了然;目录要能让人了解策划的全貌;宗旨主要是对策划的必要性、社会性、可能性等问题的具体解说。

(2) 策划书文本。这部分内容包括:基本事项、策划设计、宣传和推广、预算策划进度表、有关人员任务分配表、策划所需物品及场地、策划的相关资料、效果评估等。策划书文本的内容是方案最重要的部分,因策划的类型不同而有所变化,但内容应具体、可操作性强,避免空洞枯燥或强词夺理等。具体如下:

① 市场背景。分析市场需求、市场热点。

② 活动分析。活动特性分析,以此来为节事活动确定基调。

③ 目的。一般的节事活动目的有提高知名度、增加现场销售、传达信息、诠释品牌理念、展示活动特色等。

④ 主题与形象。提出具有创意的节事活动主题和节事活动传播口号,并详细阐释节事活动主题的内涵。

⑤ 组织结构及任务分配。节事活动策划实施的工作组织结构及人员组成与分工。

⑥ 宣传推广计划。针对节事活动主题,需要其他媒体如报纸、广播、电视、网络等的配合,拟订计划。

⑦ 预算。针对节事活动方案和传播计划,分别算出节事活动成本、活动价和累年对外报价。必须进行周密的预算,使各种花费控制在合适规模内,并能获得最佳经济效益。在预算经费时,为方便起见,最好绘制表格。

⑧策划进度表。把策划活动全部过程拟成时间表,标示清楚何月何日做何事,作为检查进展情况的依据。

⑨现场规划及执行流程。按现场勘探—拍照—制作规划图—设定节事活动总图—现场布置—资源配置顺序执行。

⑩效果评估。是否达到节事活动的目的,以及主题与产品和目标受众是否一致,对他们是否有足够吸引力。

专业的策划应该是具体的,策划书重在操作思路、运营手段和应变能力。此外还要求策划人能将眼界拓宽,在把握策划主线的时候,能将外部资源整合进自己的设计框架之中,从而丰富自己的策划内容,建立多层次、多角度的策划体系。

（二）编写策划书应注意的事项

为达到最佳效果,在编写节事活动策划书时应注意如下问题。

（1）在编写中要坚持实事求是的原则。策划书既是一项创造性劳动,也是一项科学严谨的工作,一切从实际情况出发。

（2）在编写中要为未来实施中可能的变化留一定空间。活动策划书类似于工作计划,虽然要求科学严谨,但是也要考虑到一些可能发生的突发事件,以及一些不可预见的因素,要在编制时为可能产生的变化留有一定的空间,有时甚至要另有一套备用方案。

（3）在编写活动策划书时,应力求文字简洁生动、表现方式多样。为更好地表达编写者意图,避免晦涩、枯燥,在表现方式上可以插入表格、图形(包括现场图、示意图等)、示例、影像资料(包括照片、录像),以及计算机特技。特别要说明的是近年来计算机技术越来越被广泛使用,且产生了很好的效果。在国际文化交流中,一些用PowerPoint、3D动画等技术手段表现的策划书更容易被国外人士理解、接受。

  实例分析:乌镇节事活动策划的经验

第三节 节事活动营销

一个产品、一项服务或者一种思想,在当今社会要想被人接受且使用,必须通过一系列的营销手段才能实现。同样,节事活动集产品、服务、创意于一体,要使其能够吸引到最多的游客,发挥其最大的经济、文化、社会和政治效用,就需要进行科学的节事活动营销。

一、节事活动营销概念

节事活动营销有两层含义:一是,节事是一种很好的营销载体;二是,节事本身需要广告营销。节事活动本身就是一种十分有效的营销方式。营销的"5W"(Why、Who、When、What、Where)是所有产品营销的基础,节事活动营销也不例外。

(一)为什么(Why)

为什么要进行节事活动的市场营销？简单地说,就是"吸引消费者,获得收益"。节事活动本身特殊的性质决定了节事活动需要吸引大量的参加者、消费者。在竞争日趋激烈的大环境下,要怎样才能让一个节事活动引起众多消费者的注意,并让他们选择参加以及赞助这个节事活动？这就是要进行节事活动营销的原因。

(二)谁参加(Who)

首先,要确定节事活动的性质——是全国的,还是区域内的,抑或是省市的,地方性的,这决定了需要进行营销对象的范围。其次,要了解受众群体,他们对什么样的节事活动有兴趣,什么样的节事活动能吸引他们进行投资赞助。再次,我们要按照受众群体是否是第一次参加此类节事活动而分别对待。如果是第一次参加,则需要向他们详细地解释整个节事活动过程以及它的大致情况;如果不是第一次参加,则需要对本次节事活动与众不同的地方强调解释。

(三)什么时候举办(When)

节事活动的举办时间需要进行特别的分析,因为时间定得是否科学准确,将影响到参加者的人数,以及涉及节事活动本身的质量。当然一些宗教性质的节日如普陀山南海观音文化节,因为其本身的特性则不需要对举办的时间进行分析。节事活动的举办时间可以根据节事本身的性质以及它的目标市场消费群体的性质进行分析。

(四)营销什么(What)

从节事活动营销的角度来分析,节事活动营销应根据特定的目标和对象来确定内容。如果面向节事活动的赞助商,应大力宣传本节事活动为其提供的各项优惠或超值政策,让赞助商感觉到自己的赞助会得到期望的回报;如果面向节事活动的消费者,应宣传介绍本节事活动所具有的极强的参与性,并突出本节事活动独具特色的地方,吸引消费者来参加。

(五)在哪里举办(Where)

一个节事活动,大到举办的国家、城市,小到主要位置的区、道路,都要进行周密的考虑。就像世博会的申办,国际展览局都要对世博会的举办城市进行周密的考虑,包括是否具有便捷的可达性以及地方支持的可获得性。

(六)怎么营销(How)

在确定了节事营销的主体、对象和内容后,便是选择恰当的营销策略,究竟采取什么方式去进行营销。

二、节事活动营销特点

(一)活动主题的重要性

节事活动主题和宣传口号是节事活动营销的核心要素,也是节事活动创品牌的基础。

北京奥运会的主题口号"同一个世界,同一个梦想"(One World,One Dream)凝聚了人类追求美好未来的共同愿望,体现了"人文奥运"的核心,体现了和谐的理念和价值取向。

（二）活动参与的广泛性

节事活动一般都具有庆典性质,公众参与程度越高,活动就越成功。在进行节事营销策划时,要特别注意从消费者需求出发,依靠群众智慧,采用百姓喜闻乐见的形式。

（三）营销手法的创意性

节事活动营销往往需要有独特的创意,或寻找到一种新奇的载体。如北京奥运会开幕式的卷轴画设计和横空出世的29个焰火大脚印都属神来之笔,令人击节赞叹。

（四）营销手段的组合性

节事营销要充分利用一切可利用资源,多头出击,灵活使用"组合拳"。

三、节事活动营销原则

尽管节事活动举办形式多种多样,但节事活动营销都遵从3E原则(小伦纳德·霍伊尔,2003),即娱乐性(Entertainment)、兴奋性(Excitement)和冒险性(Enterprise)。不管是为某次会议还是某个颁奖晚会做营销宣传,这三个因素对于各种节事活动获得成功都是至关重要的。

（一）娱乐性

多年前,人们需要走出家门,专程到剧院或运动场才能获得享受。然而在现今的社会里,娱乐活动随处可见,人们的生活已被计算机、手机、电视等家庭娱乐活动所充斥。因此,节事活动营销成功的关键在于提供某种与众不同的娱乐活动,促使观众再次走出家门去体验在家里无法获得的感受。

（二）兴奋性

兴奋或许有些难以捉摸,但它又是客观存在的。兴奋对于某项节事活动能否给人留下深刻印象有重要影响,要想制定有效的节事营销计划应该始终将这一点考虑进去。无论促销什么,兴奋性都应成为承诺的一部分,并确保将这一信息传递给公众。

（三）冒险性

爱比克泰德(Epictetus)对冒险的定义是,相对其他事物而言,冒险是做好冒风险以准备尝试未曾尝试的东西、充满活力和进取心。节事营销者必须抓住人们爱冒险的特性,即人们愿意体验新事物,希望能将这些体验对亲朋好友讲述的特性。

四、节事活动营销形式

节事活动的最大特点就是具有很强的轰动性。如果没有有效的营销手段,节事活动内容设计再好,也会落入无人捧场的境地,活动也就难以取得成功。节事活动营销常见的形式有新闻推介、广告推介、人员推介、事件推介、宣传品推介、海报推介、城市巡回宣传推介等。

（一）新闻推介

节事组织者必须高度重视与各类新闻媒体合作，充分整合媒体资源。合作不仅仅是宣传，还包括联合举办各类活动，扩大影响，促进招商。根据节事的性质，组织者可以有选择地与举办地的媒体、重要电视台、知名财经媒体、网络媒体、海外媒体等进行紧密合作。

1. 新闻发布会

新闻发布会是以记者为主要受众的信息发布活动。大型节事活动事先召开新闻发布会为自己做宣传是一种很常见的形式。有的节事活动还通过在举办城市多次召开或在不同城市轮流召开新闻发布会来加大推介攻势，以期引起更多目标观众的注意。

2. 准备节事新闻素材

节事活动主办方在召开新闻发布会前，应当准备好一系列节事信息，并撰写部分新闻稿以供媒体选用。节事的主办方要考虑到不同新闻媒体发稿的着眼点不同，要尽可能地针对媒体特点撰写一些着眼点不同的新闻稿件，并准备好配套的相关图片。节事的主办方准备好的新闻稿，媒体是否都能发布不能确定，但是，在开新闻发布会开始前需要主办方准备好新闻稿。

3. 节事进程跟踪报道

节事活动举办前，节事活动主办方往往通过新闻发布会、记者见面会等形式，或是精心组织的活动宣传新闻稿投至专业报纸杂志，对节事活动进行宣传，目的是希望引起更多目标客户的关注。在节事活动举办期间，媒体集中予以报道节事活动动态，继续扩大节事影响，其主要目的是吸引人们参与。另外，主办方以内部报刊的形式在现场发布有关节事的最新消息，也属于节事报道。这种内部报道成本低廉，但对增进各方的了解、发布节事进展情况都有很好的促进作用，而且有关信息还可予以保存，应该好好加以利用。节事活动成功举办后，媒体进一步报道节事成果，扩大节事活动影响，以利于下一届节事的举办。

（二）广告推介

广告推介是节事活动推介的重要手段。广告推介成功的关键在于创意。依据传播媒介的不同，广告可以分为电视广告、广播广告、报纸广告、杂志广告、网络广告、招商广告、POP广告（各种营业现场设置的各种广告）、交通广告、直邮广告等。随着新媒介的不断增加，媒介划分广告种类也会不断增多。每一类媒体都有一定的优点和局限性，认识不同媒体的特性是合理选择广告媒体的前提。

1. 报纸

报纸配送地域明确，以定期订阅者为主要对象，是最有计划性的稳定的媒体。优点是对当地市场的覆盖率高，易被接受和信任。缺点是传递率低、保存性差、广告版面小易被忽视。

2. 杂志

杂志的长处在于它是被读者特意选购的。从广告的持续性来看，杂志有完好的保存性，有被读者相当长时间阅读的机会，而且有超过杂志发行册数几倍的传阅率。杂志广告的优点在于针对性强、选择性好、读者信任度高、反复阅读率高、传阅率高、保存期长。其缺点是广告购买前置时间长,有些发行量是无效的。

3. 电视

电视是所有媒体中最家庭化的娱乐媒体,也是现代广告的主角。电视广告通过画面和声音吸引观众,使观众很直观地感受广告产品,引起消费兴趣。电视媒体的主要优点是诉诸人的听觉和视觉,富有感染力,能引起高度注意,触及面广,送达率高等。而主要缺点在于成本高,干扰多,信息转瞬即逝,选择性、针对性较差等。

4. 网络广告

网络是广告业中新兴的一种广告媒体形式。随着时代的发展,网络广告的优势越来越明显。网络广告是互动的,受众大多受过良好教育,平均收入较高。网络广告的局限性在于网络信息太多会被认为是干扰甚至骚扰。

除了报纸、杂志、电视、网络,还有一些其他的广告媒体,如广播、户外广告、直接邮寄广告、POP广告、赠品广告、宣传品广告等。节事活动主办方很少以单一形式来进行广告推介,通常都是打组合拳,通过合适的组合方式来进行。

(三)人员推介

人员推介直接有效,并极具人情味。人员推介大多为"一对一"的服务,即由节事活动工作人员通过电话、微信、电子邮件、上门拜访等方式将有关信息送到目标客户手中。特别值得一提的是,一种新型的人员推介,即利用在同类节事活动现场宣传自己的节事活动,已被越来越多的节事活动组织者所采用。因为在此种特定场合遇到的有价值的目标客户的概率很大,故而可以大大节省辨别筛选目标客户的时间、精力和费用,取得事半功倍之效。换言之,选派人员在同类节事活动现场推荐自己的节事活动,恰如"借东风",能最大限度地借用别人的客户资源。

(四)事件推介

事件推介往往能收到令人满意的效果。进行事件推介,关键是要有一个好的策划安排合适的活动内容,吸引大众注意。如历届奥运会的火炬传递就是一个很成熟的"事件"推荐。火炬传递到哪里,就把奥运精神传播到哪里,非常吸引眼球。

(五)宣传品推介

印刷品和光盘是一种能承载大量节事活动信息的特定宣传媒介。节事宣传品印刷精美、图文并茂,汇集了有关节事的基本信息。向目标受众广泛派发宣传品,能起到很好的广告宣传效果。

(六)海报推介

海报具有很强的视觉冲击力,是节事活动示人的"面孔"。一个专业的节事活动都会精心设计富有特色的宣传海报。连续举办多届的节事活动更是十分重视海报艺术风格的一致性。因此,优秀的节事活动海报作品不仅有助于人们了解活动,还是具有很高欣赏价值的艺术品。

(七)城市巡回宣传推介

这种方式即派专员到各地去做宣传推介。一些国际性节事活动,主办方会特意组团去一些重要国家或城市推广。

实例分析:蒙山云蒙景区的节事营销

第四节 节事活动评估与影响

节事活动评估是活动管理的一个重要过程,是活动项目的最后一个阶段的重要组成部分,它为活动项目的总结提供了可靠依据。节事活动的影响评价是以评价报告基础,分析活动的发展趋势及其对旅游目的地社会、经济和环境的影响,总结决策等宏观方面的经验教训,为完善已有节事活动和策划、组织、管理新的节事活动提供依据。

一、节事活动评估分类

节事活动评估是针对一个节事活动,从活动目的、前期工作、实施等情况的综合研究,对直接或间接效益、作用和影响所进行的系统的、客观的分析和评价,判断该活动是否成功,总结经验教训,为活动的主办者与承办者提供借鉴,并通过及时有效的信息反馈,为观众、赞助商、供应商等提供参考。在项目管理理论中,评估贯穿在项目的整个管理过程中。按活动的时间与阶段划分,可以把评估划分为活动前评估活动、活动跟踪评估和活动后评估。

(一)活动前评估

活动前评估通常发生在活动的研究和策划阶段,评估的目的是确定举办该活动需要的资源量大小和继续这一活动的可能性,得出是否可以立项的结论。它是在活动项目可行性研究基础之上,站在活动项目的起点,根据国家有关的方针政策、法律法规活动从经济角度、社会角度和环境角度进行评估,对拟开展的活动的市场进行调研,对参加人数、大致费用和效益进行研究。预测成功的可能性和未来发展前景,从而对活动投资的可行性做出判断。这些研究结果是活动的目标,是衡量活动成功与否的基础。

(二)活动跟踪评估

活动跟踪评估就是在活动执行各阶段对活动的进展进行的跟踪和控制。这种评估的目的是检验活动营销、形象、时间等策划的质量,或评估在实施过程中的重大变动其对活动效益起到的作用和产生的影响;或针对活动中的重大困难和问题寻求对策和出路。如对预算的控制评估,就可以节省实际开支、减少花费、降低成本,提高整个活动的收益;对时间的控制评估,可以保证活动进度按照计划实施,如期完成活动任务。

(三)活动后评估

活动后评估指对已经完成的活动项目的目的、执行过程、效益、作用和影响所进行的系统的、客观的分析。通过定性和定量相结合的方法总结评价活动项目的策划筹备、实施、收尾和运作的情况,衡量和分析活动的实际情况与预测情况的差距,确定有关预测的判断是否正确,找出成败原因,总结经验教训。通过及时有效的反馈,提高管理和服务水平,同时进行回顾总结和前景预测,为今后改进项目的策划、管理和监督等工作创造条件。

二、活动评估参与者

(一)聘请的评估机构

为了保证评估的客观性和科学性,由专门的评估机构对活动的效益等进行评估,从第三方的角度论证,避免偏颇。评估机构往往由资深的专家组成,专家凭借丰富的阅历和广泛的知识对活动进行专业的评价。

(二)观众

观众是活动评价的重要调查对象,包括现实的观众和潜在的观众。活动主办方可通过问卷等方式向观众收集其亲临的感受,对于潜在的观众,可调查其获知信息的来源等,为细分市场和制定营销方案提供依据。

(三)活动项目组成员

活动项目组成员参加了整个活动的全过程,亲身经历了从策划到管理的全过程,对活动的工作最有发言权,他们的自我工作总结本身就是评估的重要组成部分。

(四)赞助商

赞助商进行赞助的出发点是为了提高产品的知名度,改善企业形象,增加产品销量,他们关注项目情况、目的评估活动实施对产品销售效果的影响,判断是否达到预期赞助目标。

三、活动评估基本内容

从活动项目评价的作用看,就是把活动实施的结果与前期策划和当初决策时的目标进行比较,检查活动的过程,评价其财务效益、经济效益,总结经验教训,以便迅速、有效地将评价结果应用到新的决策活动中去。

(一)节事活动策划评价

对节事活动的策划方案进行评估,评估内容包括以下几方面。

1. 策划方案评价

策划方案评价包括节事活动的举办时间、地点、规模、主承办机构组成、活动定位、活动价格、人员分工、活动的品牌形象策划、市场营销策划等,找出它们的优缺点,保存举办机构的备案资料,以备下次使用,保证今后筹办类似活动越来越顺利。

2. 目标评价

评价节事活动立项时,原先计划中预定的目的和目标的实现程度,是节事活动评价所需完成的主要任务之一。一般来说,节事活动的目标在立项时就确定了,其评价指标包括宏观指标和直接目的,宏观指标即对地区或国家经济、社会发展的总体影响和作用;直接目的即向社会提供某种产品或服务,指标一般是量化的。节事活动评估一方面要对照原定目标的主要指标,检查活动结束以后的实现情况,确定实际变化之处及分析变化产生的原因,判断目标的实现程度。另一方面要在实践中检验原定决策目标的正确性、合理性,通过评价找出原定目标的问题,如不明确的目标、过于理想化的目标及不切实际的目标,为下次活动目标的修订提供经验和依据。

(二) 节事活动工作评价

节事活动的筹备和实施工作的内容比较广泛,涉及时间进度情况、推广宣传情况、现场服务情况、财务实施等情况,对照立项或可行性研究报告的原定情况进行比较和分析找出差距,分析原因。节事活动工作评价一般包括以下几个方面。

(1) 筹备工作评价。内容包括节事活动工作的统筹、准备、协调及各项筹备工作的安排和调整等。

(2) 服务代理工作评价。内容包括对公开招标的服务商、代理商、指定赞助商、旅游代理商、清洁公司、保安公司等的工作进行评价。

(3) 宣传推广工作评价。内容包括媒体宣传与公关、推广进度安排、宣传渠道的建立、宣传资料的印制与发放、宣传效果、新闻媒体的反映(刊载量、播放的次数、版面大小、播放时间长短)等。

(4) 组织结构与人员评价。内容包括对构建的组织结构形式、人员组成、工作态度、团队精神、工作效果等进行评价,评价工作人员组合安排是否合理、效率是否高效、工作时间是否适中等。

(5) 现场管理工作评价。内容包括场地选择、舞台音响、后勤管理、物流配送、清洁安排、志愿者管理、现场工作人员管理、突发事件应急措施和各环节的服务,及对这些服务的质量、提供方式等进行评估。

(6) 时间管理评价。内容包括对节事活动的招商、宣传推广、服务及整体时间进度安排进行评价。

(7) 服务管理工作评价。内容包括对筹备管理的质量和效率,接待服务的各环节质量培训、后续工作等进行评价。

(8) 财务实施评价。内容包括对节事活动的预算制定与执行情况,费用支出情况,收益、收款情况,超支原因及其他财务管理问题进行评价。

(三) 效益与影响评价

1. 效益评价

节事活动的效益评价即财务评价和经济评价,主要的分析指标为内部收益率、净现值和贷款偿还期等盈利能力和偿还能力,包括成本效益评估、成本利润评估等。

2. 影响评价

节事活动的影响评价内容包括经济影响、环境影响和社会影响,具体有以下几个方面。

(1)经济影响评价。它主要分析评价节事活动对旅游目的地所产生的经济方面的影响,评价的内容包括分配、就业、换汇成本、技术进步等。由于经济影响评价的部分因素难以量化,一般只能做定性分析,或并入社会影响评价范围。

(2)环境影响评价。一般包括节事活动的地区环境质量、自然资源利用情况和保护区域生态平衡和环境管理等几个方面。

(3)社会影响评价。节事活动的社会影响评价是对节事活动在社会经济发展方面形成的有形或无形的效益和结果的一种分析,重点评价节事活动对举办国、举办地和社区的政治、文化、经济、生活的影响。

节事活动的持续性评价也是节事活动影响评价的一个组成部分,它指节事活动的既定目标是否还能持续,是否可以持续地举办下去,是否具有可重复性,即是否可在未来以同样的方式建设同类活动。

四、活动评估具体内容

(一)主题、日程及主持人

1. 活动的主题

(1)活动的主题是否具有现实意义。

(2)宣传促销是否明确了活动的主题。

(3)参与者是否对活动的主题感兴趣。

2. 日程安排

(1)日程安排是否有助于活动目标的实现,在多大程度上有帮助。

(2)日程安排是否紧密围绕活动的主题。

(3)各个组成部分先后顺序是否恰当,是否很好地衔接。

(4)日程安排过短还是过于冗长。

3. 主持人

(1)主持人的气质、风格、形象是否与活动相得益彰。

(2)主持人的发言内容是否符合主题,是否对观众有吸引力。

(3)主持人表达是否清晰流畅,反应是否机敏。

(二)活动场所实施与改变

1. 活动场所的音响效果

(1)活动场所的音响音量是否适中,音色是否悦耳。

(2)主持人及表演者的讲话是否听得清楚。

(3)音响设备是否出现故障。

2.活动场所的舞台效果

(1)活动场所的舞台设计是否符合主题。
(2)活动场所的灯光设计是否及时到位。
(3)活动场所的特技表演是否有助于将活动推向高潮。

3.活动场所的温度、湿度、照明度

(1)活动场所的温度高低如何。
(2)活动场所的湿度高低如何。
(3)活动场所的照明度是否足够。
(4)人体感觉舒适度如何。

4.活动场所的环境情况

(1)活动场所的隔音效果如何。
(2)活动场所是否受到外部噪声的干扰。
(3)活动场所是否对外部环境有干扰。

(三)宣传促销与融资

1.广告宣传的力度

(1)广告投入的数量。
(2)广告投入的金额。

2.宣传促销的成效

(1)宣传促销的方式好不好。
(2)宣传促销的效率高不高。
(3)预售票的销售情况如何。
(4)现场购票的观众数量多少。

3.融资情况

(1)活动是否能为赞助者带来权利与收益。
(2)是否有不适合的公司成为赞助者。
(3)政府的拨款能否及时到位。
(4)贷款能否顺利进行。

(四)活动的组织与服务

1.组织能力

(1)承办者的组织协调能力是否足够强。
(2)承办者处理突发事件的能力如何。
(3)承办者能否保证活动顺利开展。

2.接待服务

(1) 活动的住宿、餐饮及其服务质量如何。

(2) 活动接待工作人员的态度好不好,效率高不高。

(3) 活动场所指引标志是否醒目、美观,观众是否能顺利地找到活动场所及座位。

(4) 活动场所饮水、饮料等其他服务质量如何。

(5) 活动的交通服务质量如何。

(五) 活动收益

1.活动服务商的利益

(1) 交通服务商的利益。

(2) 饮食服务商的利益。

(3) 住宿服务商的利益。

(4) 其他服务商的利益。

2.活动承办方的收益

(1) 门票收入。

(2) 赞助收入。

(3) 广告收入。

(4) 捐款。

(六) 举办地的情况

1.举办地的环境质量

(1) 公共交通是否便捷、及时。

(2) 商业设施是否齐全、方便。

(3) 绿化、美观程度如何。

2.举办地居民的态度

(1) 当地居民对外地(国)人是否欢迎。

(2) 当地居民对外地(国)人热情程度如何。

3.举办地的旅游吸引物

(1) 举办地是否有知名的旅游吸引物,吸引力如何。

(2) 举办地特产有哪些,是否已开发成旅游纪念品。

4.举办地的形象

(1) 举办地的形象与宣传的形象是否相符。

(2) 活动对举办地的形象有何影响。

（七）其他内容

1. 节事活动的历史和影响

（1）该活动已举办过几届（年）。

（2）该活动的知名度如何。

2. 节事活动的规模

（1）举办场地的规模。

（2）观众的数量。

3. 观众的满意度

（1）所有观众的满意度。

（2）VIP客人的满意度。

（3）对活动的总体印象如何。

相关案例

一、无界交旅，开放瑞孟

瑞孟高速公路是云南省高速公路网规划布局为"五纵五横一边两环二十联"中"一边"即沿边高速公路中的一段。项目建设旨在升级打造高速公路特色旅游服务，培育发展高速公路特色旅游文化，创新突破旅游文化展示模式，实现高速公路和旅游业的跨界结合。

（一）瑞孟高速公路特色旅游文化元素的挖掘

图8-2展现了云南少数民族特色文化。

图8-2　云南少数民族文化

旅游文化元素的挖掘是在现有技术和物质条件下，搜寻人文景观文化、自然景观文化、聚落文化等。瑞孟高速公路周边特色旅游文化的挖掘能够充分提高当地的旅游产品核心竞争力。

云南是人类较早的发祥地之一,具有生态环境多样性、生物资源多样性、民族文化多样性的特质,是中国民族种类最多的一个省份,此处仅介绍三个较具有代表性的民族。

傣族:视孔雀、大象为吉祥物,民间故事丰富多彩。傣族人民喜欢依水而居,爱洁净、常沐浴,妇女爱洗发,故有"水的民族"的美称,过去傣族普遍信仰南传上座部佛教和原始宗教。傣族有三十多个分支,分支命名也是各式各样。有的是按地区,像阿洪姆;有的是按颜色,像黑傣、白傣、红傣;有的是按汉族的叫法,像水傣、旱傣、花腰傣。但傣语里,傣族都会自称Dai。图8-3展现了傣族文化。

图8-3 傣族文化

佤族:佤族被大家认识,应该是被他们独特神秘的舞蹈和音乐吸引,大家熟悉的"甩发舞""木鼓舞"以及那句"江三木落",每次看到都会对这个民族有一些好奇和想象。佤族生活在中国云南最西南地区,和缅甸接壤,因一些历史原因,他们的祖辈都是生活在山顶上,他们认为,在高的地方能获取更多的猎物,也更安全。佤族人大都特别强壮,以黑为美,重情重义,有恩必报。篝火狂欢,是每个民族都喜欢的,不同的是,佤族喜欢自己唱歌,他们的声音清脆悦耳,自己敲打乐器演奏,舞蹈动作简单狂烈,充满神秘感。

景颇族:景颇族是云南省特有民族。景颇族语属汉藏语系藏缅语族,由于5个支系分别使用5种不同的语言,因此支系语言在语支的归属方面存在差异。景颇族文字有景颇文和载瓦文两种,都是以拉丁字母为基础的拼音文字。景颇族是一个能歌善舞的民族,音乐形态丰富多彩,除单声部民歌外,还有多声部民歌。景颇族的乐音与舞蹈常常融为一体,舞蹈多为集体舞,形式多为环舞、巡回舞、曲折行进,纵歌包括多种舞蹈形式,排列成阵,舞步有序,节奏鲜明。

(二)瑞孟高速公路建设成果与旅游文化成果

虚拟现实智能模型搭建在虚拟的数字空间中,用于模拟真实世界中的事物,虚拟现实智能模型将数字图像处理、计算机图形学、多媒体技术、传感与测量技术、仿真与人工智能等多学科融于一体,为人们建立起一种逼真的、虚拟的、交互式的三维空间环境。在模型中,可以逼真复原瑞孟高速公路建设成果与旅游文化成果,并创建交互式的虚拟现实文化旅游体验系统,管理部门或游客足不出户就可以预先浏览各旅游景点,详细了解旅游景点相关信息(见图8-4)。

图 8-4　科技旅游元素

1. 在技术层面上，瑞孟高速公路特色旅游文化资源库的建设

在技术层面上，集标准化、集成化和共享化为一体；在知识层面上，瑞孟高速公路特色旅游文化资源库具有实用性、创造性和广泛性的特点。数字资源库支持大规模、分布式、统一管理的资源建设；它包含丰富的媒体格式，支持文本、图像、音频、视频等文件；便捷的使用模式能实现快速查询，具有先进性、稳定性、可操作性。

2. 瑞孟高速公路特色旅游文化 3D、4D 智能化、智慧化展播

研究采用三维数字影像、多通道投影融合、MP 全息投影、VR 虚拟现实、AR 增强现实、三维实时渲染等技术和载体，打造集动态展示、情景再现和互动体验于一体的特色文化展示，通过集成数字展示技术打造特色文化。基于自主开发的三维引擎开发，可以支持多层次、大规模、高复杂度的三维可视化场景的开发。在此基础之上，开发了可以对瑞孟高速公路特色旅游文化进行展播的软件产品，它不仅具有良好的三维模型显示效果，而且充分实现了瑞孟高速公路特色旅游文化的显示和分析，具有多样性和图形化的组件。

二、岜沙苗寨节事活动

位于贵州省黔东南自治州的岜沙苗寨（见图 8-5），处在从江县县政府所在地丙妹镇西南面 9.5 千米，海拔 550—660 米，拥有土地面积 18.28 平方千米。整个苗寨共由大寨、宰戈新寨、大榕坡新寨、王家寨和宰庄寨五个自然村寨构成，其中苗族人口最多，占比 98.9%，是典型的苗族村寨。

（一）节日

1. 吃鲜节

岜沙保留着稻田养鱼的传统，当稻田插完秧的时候，鱼儿也肥了，由此得名。活动是荡秋千，用稻草编成绳子挂在树上，荡时必须面向太阳。

2. 芦笙节

在稻谷成熟并且收割到谷仓时举办。活动是宰牛、斗牛，所有人都要必须穿民族服装到芦笙堂吹芦笙，跳芦笙舞，参加芦笙比赛。

3. 苗年

这是苗族的传统新年，在农历十二月初一，但近年来已经渐渐没落，远不如春

节那么热闹,活动是杀鸡宰羊。

(二)住宿

从江县宾馆很多,有盐业宾馆、从江奥悦宾、从江大酒店、从江开泰度假酒店、从江观音阁大酒店馆等,能满足游客住宿的需求。去岜沙时,可吃住在苗寨,也可自带卧具,如不习惯苗族食品,可自带干粮。住在苗寨,大多是小木屋,富有民族特色,环境优美。

(三)美食

可以品尝到酸汤鱼、烤香猪、羊瘪、牛瘪、香茅草烤鱼、凉拌羊(猪)血、油茶等苗族特色美食。

图8-5 岜沙苗寨景色

本章小结

节事活动的概念体系包括一系列相互关联的概念,如事件、特殊事件、节事、标志性事件、重大事件、事件旅游。节事活动具有文化性、地方性、短期性、多样性的特点。可根据节事活动的属性、影响范围、组织者和节事主题,将其划分为不同类型。节事活动具有提高目的地的旅游竞争力和知名度,弥补旅游淡季供给与需求不足,满足游客多层次的需求,提高和完善举办地的基础设施的功能。

节事活动策划是一项立足现实,面向未来的非常复杂的创造性活动。在进行节事活动策划时,通过节事活动品牌化、时间安排序列化、空间分布协同化、节事活动主题化、节庆事件区分化、节事内容体验化来理清思路。节事活动策划具有四种经典模式,即经典回归模式、传统提升模式、提炼整合模式、无中生有模式。策划方法主要有比较分析法、头脑风暴法、灵感创新法、运筹学方法。策划流程大致分为节事活动前期准备、节事活动现场实施和节事活动后续总结三个阶段。

节事营销有两层含义:一是,节事是一种很好的营销载体;二是,节事本身需要推广营销。节事活动营销具有活动主题的重要性、活动参与的广泛性、营销手法的创意性、营销手段的组合性的特点。节事活动营销要遵循3E原则,即娱乐性、兴奋性、冒险性。节事活动营销常见的形式有新闻推介、广告推介、人员推介、事件推介、宣传品推介、海报推介、城市巡回宣传推介等。

按照活动的时间与阶段,可将节事活动评估划分为活动前评估、活动跟踪评估和活动后评估。活动评估的参与者主要有聘请的评估机构、观众、活动项目组成员、赞助商。活动评估的基本内容包括节事活动策划评价、节事活动工作评价、效益与影响评价。

【关键术语】

竞争力 知名度 策划模式 活动评估

复习思考题

1. 简述节事活动的概念、特点、类型及功能。
2. 简述节事活动策划的内涵、基本结构、要求、思路、方法、模式及流程。
3. 简述节事活动营销的含义、特点、营销原则及形式。
4. 简述节事活动评估分类、评估参与者和评估内容等。

第九章

旅游目的地信息化管理与智慧旅游

第一节 旅游信息化及相关概念

一、信息化与旅游信息化

(一) 信息化的概念

信息化是指培养、发展以计算机为主的智能化工具为代表的新生产力,并使之造福于社会的历史过程。与智能化工具相适应的生产力,称为信息化生产力。信息化是以现代通信、网络、数据库技术为基础,将所研究对象各要素汇总至数据库,供特定人群生活、工作、学习、辅助决策的一种过程。信息化的应用就是在政治、经济、文化和社会生活的各个领域中普遍地采用信息技术,使用该技术后,可以极大程度提高各种行为的效率,并且降低成本,为推动人类社会进步提供强有力的技术支持。

信息化既是过程也是结果,将信息化视作一种综合体系既可以包含"信息化"的过程含义,也可以包含"信息化"的结果含义。而在实践中,由于信息技术的不断创新和发展,信息化往往侧重于表达一个随着信息技术的发展而不断进行的过程,是一个在不断建设和发展的综合体系。

(二) 旅游信息化的概念

旅游信息化是将信息技术应用于旅游产业,进行跨界融合,推进旅游生产方式、管理模式、营销模式和消费模式的转变,全面提升旅游产业的质量效益和核心竞争力,更好地满足游客个性化服务需求。旅游信息化的阶段包括旅游数字化、旅游网络化、旅游数据化和旅游智能化。

狭义的旅游信息化的定义主要是围绕旅游信息资源的整合利用来进行界定

的,代表观点有:旅游信息化是指将旅游景点、旅游饭店、旅行社、旅游交通、购物环境等与旅游有关的信息整合起来的过程,通过信息技术或信息系统让经营管理人员和旅游消费者能轻松、便利地获取这些信息。

广义的旅游信息化发展涵盖了从(初级)旅游信息化、旅游数字化、旅游智能化到旅游智慧化的过程。它们一脉相承,不仅在技术应用上逐步深入和升级,而且逐渐将发展重心从供给方视角的技术应用转移到需求方视角,以满足旅游者需求和提升其体验为核心,如表9-1所示。

表9-1 旅游信息化的层次

过程	主要技术依托	主要特征	结果
(初级)旅游信息化	计算机、局域网	电子化;单应用、孤立、单向控制	电子旅游
旅游数字化	互联网、移动通信、数据库技术、传感技术、3S技术	网络化、数字化;多应用、整合、单向控制	数字旅游
旅游智能化	物联网、云计算、移动互联网、人工智能、大数据、移动通信、3S技术、智能设备	智能化、高端化;全应用、互动式	智能旅游
旅游智慧化	物联网、云计算、移动互联网挨渤游智慧化、人工智能、大数据、移动通信、3S技术、智能设备	智慧化、人性化、泛在化;全应用、互动式	智慧旅游

(资料来源:李云鹏,晁夕,沈华玉《从旅游信息化到旅游智慧化》。)

(三)旅游信息化的内涵

从现阶段的国内旅游发展来看,旅游信息化的内涵主要包括以下方面。

1.信息服务集成化

通过旅游公共信息服务平台,向游客提供集旅游公共信息查询、导游导览、旅游产品预订、旅游投诉与处理等功能为一体的在线服务,实现旅游公共信息服务的在线化、一体化、集成化。

2.市场营销精准化

旅游目的地、旅游企业利用互联网、社交媒体、第三方平台等多渠道采集客源市场数据,开展有针对性的市场营销,实现市场营销精准化和产品与服务个性化推荐,提高市场营销的效能。

3.产业运行数据化

通过旅游企业的信息化建设,加强对业务流程的数据化管理,强化政府与企业、企业与企业之间的数据对接,加强数据资源的分析与利用,提升旅游信息应用水平。

4.行业管理智能化

利用以绿色、智能、泛在化为特征的信息技术加强对旅游行业的管理,提高旅游管理的科学化和智能化水平。通过旅游电子政务体系建设,推动政府相关部门数据资源开放和共享,建立旅游政务信息资源共享目录,实现政务资源的共享和协同,提高行业管理效能。

（四）旅游信息化的形式

旅游信息化的涉及面广、内容丰富,主要表现形式包括旅游企业信息化、旅游电子商务、旅游电子政务等。

旅游企业信息化主要指旅游产品供应商、住宿接待与服务企业、旅游运输商、旅游中介服务企业、旅游商品开发与销售企业等各类旅游企业内部的信息化建设,通过搭建和使用信息化基础设施、信息网络和信息系统,调整和重组企业组织结构及业务流程,实现企业运行的数据化和网络化,提升企业的经营管理效率和竞争力。

旅游电子商务是指与旅游活动相关的电子商务平台构建或交易的电子化、网络化,旨在利用互联网等信息通信技术（ICT, Information Communications Technology）和相关电子设备发布、传递、交流旅游基本信息和旅游商务信息,宣传旅游目的地、旅游企业并营销旅游产品,加强旅游市场主体间的直接沟通,提供旅游售前和售后服务以及进行旅游电子交易。

旅游电子政务指旅游管理部门业务的信息化,通过运用现代网络通信与计算机技术,将其内部和外部的管理和服务职能进行精简、优化、整合、重组后运用于网络端,打破时间、空间以及部门分隔的制约,为社会公众以及自身提供一体化的高效、优质、廉洁的管理和服务。

二、智慧旅游

（一）智慧旅游的概念

智慧旅游是旅游信息化的延续和高级阶段,是在"智慧地球"（Smarter Planet）和"智慧城市"（Smarter Cities）的基础上发展而来的新概念。2008年,国际商用机器公司（International Business Machine, IBM）首先推出"智慧地球"商业计划,其核心是以一种更智慧的方法即通过新一代信息技术来改变政府、公司和人们相互交互的方式,以便提高交互的明确性、效率、灵活性和响应速度。之后,"智慧城市"概念应运而生,成为智慧地球在城市建设和管理中的具体实践。"智慧旅游"是继智慧城市之后产生的相应概念。

虽然智慧旅游的定义众多,但可以认为智慧旅游是基于新一代的ICT,为满足游客个性化需求,提供高品质、高满意度服务,从而实现旅游资源及社会资源的共享与有效利用的系统化、集约化的管理变革。

（二）智慧旅游的基本框架

智慧旅游的体系架构主要由技术层、应用层、产业层和关联层组成（见图9-1）。

智慧旅游的技术层是应用智慧旅游的各类智能技术,包括物联网、云计算、移动互联网、人工智能、大数据、移动通信技术等,实现智慧旅游底层基础的搭建,是智慧旅游体系的根基。

智慧旅游的应用层是指技术层与旅游要素融合而产生的应用,包括智慧的旅游行业管理、智慧的旅游公共服务、智慧的旅游营销、智慧的旅游接待体系等。

智慧旅游的产业层是指智慧要素在旅游业中渗透所带来的旅游产业转型升级和产业类型的增加,包括智慧要素在传统旅游产业和部门中的应用,以及新的文化产业、创意产业、技术服务产业。

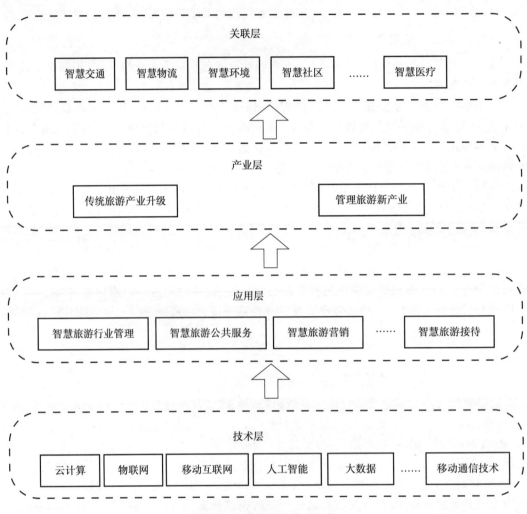

图 9-1　智慧旅游的体系架构

智慧旅游的关联是指智慧旅游作为智慧城市的重要组成部分,是与智慧城市的其他部分相互关联的。一方面,智慧旅游体系的构建与其他智慧产业体系都依赖于智慧城市的感知层和技术层,实现基础资源的共享;另一方面,由于旅游业的高度关联性,智慧旅游体系的构建也需要借助其他智慧产业(如智慧交通、智慧物流、智慧环境等)所形成的智能化平台和数据库,实现信息资源共享。

智慧旅游的技术架构一般包括感知层、传输层、基础服务层、应用服务层、信息展现层等五个层面和信息案例保障体系、信息化标准规范体系(见图9-2)。

(1)感知层。通过视频监测、智能传感器收集,顾客智能终端反馈、信息采集员上报、政府向部门(交通、气象、工商、环保、公安、消防、卫生)数据共享等途径,收集旅游行业各个领域的前端感知信息数据。

(2)传输层。实现旅游企业、景区,区县旅游部门,市、省旅游委(局)之间传感数据、视频数据、报警数据、管理数据等旅游信息数据统一、可靠、安全地传输。

第九章 旅游目的地信息化管理与智慧旅游

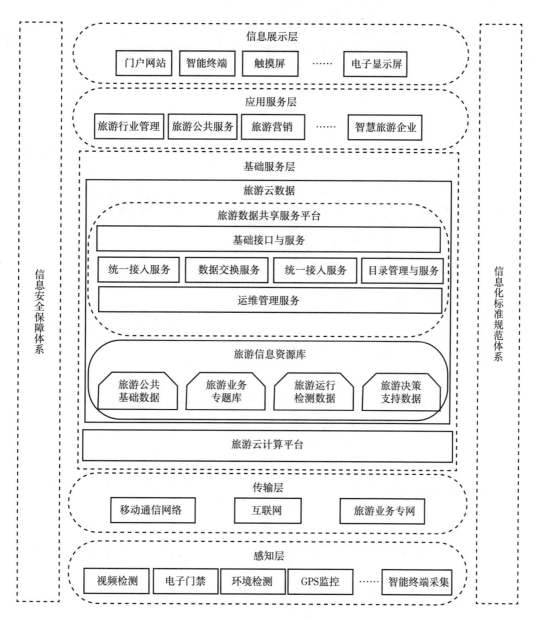

图 9-2 智慧旅游的技术架构

（资料来源：《湖北省智慧旅游建设规划（2016—2010年）》。）

（3）基础服务层。主要为上层智慧服务提供基础支撑。其中云计算平台主要为智慧旅游平台提供硬件资源及配套资源，保证平台的处理能力和系统安全，实现海量旅游信息处理、查询等计算问题的自动完成。云数据中心是整个旅游信息化的数据基础，实现旅游信息数据的统一采集、存储、处理、共享、交换。

（4）应用服务层。包括面向游客的智慧化旅游公共信息服务应用、面向旅游主管部门的智慧化旅游行业管理应用、面向全产业链的智慧化旅游营销应用和企业管理应用。

(5) 信息展现层。主要包括 Web 门户网站、手机 WAP 网、触摸屏、手机 App 等。通过全媒体信息发布平台,为 Web 终端、智能移动终端、触摸屏等展示终端提供多终端一体化的旅游公共信息服务和旅游目的地营销服务。

(6) 信息化标准规范体系。通过国家或旅游行业相关信息化标准规范体系,规范旅游信息数据标准、应用标准、技术标准、管理标准等。

(7) 信息化安全保障体系。按照电子政务信息安全要求,建立信息安全策略、安全技术防范体系、管理保障体系,实现信息和系统的保密性、完整性、可用性、可控性、不可否认性。

第二节 旅游目的地信息化管理

一、旅游目的地信息化管理概述

(一) 旅游目的地信息化管理的内容

对旅游目的地旅游管理机构来说,旅游目的地信息化管理的主要内容包括旅游行业管理、公共服务管理、营销管理、游客管理、旅游资源与环境管理五个方面。

1. 旅游行业管理的信息化

旅游目的地旅游行业管理的信息化主要涉及旅游政务办公以及旅游行业监管。旅游政务办公信息化主要包含统计协同(数据资料通过网络自动报送、统计、置换和共享)、业务协同(业务办理、公文流转和信息交流的电子化和网络化)、应急协同(快速应急指挥调度和应急信息互联互通)、审批协同(行政审批的流程化和网络化)四个方面。主要是使旅游目的地的各级旅游管理部门、旅游景区、旅游企业的办公系统互联互通,充分整合共享业务信息和行业数据,实现从纸质材料到电子文件的转变,并将繁杂琐碎的管理工作从实地转移到网上,实现网上办公和办公自动化,从而提高管理效率和管理水平,节省人力、物力和财力。旅游行业监管信息化是通过旅游企业动态监控、旅游投诉收集查办、旅游执法,以及对从业机构及相关从业人员信用信息和不良行为信息的评估及公开共享,实现对旅游行业的全面监督管理,维护旅游市场的秩序、规范与服务质量,引导旅游目的地旅游产业健康、有序发展。

2. 公共服务管理的信息化

旅游目的地旅游公共服务管理的信息化主要涉及由公共信息服务、公共交通服务、公共安全服务、公共基础设施等所组成的公共服务体系的建设和管理,主要是通过信息化手段实现管理部门的横向协同(旅游管理部门与旅游目的地交通、公安等部门按职能的不同进行分工协作)和纵向协同(各级旅游管理部门和旅游景区/旅游企业按职责的不同进行分工协作),搭建旅游信息服务设施(如多媒体信息查询终端、触摸屏)、旅游综合信息服务平台(如旅游公共信息服务平台网站、旅游呼叫中心)、泛在网络(如公共 Wi-Fi)和公共环境监测体系(如公共场所的智能监控),以实现旅游公共服务的信息化及其监测管理,从而为各类旅游者和旅游企业提供全面、准确、及时的旅游公共信息服务。

3. 营销管理的信息化

旅游目的地营销管理的信息化就是依靠信息技术开展各种形式的在线营销及管理活动,在媒介上主要借助旅游目的地门户网站、手机App、社交媒体(微信、公众号、微博等)旅游垂直网站等各类新媒体在功能上主要体现在网络信息管理与舆情分析、网络营销渠道管理与评价、在线营销活动实施与管理、旅游电子商务推广与规范等方面。通过发挥现代互联网营销的优势,实现旅游目的地营销的统筹化、全球化、精准化。

4. 游客管理的信息化

游客管理的信息化主要涉及游客数量、游客行为和游客反馈的管理。在游客数量管理方面,通过建立游客需求预测模型和公共环境监控体系进行预警和调控;在游客行为管理方面,通过定位、传感技术、视频监控等技术实时采集游客的动态数据,建立预警和管理机制;在游客反馈管理方面,提供信息化、网络化、互动化的沟通渠道来及时感知游客的意见并做出处理。

5. 旅游资源与环境管理的信息化

旅游资源与环境管理的信息化是借助遥感(RS)、地理信息系统(GIS)、射频识别(RFID)、红外感应、视频监控等技术对旅游目的地资源与环境的数量、质量、承载力、分布和温度等状态进行远程、实时的监控,并及时根据监测数据采取资源环境维护和保护措施。

(二)旅游目的地信息化管理的影响

1. 改变旅游目的地供应链结构

旅游目的地信息化程度的不断提高,将促使旅游供应链结构从直线型向网络型再向动态网络型结构转变。典型的例子有张家界的旅游目的地供应商的构成要素从原来最基本的旅游供应商、旅游中间商和游客三要素增加到了包括政府、社区在内的五要素,并且旅游中间商类型由原来的传统旅行社拓展到了包括传统旅行社、散客接线部门以及旅游电子商务网站在内的多种类型。

2. 影响旅游目的地的分销渠道

信息技术的广泛应用促使旅游市场在交易成本的变化、不同交易渠道成本的对比和各种力量的此消彼长中演化和发展,导致旅游目的地分销渠道在不断去中介化的过程中进行再中介化,持续影响旅游目的地旅游市场秩序、市场交易规则、市场结构。在移动互联网被广泛使用的情况下,这一影响将不断加强。

3. 创新旅游目的地的管理业务

信息技术应用是旅游目的地业务创新的重要来源,包括旅游资源管理、生态环境管理、市场营销、旅游公共服务等管理业务上的创新,这都有赖于信息技术的广泛应用。

4. 支持全域旅游的实现

旅游目的地信息化是实现全域旅游的重要支点,两者相互作用、相辅相成。全域旅游需要全域旅游信息化的支持,其全过程服务、全方位体验、全要素整合、全行业融合、全空间旅

游的特点都可以通过建设智慧旅游体系进行落实;而旅游信息化则是通过全域旅游体现自身价值

5. 提升旅游目的地的形象

旅游目的地信息化管理,使旅游目的地范围内的景区、酒店、交通、通信、娱乐、文化等资源和要素实现了整合,可以对接旅游者需求,为旅游者提供更便捷、更优质、更个性化的服务和体验,从而优化游客感知到的旅游目的地形象,促进口碑传播。此外,依靠营销管理的信息化,旅游目的地形象可以更好地被传播给旅游者。

6. 增加旅游目的地的竞争优势

信息技术本身作为生产力要素具有广泛的渗透性和增值性,同时对构成生产力的其他旅游要素的效能发挥又起到"催化剂"和"助推器"的作用。通过信息化管理,以网络信息流引导商流、资金流和人员流,不但可以为旅游产业增添新的活力,还可以促进旅游产业各相关要素效能的发挥,提高旅游产业运行的效率,进而增加旅游目的地的竞争优势。

7. 重塑区域间旅游产业的互动和关联

旅游目的地信息化发展建设具有空间溢出效应。信息化基础设施的空间布局不合理和竞争会带来负向的空间溢出作用,阻碍区域内旅游经济的协同增长;而旅游目的地信息技术消费的提升能够产生正向的空间溢出作用,促进邻近地区旅游产业的发展。因此,推动区域旅游信息化的协调发展有助于加快区域旅游一体化发展,提高区域旅游竞争力。

二、旅游目的地信息化管理趋势

旅游目的地信息化管理的发展趋势呈现出体系标准化与规范化、基础数据库完善化、新技术应用与创新加速化,以及管理智慧化、系统化、集约化的特征。

(一) 体系标准化与规范化

建立涵盖旅游网站、旅游咨询中心、旅游服务热线及吃住行游购娱等旅游服务业态的旅游信息化标准体系。加快制定涉及旅游信息资源的各类国家标准、行业标准、地方标准与团体标准,推进各标准相互衔接、彼此互补。选择部分条件相对成熟、资源相对丰富的省区市、旅游目的地和相关企业开展旅游信息资源标准试点工作,总结旅游信息资源标准的建设经验,加大试点工作的宣传和推广力度,发挥试点工作的示范效应。

(二) 基础数据库完善化

建立健全涵盖旅游统计年鉴数据库、旅游企业直报数据库、国内旅游抽样调查基础数据库、入境花费调查基础数据库、旅游产业基础数据库等的旅游基础数据库体系。建立健全行业数据采集共享平台,制定统一的数据采集汇总、共享交换的标准,实现政府数据、企业数据和社会数据的采集、汇总、处理和共享。

(三) 新技术应用与创新加速化

加快推进新一代信息技术(移动互联网、物联网技术、旅游电子支付、可穿戴技术、北斗系统、人工智能、计算机仿真技术、社交网络、旅游大数据、旅游云计算等)在旅游业中的应用,不断创新旅游新模式、扩大旅游新供给、拓展旅游新领域、打造旅游新引擎,着力在满足游客需求、提升旅游品质、引领全面创新上取得突破,为旅游业转型升级、提质增效提供动力支撑。

(四)管理智慧化、系统化、集约化

加快智慧旅游体系建设,引导发展理念从技术供给主导向旅游需求主导转变,提高面向旅游需求的各种智能技术和智能设备在旅游业应用的广度和深度,打造"以人为本"的智慧旅游目的地管理与服务平台,实现旅游目的地管理活动的全面智慧化、系统化、集约化,形成一大批引领作用强、示范意义突出的智慧旅游城市、智慧旅游企业。

第三节 旅游目的地信息系统

一、旅游目的地信息系统概述

(一)旅游目的地信息系统的定义

旅游目的地信息系统(Destination Information System,DIS)是一个以人为主导,利用计算机硬件、软件、网络通信设备以及其他办公设备,进行旅游信息的收集、传输、加工、储存、更新和维护,以提高效益和效率为目的,支持旅游组织高层决策、中层控制、基层运作的集成化的人机系统。

(二)旅游目的地信息系统的服务对象

旅游目的地信息系统的服务对象主要包括旅游管理部门、旅游企业和公众用户。

1. 旅游管理部门

通过旅游目的地信息系统,当地的旅游行政管理部门可以对所辖范围内的旅游企业、旅游资源、旅游交通等进行管理,统计各种旅游相关数据;并且可以组织开展旅游目的地营销,增进与旅游企业、旅游消费者、旅游媒体的交流;还可以及时为大众提供各种旅游服务和相关政策信息。

2. 旅游企业

对于旅行社、酒店等旅游企业,在借助旅游信息系统完成其企业内部管理的同时,还可以在旅游目的地网站上宣传企业,提供企业和产品信息、促销信息,与旅游者进行交流,接受消费者查询和预订等。对于旅游景区,可以借助信息系统进行数字化景区管理、网络营销、在线售票,并提供与旅游景点相关的各种信息化服务,如电子解说、导游导览、排队管理等。

3. 公众用户

公众用户主要指旅游者或潜在的旅游者,以及潜在的旅游项目投资商。旅游者通过旅游信息系统了解旅游景点、旅游路线、旅游费用,以及旅游目的地相关旅游服务设施的信息进行旅游预订。此外,投资商也可以从旅游目的地信息系统中了解投资项目资讯。

二、旅游目的地信息系统的应用类型

(一)旅游目的地营销系统

旅游目的地信息系统多源于旅游目的地营销系统,而旅游目的地营销系统((Destination Marketing System,DMS)是一种旅游信息化应用系统,是一个采用开放式的体系架构,以互联网为基础平台,结合数据库技术、多媒体技术和网络营销技术进行旅游宣传促销和旅游服务的综合应用系统。

DMS主要通过网站向旅游者提供全面的旅游目的地信息,包括旅游资源、旅游设施、旅游节事活动、气象、交通、旅游企业、旅游产品及价格等;同时,搭建电子商务平台,为旅游目的地管理部门、旅游企业与客源地消费者之间提供交流和交易服务;此外,DMS建立了系统的旅游信息采集、发布、更新流程,完整的信息技术标准和管理规范,完善的旅游信息和服务质量保证机制。利用DMS可以有效地收集、整理和整合旅游目的地信息,建立起旅游产业有效的市场反馈机制,对旅游目的地形象进行整体策划和有效宣传,并为当地旅游企业提供各种营销服务。

(二)旅游目的地地理信息系统

旅游目的地地理信息系统是地理信息系统(GIS)在旅游目的地中的应用,是在计算机硬、软件系统支持下,对与旅游目的地空间环境的有关地理分布数据进行采集、储存、管理、运算、分析、显示和描述的技术系统。旅游目的地地理信息系统主要提供地理信息服务,包括旅游电子地图(定位、导航等服务)、旅游目的地资源管理、旅游规划辅助、环境监测与保护以及管理决策支持等。

(三)旅游目的地电子政务系统

旅游目的地电子政务系统是旅游目的地管理部门以旅游目的地旅游管理网络和业务数据库为基础而实现的旅游政务办公与旅游行业管理网络化的管理信息系统。在系统构成方面,旅游目的地电子政务系统通常包括旅游政务办公系统和旅游行业管理信息平台。旅游政务办公系统通常由旅游目的地旅游电子政务网、办公自动化系统所组成。旅游目的地旅游电子政务网推动了各部门业务系统互通对接,构建了优质高效、公平普惠的政务服务信息服务体系,完善了旅游政务信息资源的开发与利用;办公自动化系统实现了对各级旅游管理部门公文流转处理的电子化和网络化,优化了政府办公流程,提高了办公效率。旅游行业管理信息平台形成了数据统一、分级授权管理的信息系统架构,具备便利高效的旅游资源数据普查产业运行监测及应急指挥等功能。

(四)旅游目的地公共信息服务系统

旅游目的地公共信息服务系统是由旅游综合信息服务平台和相应的旅游信息服务设备软件所组成的、提供多种旅游信息服务的综合服务系统。旅游综合信息服务平台是由旅游咨询网站、旅游服务热线、多媒体信息查询终端等所构成的统一开放公共信息发布平台、咨询平台和旅游投诉平台，提供信息查询、投诉受理和产品推介服务。旅游信息服务设备包括在旅游咨询中心、旅游集散中心和旅游服务中心等场所为游客免费提供的触摸屏、移动客户端等信息服务终端和无线网络覆盖。旅游信息服务软件是旅游目的地在其景区景点、宾馆饭店等开设的旅游官方微博、微信、手机 App 等信息服务应用。在服务内容上，旅游公共信息服务既涉及以政府为主导的城市服务体系、旅游信息服务体系、旅游交通体系、旅游集散中心等子系统，又涉及以市场为主导的文化、餐饮、住宿等服务子系统。

第四节　智慧旅游目的地

一、智慧旅游目的地概述

(一) 智慧旅游目的地的概念

所谓智慧旅游目的地，就是要求旅游目的地的旅游活动能使政府、企业、游客、社区居民相互之间有感知，使旅游目的地各类信息系统的数据相互之间可以无缝对接和流转。数据成为旅游目的地旅游活动的生产力，政府通过旅游目的地旅游管控平台对所有旅游活动实现可视化，包括景区、乡村旅游点，形成旅游目的地旅游数据、信息、知识智慧流转的生态系统。

(二) 智慧旅游目的地的特点

(1) 服务个性化。依托大数据基础，针对每一位顾客提供相应的产品与服务，充分体现旅游主体多元化。与智慧景区、智慧酒店等单体建设不同，智慧旅游目的地的发展建设是从整体出发，为游客提供"一站式"旅游信息服务，因此需要将更多的管理机构、服务机构纳入智慧化。将服务设施有机整合到一起，以实现协同运作。智慧旅游目的地所涉及的主体更加多元与复杂。

(2) 联系密切化。一方面，智慧旅游目的地要求政府、企业、游客、社区居民相互之间建立感知联系；另一方面，智慧旅游目的地是旅游要素统一结合的有机整体，要求实现资源、信息设施、服务等内容的联动性发展。

二、智慧旅游目的地建设内容

智慧旅游目的地的建设体现在服务、管理和营销三个层面。

1. 智慧服务

智慧服务包括为旅游者提供的信息服务和为旅游企业提供的各种旅游商务服务。智慧旅游以"主客共享"的理念为出发点，通过信息技术提升旅游者的旅游体验和旅游品质。它的表现主要有：游客在旅游信息获取、旅游计划决策、旅游产品预订支付、享受和回顾评价旅游的过程中都能感受到智慧旅游带来的泛在化、个性化服务体验；通过智能化的信息组织呈

现形式让游客方便快捷地获取信息,帮助游客更好地安排旅游计划并形成旅游决策,让旅客在旅游过程中更顺畅、更舒适和更满意,为游客带来更好的旅游安全保障和旅游品质保障;向旅游目的地的旅游企业开放智慧旅游目的地管理与服务平台的应用接口。

2. 智慧管理

智慧服务,主要内容是服务管理和市场管理。首先,智慧服务可以及时准确地掌握游客的旅游活动信息和旅游企业的经营信息,实现科学决策和科学管理,同时促进旅游行业监管从传统的被动管理、事后管理向过程管理和实时管理转变。其次,智慧旅游通过与公安、交通、工商、卫生、质检等部门形成信息共享和协作联动,结合旅游信息数据形成旅游预测预警机制,提高应急管理能力,保障旅游安全。再次,实现对旅游投诉与旅游质量问题的有效处理,维护旅游市场秩序。最后,智慧旅游还鼓励和支持旅游企业广泛运用信息技术,提高管理水平,提升产品和服务竞争力,增强旅游行政主管部门、游客、旅游企业和旅游资源与环境之间的互动,高效整合旅游资源,推动旅游目的地整体发展。

3. 智慧营销

智慧营销,指将旅游目的地的各种文字、图片、视频信息以及旅游企业的各种产品信息,借助各种媒介和网络传播渠道推送给潜在旅游者的过程,表现为在各种营销要素和手上的信息展示和传播。一方面,智慧旅游通过旅游舆情监测和数据分析,挖掘旅游热点和旅游者兴趣点,引导旅游企业策划对应的旅游产品,制定对应的营销主题,从而推动旅游行业产品创新和营销创新;另一方面,智慧旅游通过积累游客数据和旅游产品消费数据,分析游客感兴趣的传播内容和模式,从而逐步形成具有数据支撑的企业自媒体营销平台。

三、智慧旅游目的地管理体系

智慧旅游目的地管理是旅游目的地与现代科技创新融合发展的典范,是旅游目的地管理的发展趋势。智慧旅游目的地的管理体系构建主要涵盖行政管理部门、游客、企业、旅游资源与环境等方面。

1. 智慧旅游目的地的行政管理部门体系

其一,建设以办公数字化、智慧化为核心的集成指挥调度和管理平台,提供统一的信息发布手段,实现对旅游目的地管理事件的接入和指挥调度、对事件各环节责任人员的监督和评价、对旅游目的地各种设备的远程操纵、控制和被管理。其二,建立智慧化的旅游应急处理系统,实现旅游灾害及异常情况预警、处理和智慧化的恢复。

2. 智慧旅游目的地的游客管理体系

其一,实现游客的精确管理和动态管理,采用基于位置的服务、物联网、感应识别、视频监控等技术,实时采集游客的流量数据和动态数据,便于旅游管理部门随时开展游客疏散和紧急调控;同时整合其他部门的数据对游客身份、来源进行识别、分类和分析,辅助旅游管理部门、旅游企业进行管理决策。其二,建立智慧化的游客公共服务体系,提供交通、安全、金融、文化、餐饮、住宿等综合信息服务,以及接受游客投诉并进行反馈。

3. 智慧旅游目的地的旅游企业管理体系

建立统一的监测调度系统,通过对旅游企业动态数据的采集,随时掌握其类型、层级、数量分布的动态变化,形成对旅游目的地旅游企业的监管和指挥调度;同时,基于企业数据分析,引导和扶持企业通过自身业务流程再造、全面开展电子商务应用,帮助其向着智慧的业态领域发展。

4. 智慧旅游目的地的旅游资源与环境管理体系

首先,建立完善的旅游资源与环境监测体系,借助于遥感技术(RS)、地理信息系统(GIS)、RFID、红外感应、视频监控等技术对旅游目的地资源与环境进行远程的、实时的监测,并根据分析结果对必要资源进行及时维护。其次,在各重点旅游资源区域附近,设置识别与预警装置,向试图破坏旅游资源的游客发出警告。最后,基于实时采集的客流信息,通过对环境承载力的负荷分析,测定实时的环境容量状况,以及时预警并采取游客疏导措施。

相关案例

智慧旅游环境下乡村旅游信息化发展新方向——以四川省为例

20世纪80年代后期,我国社会经济的发展呈现出了一个稳定的状态,人们的生活水平和质量也有了明显的提升,旅行成为人们散心、消遣的一种热门活动。随着各地城市居民闲暇时间的增多,回归乡村、回归原生态的想法也变得越来越强烈,大量的城市居民纷纷到乡村去体验农村生活,同时也诞生了乡村旅行这一新型的旅游方式。80年代初期,我国四川省成都市便开始发展乡村旅游,这也是我国最早开发乡村旅游的地区。经过长时间的发展,当前四川农家乐的发展规模已经变得越来越大,而地区则主要集中在城市的周围。图9-3展现了数字乡村视频监控可视化。

图9-3　数字乡村视频监控可视化

一、乡村旅游信息化发展的现状

（一）相关旅游网站建设

当前大部分乡村旅游信息化最直观的发展都呈现在旅游景点的网站建设上。和过去的推广模式进行比较可以发现，传统的网站几乎都是利用国家级旅游景区来当作宣传内容。但是，随着我国乡村信息化的不断改革，采用乡村景点来对当地进行宣传也成了网站里的一部分。旅游景点的网络主要以各类搜索引擎为基础建立相关的搜索网页，而网页的内容则是该管辖范围内的各大乡村旅游景点，当然针对各个景点也都会有专门的宣传和介绍。一些较先进的大型旅游网站也会对这些特色乡村旅游的路线进行宣传，无形之中也促进了旅游信息化的发展。

（二）旅游管理信息化发展

这主要是指在智慧旅游背景下构成的内部信息管理体系。如当前旅游景点都开始使用电子系统、环境监测、电子门票等，而一些经济发展较快的乡村旅游地区则开始实施卫星定位系统和LED信息发布等，这些信息化建设也很大程度地提升了乡村旅游的安全性。同时，以"身份证入园"的模式也开始正式投入到乡村旅游发展建设中。

（三）旅游基础设施的信息化发展模式

目前我国乡村旅游在智慧旅游的影响下已经逐渐完善旅游信息化设施的建设，如各景区里都设立有自助门票售票机、自助售卖机和饮水设备等。这些基础设施信息化的建设不但为游客带来了便利，而且还能减少景区人力、物力方面的不足。例如，福建省发布的《关于加强城乡基础设施建设的实施意见》中也表明了乡村信息化建设的重要性，这些条件的落实让我国乡村旅游信息化发展上升到了一个新层次。

二、智慧旅游助推四川省乡村旅游信息化发展对策

乡村旅游信息化发展对策如表9-2所示。

表9-2　乡村旅游信息化发展对策

对策	内容
完善服务能力建设	服务智能化是旅游信息化向智能旅游发展的前提，而景区管理人员则可以根据当地的服务对象和经营特色来制定相应的方案，可以通过各种新型设备来完善服务体系的建设，如游客管理、公共服务、应急救援等。在众多的系统建设中，公共服务网站可以说是最重要的一个营销平台，同时也是唯一一个对外的服务平台。在建设网站信息时，相关人员可以把景区的信息展示和咨询当作主要内容，利用三维全景技术，采用图片、文字的方式来向游客展示旅游景点、旅游路线等。而随着电子商务的普及，游客则可以在公共服务网站上进行酒店预订、门票购买等交易，从而实现乡村服务、电子商务等内容的融合，提升乡村旅游信息化服务的水平

续表

对策	内容
保持乡村性	不难发现，乡村旅游最大的特点就是"乡村意象"和自然的生态环境，这些因素也是推广乡村旅游的核心和特点。近些年有大量的学者提出了乡村旅游的"反城市化"，目的是让城市旅游和乡村旅游形成一个鲜明的对比，从而凸显出乡村旅游自身的特色。目前四川省的大部分地区违背了这一理念，整体的开发和建设都朝着城市化方向前进。相关人员应该避免这类情况出现，要坚持生态农村的建设理念，保持乡村性，这样才能突出乡村旅游的特色。旅游开发可以积极邀请当地的农民参与进来，让他们利用土地经营和农家乐经营的方式来保障基本的生活
完善管理能力建设	智慧旅游可以说是旅游信息化发展的未来，一定要注重管理服务和公共服务之间的连接，而相关人员则可以利用云计算平台来实现社会资源和旅游资源的共享和使用。通过云计算技术还可以建立跨地区的联合营销和信息共享，从而满足标准旅游服务的要求。从游客信息、乡村旅游资源的整理结果来看，相关人员可以建立一个数据中心，把各类信息都收集到其中，然后利用分析技术来探讨旅游产业的发展方向和形式，当然也可以利用这些数据来构建一个完善的乡村旅游发展体系，制定合理的产业发展规划，从而实现乡村旅游产业的发展
完善配套设施，提升工作人员素质	完善乡村旅游的基础建设和健全相关设备设施是实现乡村旅游的基础，而交通是旅游产业最不能缺少的一部分。从需求方面来看，便利的交通是游客选择旅游地点的前提；从供给方面来看，交通可以说是旅游产业发展的命脉，因为交通和消费都是游客考评景区的一大因素。相关人员要想解决这一问题，可以利用循序渐进的原则来展开：第一，当地职能部门统一规划完善的旅游交通路线，如果经费有限可以把那些价值高、发展较好的景区作为首批建设对象；第二，针对不同类型的旅游群体设立不同的旅游路线，这样就能利用便利的交通来开发更多的市场
完善基础能力建设	完善的信息技术基础和设施是提高乡村旅游信息化发展的前提，而整个基础设施应该包含有无线数据通信网络、数据中心、物联网等。科学、规范的数据中心是建设智慧景区的基本要求，该中心收集的数据信息大多数都是来自游客和企业，因此根据国家的建设标准，相关人员应该做好完善数据储存、管理、共享等工作。物联网主要是利用定位系统、无线射频等感应设备来实现物与物的网络连接，即通过无线射频技术来实现门票的出售和查询，同时还能对景区的情况进行实时监控。定位系统则适用于车辆安排、旅游安全等方面。无线通信网络可以满足游客对网络的需求，随时随地分享动态
产业链本地化，实现可持续发展	不难发现乡村旅游生存的优势就是利用乡村特色来实现发展的，但在实际的乡村旅游产业中，大部分地区的建设都违背了这一理论，从而导致产业发展状态不理想。有时，在农村居住的村民会倾向于按照城市的建设方向来改造乡村景观，而一些相关企业则利用承包购买等方式来获得乡村旅游的经营权，导致乡村旅游失去了原本的特色。所以，相关人员一定要重视旅游产业链的本地化，把本地特色融入住、吃、游等体系中，这样才能形成一个完整的产业链。当然也可以通过提供不同类型的产品来吸引不同的市场，减少行业之间的竞争，从而实现共赢

本章小结

  旅游信息化是信息技术向旅游业深层次渗透并推动旅游产业发展的过程,其内涵包括信息服务集成化、市场营销精准化、产业运行数据化、行业管理智能化。信息化管理是旅游信息化的一个主要内容,对旅游目的地旅游管理机构来说,主要体现在旅游行业管理、公共服务管理、营销管理、游客管理、旅游资源与环境管理五个方面。旅游目的地信息系统(DIS)是一个利用信息通信技术和网络技术构建的人机综合的管理系统,它实现了对旅游目的地的信息收集、存储、加工、传递、应用。

  智慧旅游目的地是智慧旅游理念在旅游目的地的实践,具有服务个性化、主体多元化、联系密切化的特点,其建设主要体现在旅游服务、旅游管理和旅游营销三个层面。

【关键术语】

  旅游信息化 旅游目的地信息化管理 智慧旅游 旅游目的地信息系统

复习思考题

1. 什么是旅游信息化?它有哪些内涵和形式?
2. 简述数字旅游、智能旅游、智慧旅游和旅游信息化的关系。
3. 旅游目的地信息化管理可能产生什么影响?它的发展趋势是什么?
4. 阐述智慧旅游目的地的概念和特点及其建设内容。

第十章

旅游目的地安全与危机管理

第一节 旅游目的地安全概述

近几十年来,中国旅游业发展突飞猛进,逐渐成为全球最活跃的旅游市场和旅游业发展最快的地区。随着旅游人数的增加、旅游产业的兴盛,再加上旅游业各项规章制度的缺失、措施不完善、经验积累不够丰富、安全管控意识不足以及旅游者自身安全意识的淡薄等各种因素,旅游安全问题日益严峻,旅游事故频繁发生。某些景区发生的诸如踩踏和火灾等事故,深刻警醒人们现代旅游风险因素存在于旅游行业的各个方面、旅游活动的各个环节。所以,社会管理系统问题中的重要方面也包含了旅游安全问题。为了提升旅游活动的质量,保证旅游业的可持续发展,必须大力研究旅游安全管理问题。

一、旅游安全概念

广义的旅游安全,是旅游活动中相关主体的一切安全现象的总称。狭义的旅游安全是指旅游者在旅游途中的生理、心理、财产安全。要进一步理解这个概念,就要从以下三方面入手。

1. 旅游环节

旅游环节是指旅游活动所涵盖的行、游、食、宿、购、娱等旅游要素和部门,具体体现为旅游交通运输环节、旅行游览环节、旅游住宿和餐饮环节、旅游娱乐环节、购物环节和旅游纠纷的处理等各个环节。

2. 旅游主体

主体是指旅游活动各环节的参与者,如旅游消费者、旅游经营者和其他相关的旅游从业组织和人员等,具体体现为游客、旅游饭店、旅行社、交通运输部门和旅游目的地经营与管理部门等。

3.可容忍的风险程度

可容忍的风险程度主要是指旅游主体在自身的感知和承受能力范围内,对损害其自身利益的事件和行为的判断与接受程度。鉴于旅游主体感知和承受能力的差异性,在旅游活动中对于风险程度的评判标准主要参考国家法律法规的相关规定和社会公众的一般认识水平。

二、旅游安全特征

因为旅游安全贯穿于旅游活动的各个环节,所以旅游目的地在发展当地旅游业时,需要保证旅游者的合法权益和旅游业的良性发展,应该了解旅游活动风险,通过增强对旅游活动的安全管理意识和水平,来预防和减少旅游业的突发安全事件。

(一)普遍性

旅游活动的各个环节和主体中普遍存在旅游安全问题,每个环节或者主体的行为都有可能造成人身或财产损失的事件。对于旅游目的地而言,旅游安全事件的产生原因普遍存在于不同主体中。

1.旅游经营者的原因的安全行为

责任伤害事故在此类安全事件中占比较高。例如2023年8月10日山西长治一游乐园内空中游乐设施发生故障,两名被困游客试图顺着轨道向下走,不料设备突然再次启动,其中一名女子被撞倒险被过山车碾压。责任伤害事故的导致因素如图10-1所示。

图10-1 责任伤害事故的导致因素

2.旅游者的不规范行为导致的安全问题

通常情况下,景区的交通、游乐设施等都有明确的核载和运营要求,也会配备专人进行管理。但是一些有特殊想法的游客,仅凭借自己的经验无视安全劝告,不听从景区管理人员的指挥,违背景区相关规定,从而导致自身或他人出现安全事故。例如2013年10月,江西庐山西海风景区司马旅游码头发生桥面塌陷事故,原因就是一些游客急于上船,不听从工作人员的引导和劝阻,强行冲上过桥,导致桥面拥挤,桥体严重超载,造成上船区通道护栏扭曲和桥面塌陷,18名游客擦伤和落水。

3. 不可抗力因素导致的安全问题

不可抗力因素也是造成旅游目的地的自然环境或环境设施意外损害的原因。不可抗力因素包括地震、泥石流、海啸、火山爆发等自然因素和战争、罢工、政治骚乱等人为因素。例如 2017 年 8 月,四川九寨沟地区发生地震导致景区内的九寨天堂洲际大饭店坍塌,经搜救后仍有 5 名被困者遇难。

（二）破坏性大

旅游活动中出现安全事故不仅会让旅游者产生经济损失,严重的时候还会威胁生命,引起社会秩序混乱,因此安全事故具有较大破坏性。旅游安全事故的出现,往往说明已经有损害旅游主体人身和财产利益的行为或事件的发生,通常情况下都会给当事人带来身心和财产上的损失,某些突发的旅游安全事件甚至会造成难以想象的深痛伤害。例如,2004 年印度尼西亚苏门答腊岛以北的海底地震引发海啸,袭击了印度洋沿岸的印尼、马尔代夫、泰国和斯里兰卡等地。海啸造成大量岛屿被淹没,而当时恰逢圣诞节,这些世界著名的海边休闲度假地正处于旅游旺季,仅泰国一地的外籍遇难游客人数就超过 1000 人。经统计,这是近 200 多年来全球死伤最惨重的海啸灾难,造成印度洋沿岸各国逾 29 万人员的伤亡,财产损失高达百亿美元。

（三）突发性强

旅游安全事故的具体发生时间具有不确定性,即突发性。旅游活动往往发生于户外空间,开放性大、灵活性强。旅游项目复杂,包含娱乐、度假、保健、学习、宗教、运动等。游客年龄不同,层次不同,性别不同。事故一旦发生涉及方面多,难以预测与归因,且无法避免。例如地震和泥石流等自然灾害,旅游者自身的生理疾病,或者旅游交通安全事故等,都难以提前进行准确的预测,因此在具体的时间上具有不确定性。当然,依据安全事故类型的不同和概率的不同,目的地可以提前做好预案管理,尽量避免和降低人身财产损失。

（四）波及面广,负面影响深远

旅游安全涉及的人员范围广,除游客以外,还包括旅游地的居民、相关从业者、旅游管理部门以及公安、医院、消防等相关部门。所以,一旦在旅游景点发生安全事故,就会引起社会大众的广泛关注,甚至在短时间内引起恐慌。随着旅游经济的发展,以及交通运输和通信技术的进步,旅游目的地一旦发生事故就会造成大范围的影响,并且伴随着事故的发展,其影响和危害逐步扩展,还有可能衍生出新的安全管理危机。

（五）关注度高,解决成本高

人民生活水平日益提高,对外出旅游的需求也随之增加。社会对于旅游关注度高,所以无论是景区暖心故事,还是安全事故都会引起广泛关注。例如 2019 年 9 月有 178 年历史的英国老牌旅游公司托马斯·库克集团突然宣告破产,所有通过其预订的航班和度假产品都将被取消,这导致全球超过60万的游客被迫滞留在海外。此事引发了全球各大媒体广泛的关注,各类媒体大量采编播放了各地滞留游客的糟糕状况,迫使英国政府和保险公司开展大规模的救援活动。

三、旅游安全影响因素

(一)自然环境因素

自然灾害是不可避免的,是旅游安全管理中常见的风险因素,具体灾害表现如表10-1所示。

表10-1 常见的自然灾害

自然灾害	生物危害	自然因素和现象
自然灾害包括地震、火山、泥石流、台风和海啸等,其中破坏性最大的是地震,其次是海啸、泥石流等	旅游目的地的野生动植物、昆虫等都有可能导致游客受到伤害	极端气候、生物钟节律失调会引发肺气肿、脑肿、睡眠障碍、食欲不佳等问题

(二)社会环境因素

社会环境因素较为复杂,可分为目的地管理因素、旅客自身因素和周边环境因素三种。

旅游过程中,目的地应提供良好的衣食住行条件、安全的旅游设施和旅游环境。目前国内旅游目的地在管理上存在纰漏,游客安全风险极大。

社会环境因素具体展现内容如图10-2所示。

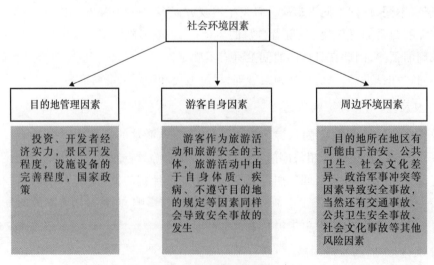

图10-2 社会环境因素具体内容

第二节 旅游目的地安全危机

一、旅游安全危机概述

（一）旅游危机与旅游安全危机

根据上一节对旅游安全的阐述，不难理解目的地一旦发生旅游安全事件，往往意味着可能已经出现了较为严重的危害后果，目的地进入危机状态。旅游危机具有旅游活动在空间上的异地性，时间上的暂时性，以及在运行过程中呈现出产业关联度高的综合性等特点，这些特点导致了旅游行业的高风险性和各个主体对危机的敏感性。如果不及时解决而放任其发展的话，随着危机事件的严重程度加剧，会给旅游者和旅游地等旅游活动的各个主体都带来更大的伤害。因此，旅游安全突发事件具备典型的旅游危机特征，因此要及时处理旅游安全问题，并对其进行预防和管理。

（二）旅游安全危机的特征

1. 突发性

旅游安全危机事件的爆发具有突发性，当事人往往来不及做好准备。因此，一旦危机突然爆发，人们往往会因准备不足而损失扩大化。例如地震与海啸，具体爆发时间、地点有很强的偶然性，人们往往来不及有备而逃，从而造成巨大的人身财产损失。

旅游危机一旦爆发，就会产生一系列后续问题，并且会在短时间内以惊人的速度和方式演变或恶化，从而扩散和引发出更多的问题，造成更大的损失。例如，地震或海啸后的游客的转移与安置、伤病员的抢救、旅游地经营环境的恶化和声誉的损害等。

2. 紧迫性

旅游安全危机一旦发生就会在短时间内对旅游业造成严重影响，而且由于涉及面广、影响力大、持续时间长，会对旅游目的地造成连带影响。2015年，一架俄罗斯客机飞越埃及西奈半岛时遭炸弹袭击，机上224人全部死亡，ISIS当地分支声称对坠机事件负责。俄罗斯此后暂停往来埃及的所有航班，多个国家也停飞了前往西奈半岛沙姆沙伊赫度假胜地的航班。埃及媒体援引埃及旅游部门的数据称，俄罗斯到埃及游客数量从2015年的近300万人减少至2017年的约9.4万人。

3. 危害性

危机发生后会在短时间内对旅游业造成致命的打击，而且涉及面广、后续影响持续时间长。

4. 双重性

对于存在旅游安全危机的目的地而言，危险与机遇并存。危机处理及时就能够挽回影响，把坏事变成好事。如果处理不及时或者方法不得当，则会加重危机的负面影响。

二、旅游安全危机的类型

旅游目的地的安全危机类型，按照突发安全事件的出现原因和后果的不同，可以分为以下几类。

（一）自然危机与人为危机

根据危机产生原因是自然因素还是人为因素来划分，可分为如下两种。

1. 自然危机

自然危机是指由于自然地理、气候等因素的变化导致的危机事件，包括自然因素引起的地震海啸、雪崩、洪灾和火山爆发等。

2. 人为危机

人为危机是指由于人类主体的不当行为导致发生的危机事件，包括目的地地区发生盗窃抢劫事件、政治动乱或军事冲突等。

（二）内部危机与外部危机

从产生安全危机的因素的来源看，可以分成内部危机和外部危机。

1. 内部危机

内部危机是指由于旅游目的地内部的经营管理、人文与自然环境等问题而产生的安全危机事件。例如某主题公园的摩天轮曾经因为停电事故导致多名游客被困在高空中长达1个小时，客人因惊恐和高温暴晒而出现身体机能受损的症状；又如2018年国庆节期间，四川某景区突降暴雪，导致部分自驾游游客被困其中。

2. 外部危机

外部危机是指由于旅游目的地所在的外部区域的自然或人为因素问题而产生的安全危机事件。这个外部可能是旅游地所属的国家或地区发生了某类情况，从而影响游客前往原定的目的地；也可能是旅游目的地的特定市场客源国或者地区发生了某类危机，从而导致该客源国的游客无法前往旅游目的地国游览。例如2008年席卷全球的经济危机，造成我国众多的客源国市场需求乏力，入境观光游客增速下降，也属于典型的外部危机。

（三）潜在危机和当前危机

从安全危机是否已经爆发来看，可以分为潜在危机和当前危机。

1. 潜在危机

潜在危机是指目的地虽然已经具备危机爆发的某些因素或出现危机的萌芽，但是由于各种原因，危机尚未到达全面爆发的境地。若持续放任该状态，则危机必将在短期内爆发。

例如旅游目的地的湖水出现了部分蓝藻,有富营养化的征兆,在持续晴好的天气下如果不迅速应对治理,则会快速演变成水体大面积严重污染的生态安全危机。

2. 当前危机

当前危机是指由于具备了危机产生的各项条件,危机行为已经产生,甚至危机后果也已经出现,并有可能进一步恶化的事件。当前危机一旦出现,将成为旅游目的地工作必须及时应对的重点内容,如果未能及时处理和应对,则当前危机的后果有可能恶化,甚至产生后续的一系列危机。例如我国2008年5月四川汶川地区发生大地震,国务院和各级政府与部门都迅速投入到救灾活动中,旅游业部门及时统计灾区游客情况,并告知各地停止前往灾区附近旅游,避免余震伤害和产生新的疫情灾害。在汶川地震的危机事件中,我国政府和全体人民,乃至国际救援组织通过及时有效的救援措施,包括远程医生诊疗和灾区的及时消毒防疫等,尽最大可能减少了当前危机带来的人身和财产损失,避免瘟疫流行、山体滑坡等次生灾害带来的更大损失。

(四) 有形危机和无形危机

从安全危机造成的损失的可量化程度来看,危机可分为如下两种。

1. 有形危机

有形危机是指在危机发生后,旅游目的地可以直接计算出的损失部分,包括急救、医疗和看护费用,交通、住宿和门票收入、设施维修或重建成本、员工工资等。

2. 无形危机

无形危机是指在危机发生后,游客出于对危机后果的心理恐惧或对于危机发生频率的担心,在一定时期内对于旅游目的地的品牌形象重新产生认知、判断和选择,从而在无形中影响到旅游地的正常运营,对其造成短期或长期伤害的危机事件。例如2018年7月泰国普吉岛发生游船遭遇暴风雨而倾覆的特大事故,127名中国游客中,遇难人数超过40人。我国派遣外交部、交通运输部、文化和旅游部等多部委组成工作组前往泰国参与现场处置,全力搜救和医治中国公民。事后调查显示,凤凰号船体在设计和建造方面有多项不合格,在运营管理中存在过失,游船老板和造船工程师均被泰国警方抓捕。此事件发生后,中国游客对普吉岛的船只运营管理能力和性能产生普遍担忧,考虑到气候条件,各旅行社接到大量退单,直接导致普吉岛在旺季8月份的订单量下降逾50%。需要注意的是,有些危机事件发生后,会混合各种因素交织发展,呈现出多因素的复杂状态。因此在应对时要全面考虑危机的类别和产生的原因,做到针对性消除原因,并在未来的危机预案管理中提前做好各项因素的预防措施。

三、旅游安全事故危机的演变过程

结合旅游目的地的生命周期,旅游目的地从发生安全事故到危机发展演变的周期阶段可以划分为以下阶段。旅游安全事故演变过程如图10-3所示。

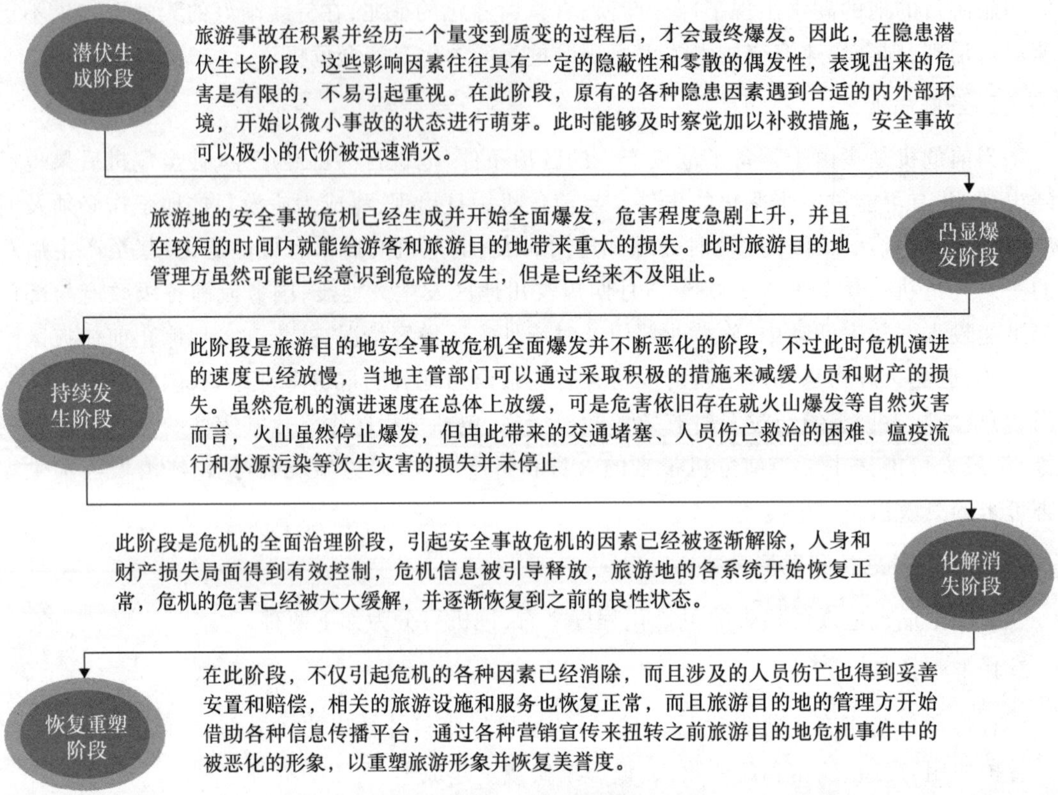

潜伏生成阶段：旅游事故在积累并经历一个量变到质变的过程后，才会最终爆发。因此，在隐患潜伏生长阶段，这些影响因素往往具有一定的隐蔽性和零散的偶发性，表现出来的危害是有限的，不易引起重视。在此阶段，原有的各种隐患因素遇到合适的内外部环境，开始以微小事故的状态进行萌芽。此时能够及时察觉加以补救措施，安全事故可以以极小的代价被迅速消灭。

凸显爆发阶段：旅游地的安全事故危机已经生成并开始全面爆发，危害程度急剧上升，并且在较短的时间内就能给游客和旅游目的地带来重大的损失。此时旅游目的地管理方虽然可能已经意识到危险的发生，但是已经来不及阻止。

持续发生阶段：此阶段是旅游目的地安全事故危机全面爆发并不断恶化的阶段，不过此时危机演进的速度已经放慢，当地主管部门可以通过采取积极的措施来减缓人员和财产的损失。虽然危机的演进速度在总体上放缓，可是危害依旧存在就火山爆发等自然灾害而言，火山虽然停止爆发，但由其带来的交通堵塞、人员伤亡救治的困难、瘟疫流行和水源污染等次生灾害的损失并未停止

化解消失阶段：此阶段是危机的全面治理阶段，引起安全事故危机的因素已经被逐渐解除，人身和财产损失局面得到有效控制，危机信息被引导释放，旅游地的各系统开始恢复正常，危机的危害已经被大大缓解，并逐渐恢复到之前的良性状态。

恢复重塑阶段：在此阶段，不仅引起危机的各种因素已经消除，而且涉及的人员伤亡也得到妥善安置和赔偿，相关的旅游设施和服务也恢复正常，而且旅游目的地的管理方开始借助各种信息传播平台，通过各种营销宣传来扭转之前旅游目的地危机事件中的被恶化的形象，以重塑旅游形象并恢复美誉度。

图10-3 旅游安全事故演变过程

> **知识链接**
>
> ### 旅游安全：从"应急管理"到"危机管理"
>
> 旅游人次持续增加，旅游活动范围更加广泛，使得旅游自身的安全事件几乎不可避免，也使得旅游发展更易受外部安全事件影响。
>
> 一方面，旅游是一种离开熟悉地前往陌生地的休闲方式，而且由于旅游活动常常伴有时间空间上的集聚，加上特殊的地理环境条件、特殊的设施设备等，所以人们在前往旅游目的地的过程中也很容易发生日常熟知的风险，事故发生后处理的难度也更大。另一方面，旅游是敏感行业，对活动和环境的安全性要求高，外部安全事件如恐怖事件、恶性传染病等都可能对特定地区的旅游业造成严重打击，灾难性的交通事故也会影响人们出游的意愿。
>
> 将旅游安全提升到极限是每位游客的愿望。但是客观地说，我们必须认清当前旅游安全的形势，不能将发生的旅游安全事件都视为"意外"。虽然就某一个具体的游客来说，发生安全事件是小概率事件，但是由于游客总量庞大，安全事件的发生几乎就是必然的，旅游安全事件成为一种新的"常态"。这种新常态也就意味着旅游安全事件的构成更加复杂。五大旅游安全事件的构成如图10-4所示。

事件范围	事件性质	发生原因	受损者角度	发生地
旅游业自身安全事件 影响旅游发展的外部安全事件	自然灾害 交通事故 机械故障 治安事件 刑事犯罪	客观因素 人为因素	游客 工作人员 开发者	从国内拓展到国外

图 10-4　旅游安全事件的构成

适应旅游安全发展新形势,最重要的是要建立旅游安全的常态化管理机制。要针对可能发生的旅游安全事件建立起系统的事前、事中和事后管理机制,要有效减少旅游自身安全事件的发生,尽可能降低外部安全事件对旅游发展的不利影响。不要总是等待事件发生后再做临时性的处置,我们要的是"危机管理"而不是"应急管理"。

就外部安全事件而言,当务之急是要加强基础研究,分析各类事件对旅游发展的影响和对策,在此基础上建立和完善安全预警机制,密切关注重大安全事件的发生,并跟踪分析这些事件对旅游发展可能的影响,提前做好应对方案。

(资料来源:搜狐网,《旅游安全:从"应急管理"到"危机管理"》。)

第三节　旅游目的地安全应急管理

一、旅游安全管理

(一)旅游安全管理的内涵

旅游安全是指旅游活动中各相关主体的一切安全现象的总称。它包括旅游活动各环节的相关现象,也包括旅游活动中涉及的人、设备、环境等相关主体的安全现象。既包括旅游活动中的安全观念、意识培育、思想建设与安全理论等"上层建筑",也包括旅游活动中安全的防控、保障与管理等"物质基础"。没有安全,便没有旅游。

(二)旅游安全管理的主要内容

旅游目的地安全管理涉及旅游者在目的地旅游活动的整个过程,旅游安全管理的主要内容如图10-5所示。

1. 自然灾害安全管理

旅游目的地对自然现象导致的灾害应通过预报预警、建立防范设施等方式将灾害带来的损失降到最低。

2. 旅游基础与公共设施安全管理

旅游基础与公共设施安全管理主要是针对目的地内外旅游交通以及目的地内的相关基础设施,如休闲、住宿、餐饮、公共服务等。对旅游基础设施的安全管理是常态化的、持续性的,以保证游客的人身与财物安全。

3. 治安安全管理

人群聚集或较多的地方,往往也是各类治安问题高发区域,旅游目的地也不例外,可能发生如强买强卖、价格欺诈以及人身与财物安全受损等危机事件。这就需要目的地对可能发生的治安问题加强预警,做好防范及应急处理工作。

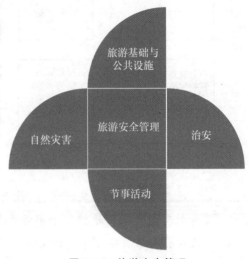

图 10-5 旅游安全管理

4. 节事活动安全管理

我国人口众多,属于旅游大国,如若不对目的地的节事活动和大型节庆活动等做提前的预案工作,一旦发生安全事故,就会引发严重后果。

实践训练:实地调研某个旅游景区,了解该景区内旅游设施是否存在安全隐患问题,并谈一谈你的看法。

二、旅游安全管理的相关法规

我国历来重视旅游安全,1990年,国家旅游局发布了《旅游安全管理暂行办法》,并在之后相继发布了《重大旅游安全事故报告制度试行办法》《重大旅游安全事故处理程序试行办法》和《旅游安全管理暂行办法实施细则》等一系列配套或相关规范性文件。2007年,为了加强旅游安全管理,提高应对旅游突发事件的能力,我国正式颁布并实施了《中华人民共和国突发事件应对法》。2013年,全国人大常委会正式通过并实施了《中华人民共和国旅游法》,单独设立了旅游安全一章,为构建我国旅游安全管理制度体系提供了法律依据和基础。在此基础上2016年,国家旅游局出台实施的《旅游安全管理办法》基本覆盖了旅游安全管理的经营安全、风险提示、安全管理和罚则等各项工作。

《旅游安全管理办法》(以下简称为《办法》)的出台从宏观上而言,使旅游安全管理的理念更加强调以人为本,对安全问题提出了更高的管理要求;从微观而言是适应旅游市场环境的变化。旅游客群的大众化、散客化和国际化趋势对安全管理提出了更高的挑战。而旅游业自身产业结构的转型和全域旅游的发展也需要提升旅游地安全管理的水平和效率,因此,急需具有针对性、前瞻性、可操作性强的法规。《办法》主体清晰、权责明确,重点突出,落地性和可操作性强。

三、旅游安全应急管理相关规定

《办法》既强调重视日常预防性安全管理,也强调重视旅游突发事件的应急处置和报告。其中涉及对安全事件的认定和过程管理的主要内容如下。

(一)旅游突发事件认定

《办法》中提到的突发事件就是涉及旅游者安全的突发事故。依据《办法》第39条第1款的规定,旅游突发事件是指突然发生,造成或者可能造成旅游者人身伤亡、财产损失,需要采取应急处置措施予以应对的自然灾害、事故灾难、公共卫生事件和社会安全事件。

(二)旅游突发事件分类

依据《办法》第39条第2款的规定,根据旅游突发事件的性质、危害程度、可控性以及造成或者可能造成的影响,旅游突发事件一般分为特别重大、重大、较大和一般四级。

(三)应急管理相关规定

旅游突发事件是典型的旅游安全危机,加强旅游应急管理是我国旅游产业健康发展与旅游突发事件治理的要求,因此加强旅游突发事件的应急管理,就是应对危机事件的应急管理。旅游突发事件发生后,旅游经营者和各级主管部门都必须启动应急管理。

1. 旅游经营者

《办法》第14条规定,旅游突发事件发生后,旅游经营者及其现场人员应当采取合理、必要的措施救助受害旅游者,控制事态发展,防止损害扩大。旅游经营者应当按照履行统一领导职责或者组织处置突发事件的人民政府的要求,配合其采取的应急处置措施,并参加所在地人民政府组织的应急救援和善后处置工作。旅游突发事件发生在境外的,旅行社及其领队应当在中国驻当地使领馆或者政府派出机构的指导下,全力做好突发事件应对处置工作。

《办法》第15条规定,旅游突发事件发生后,旅游经营者的现场人员应当立即向本单位负责人报告,单位负责人接到报告后,应当于1小时内向发生地县级旅游主管部门、安全生产监督管理部门和负有安全生产监督管理职责的其他相关部门报告;旅行社负责人应当同时向单位所在地县级以上地方旅游主管部门报告。情况紧急或者发生重大、特别重大旅游突发事件时,现场有关人员可直接向发生地、旅行社所在地县级以上旅游主管部门、安全生产监督管理部门和负有安全生产监督管理职责的其他相关部门报告。旅游突发事件发生在境外的,旅游团队的领队应当立即向当地警方、中国驻当地使领馆或者政府派出机构,以及旅行社负责人报告。旅行社负责人应当在接到领队报告后1小时内,向单位所在地县级以上地方旅游主管部门报告。

2. 旅游主管部门

《办法》第25条规定,旅游突发事件发生后,发生地县级以上旅游主管部门应当根据同级人民政府的要求和有关规定,启动旅游突发事件应急预案,并采取下列一项或多项措施:①组织或者协同、配合相关部门开展对旅游者的救助及善后处置,防止次生、衍生事件;②协调医疗、救援和保险等机构对旅游者进行救助及善后处置;③按照同级人民政府的要求,统一、准确、及时发布有关事态发展和应急处置工作的信息,并公布咨询电话。

《办法》第26条规定,旅游突发事件发生后,发生地县级以上旅游主管部门应当根据同级人民政府的要求和有关规定,参与旅游突发事件的调查,配合相关部门依法对应当承担事件责任的旅游经营者及其责任人进行处理。

依据《旅游安全管理办法》第27条、28条和30条的规定,各级旅游主管部门应当建立旅游突发事件报告制度。旅游主管部门在接到旅游经营者依据本办法第十五条规定的报告后,应当向同级人民政府和上级旅游主管部门报告。一般旅游突发事件上报至设区的市级旅游主管部门;较大旅游突发事件逐级上报至省级旅游主管部门;重大和特别重大旅游突发事件逐级上报至文化和旅游部。向上级旅游主管部门报告旅游突发事件,应当包括下列内容:①事件发生的时间、地点、信息来源;②简要经过、伤亡人数、影响范围;③事件涉及的旅游经营者、其他有关单位的名称;④事件发生原因及发展趋势的初步判断;⑤采取的应急措施及处置情况;⑥需要支持协助的事项;⑦报告人姓名、单位及联系电话。所列内容暂时无法确定的,应当先报告已知情况;报告后出现新情况的,应当及时补报、续报。旅游突发事件处置结束后,发生地旅游主管部门应当及时查明突发事件的发生经过和原因,总结突发事件应急处置工作的经验教训,制定改进措施,并在30日内按照下列程序提交总结报告:一般旅游突发事件向设区的市级旅游主管部门提交;较大旅游突发事件逐级向省级旅游主管部门提交,重大和特别重大旅游突发事件逐级向国家旅游主管部门提交。此外,旅游团队在境外遇到突发事件的,由组团社所在地旅游主管部门提交总结报告。

四、旅游安全应急处理流程与技巧

(一)基本流程

(1)发生旅游安全事故后,现场人员应立即将事故发生时间、地点、现场简要情况、伤亡情况、采取的应急措施、存在问题、联络电话等基本情况和有关信息向本单位和旅游安全应急救援领导小组办公室报告,同时开展自救工作。

(2)事故发生后,事发地和有关部门在采取措施抢救人员和财产的同时,必须严格保护事故现场。

(二)公关技巧

旅游安全事故在应急处理过程中,需要注意一定的公关技巧,例如,旅游目的地与媒体的沟通、与受害人家属的沟通等,主要包括以下五个方面。

(1)保持镇定,判明情况;
(2)真实报道,争取主动;
(3)谨慎从事,坚决果断;
(4)言语婉转,态度尊重;

(5)注意措辞,统一口径。

  拓展阅读:南京秦淮灯会管控:人流量每平方米4人即关闭

第四节 旅游目的地安全危机管理

一、旅游安全危机管理概述

(一)旅游安全危机管理内涵

国外对于旅游目的地危机管理的研究始于20世纪70年代,最初是针对犯罪、恐怖主义等因素对旅游的影响展开研究。

本章中的危机管理是针对旅游安全问题而言的,是指在旅游目的地管理中,通过对旅游安全问题的评测和预防、发现和应对处理以及善后措施的实施,来预防和减少旅游安全事件造成的各类损失,以保障旅游活动中各主体的人身、财产安全及旅游地的安全运营等各项管理工作。危机管理的目标是在最短的时间内有效控制危机,削弱其影响和危害,帮助旅游目的地、旅游行业和企业渡过难关,迅速恢复旅游目的地形象,重塑旅游者的信心。

(二)旅游安全危机管理的要素

旅游安全危机管理的要素有三个,即旅游目的地危机管理的主体、客体和媒介。

1. 主体

主体是处理危机事件的社会组织,包括各级政府组织、各类旅游企业和各种非营利性质的旅游协会组织等。传统的危机管理都是政府负责宏观指导,由各类旅游企业自行应对处理自身发生的危机事件,直至处于失控状态时,才会对外公布寻求政府或其他组织的具体帮助。但是随着社会主体多元化与利益格局复杂化的出现,在协同治理理论的指导下,危机管理的主体也出现多元化的趋势,即以一方为主,其他各类主体主动协同发挥作用,相互支持与监督,充分发挥各自优势来将危机的损失降到最低。

2. 客体

客体是旅游消费者和社会公众。其中旅游消费者是危机事件的直接影响对象,其身心以及财产可能会受到不同程度的损害,从而影响其旅游决策与行为,并最终影响目的地旅游业的发展。同时,这种负面影响还会通过各种信息媒介的传播而扩散开来,导致对旅游目的地关注的社会公众受到负面信息的影响,打击其前往当地旅游的信心,从而在无形中又损坏了旅游目的地的形象,带来更大的潜在损失。

3. 媒体

媒体在主体和客体之间起着重要的中介作用。一方面,媒体是旅游消费者和社会公众

获得相关信息的主要途径,另一方面,媒体是社会舆论的重要工具,还是危机事件处理的监督者。因此,媒体在危机事件相关信息的传播中,不仅要及时促进信息的发布与沟通,还要保证客观真实,充分利用自身的专业优势来进行全方位的跟踪报道,使各方真正了解危机处理的进展情况,安抚旅游者和公众的情绪、正确引导舆论;并有效地利用各种方式对旅游目的地的旅游业进行持续关注和报道,以加速恢复目的地旅游业在旅游者和社会公众心目中的良好形象。

二、旅游安全风险提示制度

随着我国旅游者数量和类型的迅速发展和旅游产品的多样化,结合我国旅游目的地出现的各类安全事故,文化和旅游部在近30年来总结制定出一系列的旅游目的地安全管理制度,其中也包括后来被列入《旅游法》的目的地安全风险提示制度。

(一)安全风险提示的概念

我国2013年颁布的《旅游法》在第77条明确规定:国家建立旅游目的地安全风险提示制度。所谓安全风险提示制度,主要是指预先发现境内外旅游目的地对旅游者的人身财产可能造成损害的自然灾害、事故灾难、公共卫生事件和社会安全事件等潜在的或已经存在的安全风险,运用定性和定量分析相结合的方法,识别旅游安全风险的类别和等级,提出旅游出行的建议,并按规定的权限和程序,向社会发布相关提示信息。

(二)安全风险提示的级别划分

《旅游法》第76条明确要求县级以上人民政府统一负责旅游安全工作。2015年国务院印发了《国务院安全生产委员会成员单位安全生产工作职责分工办法》,要求旅游主管部门统计分析本行政区域内旅游安全事故的情况,加强对景区旅游安全和应急管理工作的指导。《旅游安全管理办法》第16条的第2、3款规定,根据可能对旅游者造成的危害程度、紧急程度和发展态势,风险提示级别分为一级(特别严重)、二级(严重)、三级(较重)、四级(一般),分别用红色、橙色、黄色和蓝色标示。风险提示级别的划分标准,由会同外交、卫生、公安、国土、交通、气象、地震和海洋等有关部门制定或确定。这些风险等级的划分为旅游目的地安全风险提示级别的划分提供了借鉴,国务院旅游主管部门应当会同有关部门依照本法规定,在综合各方面风险级别的基础上,划分旅游目的地的安全风险等级,并正式公开相关信息。

(三)安全风险提示的内容

《办法》第17条规定,风险提示信息,应当包括风险类别、提示级别、可能影响的区域、起始时间、注意事项、应采取的措施和发布机关等内容。一级、二级风险的结束时间能够与风险提示信息内容同时发布的,应当同时发布;无法同时发布的,待风险消失后通过原渠道补充发布。三级、四级风险提示可以不发布风险结束时间,待风险消失后自然结束。

(四)安全风险提示的发布权限与渠道

1.发布权限

《办法》第20条规定,国家旅游局(现文化和旅游部)负责发布境外旅游目的地国家(地区),以及风险区范围覆盖全国或者跨省级行政区域的风险提示。发布一级提示的需经外交部门同意。地方各级旅游主管部门应当及时转发上级旅游主管部门发布的风险提示,并负责发布前款规定之外涉及本辖区的风险提示。

2. 发布渠道

《办法》第21条规定,风险提示信息应当通过官方网站、手机短信及公众易查阅的媒体渠道对外发布。一级、二级风险提示应同时通报有关媒体。

(五)安全风险提示的应对要求

1. 旅行社

《办法》第18条第1款规定,风险提示发布后,旅行社应当根据风险级别采取下列措施:四级风险的,加强对旅游者的提示;三级风险的,采取必要的安全防范措施;二级风险的,停止组团或者带团前往风险区域;已在风险区域的,调整或者中止行程;一级风险的,停止组团或者带团前往风险区域,组织已在风险区域的旅游者撤离。

2. 旅游地经营者

《办法》第18条第2款规定,其他旅游经营者应当根据风险提示的级别,加强对旅游者的风险提示,采取相应的安全防范措施,妥善安置旅游者,并根据政府或者有关部门的要求,暂停或者关闭易受风险危害的旅游项目或场所。

3. 旅游者

《办法》第19条规定,风险提示发布后,旅游者应当关注相关风险,加强个人安全防范,并配合国家应对风险暂时限制旅游活动的措施,以及有关部门、机构或旅游经营者采取的安全防范和应急处置措施。

> **知识链接**
>
> **中国公民要关注海外安全提醒**
>
> 密切跟踪海外安全动态,及时发布风险预警,为中国"走出去"的公民和企业提供参考,一直是外交部和中国驻外使领馆的一项重要职责。为此,外交部和驻外使领馆始终坚持24小时、全天候地监测世界各地安全风险,及时、慎重地发布各类安全提醒,帮助大家最大限度地规避风险,仅2017年就发布了1000多条安全提醒,但不少提醒却没有被重视。
>
> 外交部领事司司长日前在谈及巴厘岛滞留事件时指出:我们也有些许遗憾。如果这些提醒能引起大家更多的重视、覆盖范围能更广一些,或许不会有这么多人陷入困境。经过多年实践,外交部逐步规范了海外安全提醒发布机制,明确了"注意安全、谨慎前往、暂勿前往"三级提醒发布办法,根据有关国家的安全形势和社会治安状况,设定相应的、常规性安全提醒。同时,当有关国家可能或已经发生武装冲突、恐怖袭击、自然灾害、疾病疫情和社会动荡等突发情况时,根据相关事

态对我公民威胁程度发布相应的风险预警信息,并视形势发展适时进行相应调整。

（资料来源：搜狐网,《用领事保护立法来震慑"巨婴"公民》。）

三、旅游目的地安全危机预警管理

(一) 安全危机预警管理的内涵

旅游业的产业链复杂,相比于其他产业部门,旅游产业与相关产业的融合性、关联性更强,旅游系统无法完全与社会经济要素分离。一旦旅游地出现危机,则往往会将损失扩大化,因此对于旅游地而言,做好安全事故危机的预警管理,将会极大地降低危机发生的概率和损失,从而减轻对旅游地的负面影响。

旅游目的地的安全危机预警管理就是指旅游目的地的管理和运营组织,能够在安全事故和危机发生之前,即对可能产生的事故发生规律和条件有一定的了解和应对措施,通过树立危机意识,配备应对的设备、人员,制定相应的规章和模拟演练等措施,来最大限度地减少安全事故发生的概率,降低危机带来的损失等一系列管理制度与方法。

(二) 安全危机预警管理的途径

1. 树立危机意识,降低安全事故发生率

旅游目的地的安全与危机预警管理作为防患于未然的管理,需要得到管理层的认可与支持,这就需要首先从理念上树立危机意识。在认识到旅游地安全问题重要性与紧迫性的同时,还要认识到预警管理对于旅游地安全管理的意义。只有在管理层的带领下,才能使目的地全员树立安全预警意识,减少侥幸心理,严格执行操作流程,避免累积危机隐患,从而为旅游地突发安全事件的处理做好日常的预警和应急管理工作,并降低危机事件的发生率。

2. 成立危机预警管理机构,制定危机预警计划

对于大多数旅游地而言,除了常规的消防和安保机构外,很难再专门设立一个危机预警管理机构。因此,该机构的基层负责部门往往由旅游目的地的安保机构来进行落实,高层管理部门则由主管安全的各级管理部门人员和技术部门人员等兼任,从而成立从上到下各部门兼职以为主的危机预警管理机构。该机构的主要任务是制定危机预警计划和规章,进行必要的培训、演习和总结。

危机管理机构进行组织,通过对各基层部门的调研和信息汇总,整理出对旅游地危害较大和频率较高的危机事件类型,制定相应的预警计划和操作规章,从预防层面着手消除危机出现的萌芽或者尽量降低损失。例如故宫严禁烟火以降低火灾对木制宫殿的损害；印度尼西亚禁止使用塑料制品以避免产生海洋垃圾,从而威胁自然生态环境。

3. 配备危机处理必备的设施和人员

危机预警管理不仅要制订预警计划,还要通过配置基本的预警设备和人员来进行巡逻、

演习和培训,以期用较小的预警投入成本来降低未来预期的危机事件的较高成本。例如通过给旅游景区的高空缆车进行定期的保养更新、紧急停电事故的处置演习等方式,来保障景区高空缆车的运行安全和发生突发事件时对游客的及时救助,以此减少缆车事故的发生和游客的伤亡率。再如南京每年春节灯会期间,会有超过40万人次的大量游客涌入夫子庙景区核心地带参观,为此,通过武警战士和监控联防的方式形成人墙,疏导游客单向流动,保障游客安全有序参观灯展。

4. 通过模拟演练,提高现场应对危机的能力

适当的模拟演练,有助于提高旅游目的地经营主体对危机事件的反应能力,并能够及时查漏补缺,发现危机应对措施与人员设备的不足。因此,旅游目的地需要根据自身的危险事件类型的概率,进行一定的模拟演练,提升全员的危机意识和应对能力。例如目的地饭店要定时进行消防演练,主题公园要定期进行设备检修与突发故障应急演练等。要注意的是,所有的演习都不是预警管理工作的终点,而是新一轮预警管理工作的起点。对演习进行总结,有助于汲取预警管理工作中的经验教训,及时查漏补缺,实现动态高效的预警管理。总结过后,一方面要及时修订预警计划和规章,另一方面还要据此更新设施设备。例如利用信息技术,推进旅游目的地诸如酒店、旅游休闲街区、交通集散点等游客聚集场所的视频监控设施建设,形成覆盖主要旅游目的地的实时数据和影像采集系统;建立旅游安全应急指挥平台,推动不同类别的旅游安全信息的共享,实现与安全生产、公安、交通运输等部门数据对接,实现对旅游目的地的突发事件、客流预测预警等指挥调控功能。

相关案例

海洋旅游危机事件的表现形态

1. 溺水与海洋旅游交通事故

溺水与海洋旅游交通安全事故是海洋旅游中影响最大且发生频率最高的安全问题。旅游者在游泳过程中或游玩时不慎跌入海中,不谙水性的人极有可能发生溺水而死亡。海洋旅游交通安全事故主要表现为船只相撞、翻沉等水难事故,且海洋旅游交通事故往往与溺水相连在一起。

2. 游船碰撞

游船碰撞包括游船之间、游船与礁石、游船与游客之间的碰撞。海上航行未知性强,危险性大,尤其是在突遇大雾、风暴等恶劣天气时,极易发生事故。

3. 台风、海啸等自然灾害

海洋旅游活动中由于自然灾害原因如台风、海啸、海潮等引起的危机事件,这类自然灾害破坏性极大,只能通过预防来降低灾害,目前还不能阻止其发生。

4. 海鲜过敏、日晒伤

海鲜中含有过量组织胺会造成人身体不适,少数人因天生缺少分解组织胺的酵素,吃了现捞的新鲜鱼或海鲜,就会引起过敏,普通游客食用不当或食用变质海

鲜时也易引起食物中毒。日晒伤,是由日光中的中波紫外线过度照射后,引起皮肤被照射的部位出现急性炎症反应。

5. 海洋中凶猛或有毒动物的侵袭

海洋中凶猛动物最为常见的是鲨鱼,而有毒动物却达 1000 余种,包括鱼类、腔肠动物、腹足类动物等。

6. 海上恐怖分子的威胁

海盗和海上恐怖活动对旅游者的生命和财产造成严重威胁。

7. 意外事件

海洋旅游活动范围广,内容丰富。设备设施由于长期受海风、海水侵蚀,会产生缓变式的自然风化、自然腐蚀,其老化速度远快于内陆地区。滨海环境因受海水、海风侵袭,风险承受能力相对薄弱,各种意外事件可能随时发生。

本章小结

旅游安全是旅游业的生命线,是旅游业发展的基础和保障,是旅游目的地旅游发展的基本要素,由于会受旅游环境、旅游者行为和管理失误的影响,因此应着重掌握旅游目的地的安全预防和安全应对。

旅游目的地危机是指可能威胁到旅游目的地正常运营和旅游目的地社区正常生活,使旅游目的地旅游经济出现一定幅度波动震荡,使旅游者对旅游目的地信心产生消极影响,给旅游者的身心健康带来实际或潜在影响的突发性自然或人为事件。为尽可能地防止旅游目的地危机,最大限度地减少危机带来的损害,旅游目的地危机管理应遵循旅游目的地危机的生命周期,采用有效措施来应对危机。

【关键术语】

旅游安全　旅游安全事故危机　旅游地危机

复习思考题

1. 简述旅游安全的概念和特征。
2. 简述旅游安全的影响因素。
3. 简述旅游危机的类型。
4. 分析旅游安全危机处理的流程和公关技巧。

第十一章

旅游目的地智慧管理

第一节 旅游目的地智慧管理概述

一、智慧管理概述

智慧管理是指在信息技术支持下,利用数据分析、智能系统和创新技术来实现高效、智能化的管理方式。在旅游领域中,智慧管理被广泛应用于旅游目的地的规划、运营和服务提供等方面,以提升管理效率、提供个性化服务、优化资源利用和改善游客体验。

智慧管理的核心是数据驱动。通过收集、整合、分析和利用大量的数据,包括游客行为数据、市场需求数据、交通流量数据等,目的地管理者可以更好地了解游客的需求、偏好和行为模式。这些数据可以帮助管理者做出科学的决策,优化资源配置,制定个性化行程,提供更好的服务和体验。

智慧管理还涉及智能化的系统和技术的应用。例如,智能导览系统可以为游客提供定位、路径指引和景点介绍等信息;智能停车管理系统可以实现停车位的智能分配和管理;智能预订系统可以提供在线预订和即时确认等功能。这些智能系统可以提高旅游目的地的运营效率,减少排队时间,提供更便捷和高效的服务。

个性化服务也是智慧管理的重要内容。通过对游客数据的分析和了解,目的地管理者可以为游客提供个性化的推荐和定制化的服务。例如,根据游客的兴趣和喜好,提供个性化的行程安排、景点推荐、餐饮和娱乐活动等。这样的个性化服务可以提升游客的满意度和忠诚度,增加目的地的竞争力。

另外,智慧管理还注重整合协同和可持续发展。旅游目的地的智慧管理需要政府、旅游企业、景区管理方、交通运输部门等多个相关方的合作和协调。通过共享信息、整合资源和协同合作,可以实现更加高效和协调的目的地管理。同时,智慧管理也应关注目的地的可持续发展，兼顾经济、环境和社会的利益，确保旅游业的长期健康发展。

总之，智慧管理在旅游目的地中可以通过数据驱动、智能化运营、个性化服务、整合协同和可持续发展等方式，提升管理效率，优化资源利用，提供更好的服务和体验，为游客创造更加智慧和便捷的旅游环境。

二、智慧旅游概述

智慧旅游分为四大方面：互联网＋旅游、大数据＋旅游、物联网＋旅游、人工智能（AI）＋旅游。

1. 互联网＋旅游

旅游通过互联网进行线上和线下结合。在公众号和小程序方面，除了常规的互联网宣传营销（网上购票，网上消费等），还可以通过互联网提升景区内容和增进游客体验，比如通过高德 LBS（Location Based Service）系统可以获取游客位置，当游客达到某一景点就可以通过公众号听取景点介绍，甚至可以通过 AR、VR 来提升感官体验。这种方式的优点有：

（1）降低运营成本，例如关闭一部分人工买票窗口，游客可通过互联网线上购票，省时省力；

（2）提升用户体验，游客仅需要借助一部手机就能了解景区的详细信息，而非传统地依赖于导游介绍景点；

（3）提升景区有效管理，线上购票能使旅游目的地有效控制景区游客数量，当有游客数量超过了承载容量的时候，就可以停止售票以保证高效管理；

（4）扩大景区营销途径，景区可以借助自媒体和公众号线上发布景区的相关营销活动，这大大拓展了景区营销的方式和渠道。

2. 大数据＋旅游

大数据就是将所有游客的数据和行为进行分析，为景区产品迭代、运营升级、招商定位提供战略分析依据。这种方式目前已经在很多景区进行应用，但存在分析样本不足，数据不够精确等问题，仍需加强发展。借助大数据分析能够帮助管理者更好地建设景区，做好全年战略规划、营销投入，确定招商方向和业态布局。

3. 物联网＋旅游

物联网是指景区内的所有传感器互相通信，以使旅游系统人性、便捷、高效地运行。物联网目前在景区的运用范围还不够广泛，仅在智慧停车和景区无人驾驶车辆方面有一些展现。所有的能源都是围绕着游客进行启动的，高效节能将会是物联网给景区带来的最大改变。比如在景区安装热能感应设备，这样到了夜里，游客所到之处灯光会自动亮起，而没有游客经过的地方灯光会自动调暗。

4. 人工智能＋旅游

人工智能＋旅游是旅游业未来的发展趋势之一。随着现代化技术的发展，现在的旅游业也越来越依赖科技，比如人工智能、AR/VR、5G 等，都会成为驱动新型旅行的因素。比如经典搭配"5G + 无人机 + VR全景直播",游客即使在千里之外,只要戴上VR眼镜,就能感觉自己身处无人机之上,欣赏景点。除了这些,人工智能还可以为游客精准规划行程路线,例如百度地图通过打造智能旅游生态,以AI导游、AR导览、VR全景虚拟游的多样化方式,为游客打通了视听一体化感知真实世界的渠道,让游客沉浸式领略自然和历史的风貌。

三、智慧旅游管理概述

旅游目的地智慧旅游管理,结合信息技术和数据科学,通过全面智能化的手段和系统,对旅游目的地进行管理和运营。它的主要目标是提高旅游目的地的效率、便捷性、可持续性和游客体验,同时促进旅游业的创新和发展。

智慧旅游管理包括以下几个方面的概念和要素。

1. 数据驱动决策

智慧旅游管理倚重于数据的收集、分析和应用。通过采集和整合各项数据,包括游客行为数据、交通流量数据、气象数据等,旅游目的地可以更好地了解游客的需求和偏好,从而进行更准确的决策和规划。数据驱动的决策可以帮助目的地管理者更好地预测和应对市场需求的变化,并制定相应的措施和策略。

2. 智能运营和服务

目的地智慧旅游管理的重点是提升旅游目的地的运营效率和服务水平。通过应用人工智能、物联网和大数据分析等技术,可以实现智能化的资源调度、流量管理、安全监控和服务优化。

3. 多渠道营销和推广

智慧旅游管理强调采用多渠道的营销和推广手段,通过整合线上和线下资源,以及利用社交媒体、移动应用和可视化技术等,将目的地的信息和吸引力传播给潜在游客。这有助于提高目的地的知名度、曝光度和吸引力,进而增加游客的数量和扩大消费。

4. 可持续发展

智慧旅游管理注重目的地的可持续发展,包括经济、环境和社会可持续性。通过智能化的资源优化和管理,可以减少资源的浪费和环境的破坏,提高能源利用效率和环境保护水平。同时,还可以促进本地经济发展和社会文化的保护,实现旅游业的长期可持续发展。

第二节 旅游目的地智慧管理原则、技术及其技术应用

一、旅游目的地智慧管理原则

旅游目的地智慧管理的原则主要有以下几个方面。

1. 数据驱动原则

智慧管理应基于可靠和准确的数据。通过收集、分析和利用各类数据,包括游客行为数据、市场需求数据、交通流量数据等,目的地管理者可以更好地了解游客的需求和偏好,做出明智的决策和规划。

2. 智能化运营原则

利用信息技术和智能系统,实现目的地的智能化运营。能够应用人工智能、物联网等技术,实现资源调度、流量管理、安全监控和服务优化的智能化。例如,智能导览系统、智能停车管理系统等,提供更便捷的服务。

3. 个性化服务原则

通过分析和了解游客数据,实施个性化服务。为了让每位游客都能享受到独特而满意的旅游体验,可以根据游客的兴趣和偏好,提供属于游客自己的行程活动安排,旅游景点推荐。

4. 整合协同原则

各个旅游相关方共同参与,实现信息和资源的共享与整合。旅游目的地智慧管理需要政府、旅游企业、景区管理方、交通运输部门等众多相关方的协同合作,共同推动目的地的智慧化发展。

5. 可持续发展原则

智慧管理应注重目的地的可持续发展。在规划和经营过程中,要兼顾经济发展、环境保护和社会利益,推动旅游业的可持续发展,确保资源的合理利用和环境的保护。

6. 安全和隐私保护原则

保障游客的安全是目的地管理的首要任务,同时要保护游客的个人隐私,合法、安全地处理和使用游客的数据。

通过遵循这些原则,旅游目的地可以更好地提升管理和运营水平,为游客提供更好的旅游体验。

二、旅游目的地智慧管理技术支持

(一)人工智能与机器学习

1. 自动化客户服务

人工智能技术可以通过聊天机器人、语音识别和自然语言处理等技术,实现自动化客户服务。这使得旅游目的地能够提供一周七天、每天24小时的在线客户支持,回答常见问题,提供实时建议和指导,从而改善游客体验。

2. 游客个性化推荐

通过机器学习算法,分析和理解游客的兴趣、偏好和行为模式,智慧管理可以向游客提供个性化的推荐和建议。例如,系统可以根据游客的历史访问记录和喜好,推荐特定景点、活动和餐厅,从而提供更加个性化和定制化的旅行体验。

3. 基于图像识别的安全监控系统

旅游目的地中的安全监控可以借助机器学习和图像识别技术。通过监控摄像头捕捉到的图像和视频进行分析,系统可以自动检测异常行为、预测潜在的安全风险,并及时采取措施以确保游客和员工的安全。

4. 智能交通管理

人工智能和机器学习技术可以支持旅游目的地的交通管理。通过分析实时交通数据和历史数据,系统可以预测交通拥堵情况并提供路线优化建议,以减少交通拥堵和提高交通效率。同时,智能化的交通信号灯系统可以根据实时交通状况进行自适应调整,以优化交通流量。

5. 数据分析和预测

人工智能和机器学习技术支持旅游目的地管理者进行数据分析和预测。通过使用大数据和机器学习算法,可以对游客行为、需求趋势和资源利用情况进行深入分析。这些分析结果可以帮助目的地管理者做出更准确的决策,优化景区流量管理、价格策略和营销活动,提高资源利用效率和运营效果。

(二)智能化的信息和通信服务

利用人工智能、机器学习和其他先进技术来提供更智能、更个性化、更高效的信息和通信服务。

1. 智能助手和虚拟代理

人工智能技术可以实现智能助手和虚拟代理的功能,如语音助手(如Siri、Alexa等)和聊天机器人。它们可以回答用户的问题、提供相关信息、执行任务,甚至与用户进行自然语言对话。通过机器学习,智能助手能够学习并适应用户的偏好和行为,提供个性化的信息和建议。

2. 智能搜索和推荐系统

人工智能和机器学习技术可以改进搜索引擎和推荐系统的性能。智能搜索能够理解用户的意图,并根据查询历史和上下文提供更准确、相关的搜索结果。智能推荐系统则通过分析用户的兴趣、行为和相似用户的数据,提供个性化的推荐内容,如商品、音乐、电影等。

3. 智能化的大数据分析

大数据分析和机器学习技术可以处理和分析海量的数据,从中提取有价值的信息和见解。智能化的大数据分析可应用于市场调研、用户行为分析、销售预测等领域,帮助企业做出更明智的决策和战略规划。

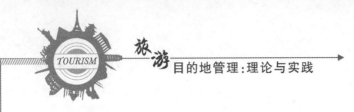

4. 即时通信和语音识别

智能化的通信服务可以提供更高效、更便捷的沟通方式。例如，即时通信应用可以通过自然语言处理和机器学习提供更智能的聊天体验，如自动翻译、智能表情符号推荐等。同时，语音识别技术的发展使得人们可以通过语音与设备进行交互，完成一系列操作，如语音搜索、语音输入、语音命令等。

5. 智能化的安全和隐私保护

在智能化信息和通信服务中，数据的安全和隐私保护至关重要。智能化技术可以应用于安全检测、威胁防护、身份验证等方面，确保数据在传输和存储过程中的安全性。此外，隐私保护技术可以保护用户的个人信息，并根据用户的隐私偏好提供个性化的隐私设置。

智能化的信息和通信服务不仅提升了用户体验，还改进了运营效率，并为企业和个人带来了更多的机会和便利。随着人工智能和机器学习技术的不断发展，智能化信息和通信服务的应用将变得更加广泛和深入。

三、智慧旅游管理与智慧推荐技术

（一）智慧旅游管理服务系统

智能旅游的有效管理实现需要充分应用各种现代化信息智能技术来建立一种一体化的旅游服务管理系统。智能旅游管理服务系统的建立能为人们的旅游提供更多信息的支持。智能旅游管理服务系统的建立可以从以下几方面入手。

（1）在应用物联网、云计算的基础上对大量信息进行收集整理，并借助相应的软件对消费者的旅游需求和旅游资源进行智能化分析，通过分析，为消费者提供个性化的旅游服务。

（2）通过移动智能设备实现游客在旅游的过程中的实时沟通，增强游客的旅游体验。在智能旅游管理服务系统的应用下能够结合游客的需要为其提供更加个性化的旅游路线以及旅游一体化服务。

（3）在传统旅游服务的基础上实现旅游行业的信息化改革。智能旅游管理服务系统的构建可以结合传统旅游管理特点，将游客的需要和技术有机结合，打造完善的智能旅游管理服务系统，为游客提供优质旅游服务。

（二）智慧推荐系统技术在智慧管理中的应用

智能推荐技术最早被应用于互联网企业，它是人工智能领域发展的研究重点。智能推荐系统实现需要应用个性化的推荐技术，本质是通过记录用户的喜好、行为、习惯等，主动为客户进行的服务和产品推荐。基于智慧旅游的智能推荐技术主要是指针对所记录旅游用户的旅游需要、兴趣、喜好等对其旅游需求的个性化分析，并在此基础上实现对游客旅游的个性化推荐。虽然智能推荐技术在单一旅游产品的推荐中起到了十分重要的作用，但是其在智慧旅游管理路线推荐上是无法直接应用的。出现这种现象的原因是智能推荐技术下的协同过滤技术只能在广泛群众基础的支持下应用，然而实际的游览路线规划是很难广泛获取评价信息的。由此可见，智能推广技术在旅游路线的推荐上应用比单一的旅游产品推荐要更复杂。基于这种限制,在智能推荐技术应用的时候可以加强对蚁群算法的应用。通过蚁群算法有效筛选和组合图论景点,从而在此基础上打造具有搜索功能的推荐模型系统,实现智能旅游系统和游客的有效关联。

智能旅游系统结合用户的要求来检索相应的旅游数据库,向游客提供信息交互平台。游客在自动化平台上能够进行自助化的旅游规划,并为游客的旅游提供有效信息的支持,帮助游客做出正确的旅游选择。同时,蚁群算法在对智能旅游系统综合评价分析的基础上实现了对旅游路线的科学规划,为游客的旅游提供意见参考。在智能化技术的深入发展下,智能旅游信息管理系统也将会步入新的发展阶段,除了蚁群算法之外,有关学者还研究出了基于垂直搜索引擎技术的旅游线路评价推荐模型系统、基于TSP(Traveling Salesman Problem,旅行商问题)模型的旅游线路设计、基于最短路线的旅游路线规划算法、基于推荐系统的旅游路线推荐方法等。这些重要研究成果为智能旅游规划发展提供了重要的支持。

四、旅游目的地智慧管理技术应用

旅游目的地智慧管理内容包括:智能导览系统、智慧交通管理、智慧安全管理、智慧服务平台、大数据分析五个方面。

1. 智能导览系统

通过智能导览系统,游客可以通过手机App或导览设备获取目的地的详细信息,包括景点介绍、地图导航、特色活动和推荐路线等。此外,智能导览系统还可以根据游客的偏好和兴趣推送个性化的推荐内容,提供更好的游览体验。

2. 智慧交通管理

通过智慧交通管理系统,可以实时监控交通情况,包括道路拥堵和公共交通工具的运行情况。这可以帮助游客规避交通拥堵,提前了解交通工具的到达时间,优化行程安排。

3. 智能安全管理

通过智能安全管理系统,可以实时监控目的地的安全情况。这包括视频监控设备、报警系统和紧急救援系统等,可以迅速发现和处理安全问题,确保游客的人身安全。

4. 智能服务平台

通过智能服务平台,游客可以在线预订景点门票、酒店住宿、交通工具等,实现便捷的线上预订和支付。此外,智能服务平台还可以为游客提供在线咨询和客服支持,帮助游客解决问题和获得更好的服务体验。

5. 大数据分析

通过对游客的数据进行收集和分析,可以了解游客的偏好和兴趣,为目的地提供更加精准的推荐和定制化服务。此外,通过大数据分析,可以对目的地的旅游资源进行评估和规划,优化旅游产品和服务的提供。

第三节 旅游目的地智慧管理应用

旅游目的地智慧管理内容主要包括智能导览系统、智能交通管理、智能安全管理、智能服务平台和大数据分析等。这些智慧管理内容可以提升游客的服务体验,优化旅游资源的利用,实现旅游目的地的可持续发展。

一、旅游目的地智慧管理详细应用

(一)智能导览系统

智慧旅游导览系统是一种利用智能技术和数据分析方法来提供旅游信息和导览服务的系统。它结合了互联网、移动应用程序、人工智能和地理定位等技术,为游客提供个性化、实时和便捷的旅游导览体验。

智慧旅游导览系统的开发涵盖多个方面。其一,需要收集和整合大量的旅游信息,包括景点介绍、交通路线、历史文化、美食推荐等内容。其二,需要将这些信息通过合适的方式展示给用户,如通过移动应用程序、网站、导览设备等。此外,系统还需要具备实时更新和反馈功能,以保持信息的准确性和及时性。

智慧旅游导览系统的运用主要通过移动应用程序实现。用户可以通过手机或平板电脑下载安装相应的应用程序,然后在旅行过程中使用该应用程序获取导览信息。系统可以根据用户的位置和需求提供个性化的旅游导览推荐,帮助用户规划行程、找到感兴趣的景点、了解历史文化背景等。同时,系统还可以提供实时的交通状况、天气预报和安全提示等信息,方便用户做出合理的决策。

智慧旅游导览系统的作用是提供更好的旅游体验和服务。它可以减少游客在寻找导览信息和规划行程过程中的时间和精力消耗,使游客更加专注于旅游的享受和沉浸感。系统还可以提供更加准确和全面的旅游信息,帮助游客更好地了解当地的文化、风俗习惯和历史背景。此外,系统还可以提供实时的导航和定位服务,避免游客迷失方向或走错路,增强旅行的安全性和便捷性。

智慧旅游导览系统的意义主要有以下几点。首先,它可以提升旅游行业的服务质量和竞争力。通过智能化的导览系统,旅游目的地可以更好地吸引游客、提供高质量的旅游体验,进而促进旅游业的发展。其次,导览系统可以为游客提供定制化的旅游服务,满足不同游客的需求和兴趣,提高旅游满意度。最后,导览系统还可以收集和分析游客行为数据,为旅游目的地提供重要的市场信息和运营决策支持。

总的来说,智慧旅游导览系统的开发、运用,能够为游客提供个性化、实时和便捷的旅游导览服务,提升旅游体验和服务质量,推动旅游业的发展,并为旅游目的地提供重要的市场信息和决策支持。

（二）智能交通管理

智能旅游交通管理是一种利用智能技术和数据分析方法来管理和优化旅游交通流动的系统。它结合了互联网、物联网、人工智能和大数据等技术，通过实时数据采集、交通分析和智能调度等手段，提供智能化的交通管理和服务，以提高旅游目的地的交通效率和游客的出行体验。

智能旅游交通管理的开发涵盖多个方面。首先，需要建立整体的交通数据平台，收集和整合实时的交通数据，包括路况信息、公共交通状态、停车场信息等。其次，需要开发智能交通调度系统，通过实时数据分析和算法优化，实现交通资源的合理调度和优化。最后，系统还需要设计合适的用户接口和移动应用程序，方便游客获取实时交通信息和路线推荐。

智能旅游交通管理的运用主要通过智能交通调度系统和移动应用程序实现。通过智能交通调度系统，交通管理部门可以根据实时数据进行交通资源的合理分配和调度，提高交通效率；而游客则可以通过移动应用程序获取实时交通信息、路线推荐和导航服务，选择最优的出行方式和路线。

智能旅游交通管理的作用是提供更高效、便捷和安全的交通服务。它可以通过数据分析和智能调度，优化交通资源的利用，减少拥堵和交通事故的发生，提高交通效率和流动性。此外，系统还可以提供实时的交通信息和导航服务，帮助游客规划最佳的出行路线，减少时间和体力的浪费，提高游客的旅行体验和满意度。

智能旅游交通管理的意义主要有以下几点。首先，它可以提升旅游目的地的交通效率和形象。通过智能化的交通管理和优化，可以减少交通拥堵、提高出行效率，使游客更加便捷和舒适地抵达目的地。其次，智能交通管理系统可以提供全面的交通数据和分析结果，帮助交通管理部门做出科学决策和规划，提高城市交通规划和城市管理水平。最后，智能交通管理系统的数据分析功能能够提供有价值的交通信息和市场洞察，为交通运营商和旅游目的地提供决策支持和商业机会。

总的来说，智能旅游交通管理的开发、运用和作用，可以为游客提供更高效、便捷和安全的交通服务，提升旅游目的地的交通效率和形象，促进城市交通规划和管理的进步，并为交通运营商和旅游目的地提供重要的决策支持和商业机会。

（三）智能安全管理

智能旅游安全管理是一种利用智能技术和数据分析方法来提供旅游安全管理和应急响应的系统。它结合了监控摄像、传感器、数据分析和人工智能等技术，通过实时监测、风险分析和智能预警等手段，提供智能化的旅游安全管理和保障，以确保游客的安全和旅行体验。

智能旅游安全管理的开发涵盖多个方面。首先，需要建立各类传感器和监控设备，用于实时监测旅游目的地的安全状况，包括视频监控、烟雾报警、门禁系统等。其次，需要建立数据分析和决策支持系统，通过实时数据采集和分析，进行风险评估和预警推送。最后，系统还需要设计合适的用户接口和移动应用程序，方便游客获取实时的安全信息和应急响应服务。

智能旅游安全管理的运用主要通过监控设备和应急响应系统实现。监控设备可以实时

监测旅游目的地的安全状况,如火灾、事故、人群聚集等,并及时报警通知相关部门进行处理。应急响应系统则可以根据实时数据和风险评估结果,提供智能化的应急响应服务,包括紧急救援、导航指引、安全提示等。

智能旅游安全管理的内涵主要有以下几点。首先,它可以提供有效的旅游安全管理和保障,确保游客的安全和身体健康。通过实时监测和预警系统,可以迅速发现安全风险并采取相应的措施,最大限度地减少潜在的安全威胁。其次,智能旅游安全管理系统可以提供实时的安全信息和应急响应服务,帮助游客做出明智的决策和行动,提高旅行的安全性和便捷性。最后,智能旅游安全管理系统的数据分析功能可以帮助旅游目的地进行安全风险评估和改进管理措施,提升旅游安全管理的水平和效果。

总的来说,智能旅游安全管理的开发、运用和内涵,旨在提供智能化的旅游安全管理和保障,确保游客的安全和旅行体验,提供实时的安全信息和应急响应服务,帮助旅游目的地改进安全管理,促进旅游业的健康发展。

(四)智慧服务平台

通过智能服务平台,游客可以在线预订景点门票、酒店住宿、交通工具等服务,实现便捷的线上预订和支付。此外,智能服务平台还可以为游客提供在线咨询和客服支持,帮助游客解决问题和获得更好的服务体验。

1. 整合旅游资源

旅游服务平台通过整合各类旅游资源,包括旅游目的地、酒店、交通、景点等信息,为用户提供全面、一站式的旅游服务。这样的整合使得用户能够更便捷地获取各类旅游信息,同时也提高了旅游供应商的曝光度和销售机会。

2. 提供便捷的预订和支付功能

旅游服务平台通过在线预订和支付功能,简化了旅游产品和服务的订购流程,使用户能够随时随地方便地选择和预订旅游产品。这样的功能减少了用户与供应商之间的无形障碍,提高了交易的效率和便捷性。

3. 提供个性化推荐和定制服务

旅游服务平台通过分析用户的需求、偏好和历史行为等数据,为用户提供个性化的旅游推荐和定制化的旅行服务。这样的服务能够提高用户的满意度和旅行体验,同时也增加了用户对平台的黏性和忠诚度。

4. 提供用户支持和售后服务

旅游服务平台通过提供在线客服、旅游咨询和售后支持等服务,为用户提供全方位的旅行支持。用户可以通过平台与客服进行实时沟通,并得到及时的问题解答和解决方案,提高了用户的满意度和体验。

5. 数据分析和优化决策

旅游服务平台通过收集和分析用户的行为数据,以及供应商的销售数据和用户评价等信息,为旅游行业提供市场洞察和决策依据。这样的数据分析能够帮助平台优化产品和服务,同时也为供应商提供更精准的市场定位和推广策略。

所以,旅游服务平台的开发通过整合旅游资源、提供便捷的预订和支付功能、个性化推荐和定制服务、用户支持和售后服务以及数据分析等手段,为用户提供便捷、个性化和优质的旅游服务。它不仅促进了旅游行业的发展和创新,也提升了用户的旅游体验和满意度。同时,旅游服务平台还对旅游行业的数据分析和决策提供了重要支持,帮助行业做出更明智的发展策略和决策。

(五)大数据分析

旅游大数据分析是指利用大数据技术和分析方法对旅游行业的大规模数据进行挖掘、分析和解释,以获取有价值的见解和决策支持。

1. 深入了解旅游市场和需求

旅游大数据分析可以帮助了解游客的出行偏好、目的地选择、消费行为等信息,为旅游行业提供深入的市场洞察。通过分析大规模数据,可以发现市场趋势、需求变化和潜在机会,帮助制定更精准的营销策略和产品定位。

2. 优化目的地管理

通过对旅游目的地的大数据分析,可以了解游客的行为轨迹、停留时间、偏好景点等信息,帮助目的地管理者进行资源优化、流量引导以及服务提升,以提高目的地的吸引力和竞争力。

3. 预测和管理风险

旅游大数据分析可以通过历史数据和实时数据,对旅游安全、突发事件和风险进行预测和管理,发现潜在的安全风险和异常情况,并采取相应的预防和安全措施,提高旅游安全管理的效果。

4. 个性化推荐和定制化服务

基于旅游大数据分析的用户行为和偏好,旅游服务提供商可以向用户提供个性化的旅游推荐和定制化的服务。通过分析用户的历史行为、兴趣和喜好,可以为用户推荐最符合其需求的旅游产品和服务,提高用户的满意度和忠诚度。

5. 价格优化和营销策略制定

旅游大数据分析可以揭示价格敏感性、预订习惯和市场竞争情况,帮助旅游企业优化价格策略和制定更精准的市场营销策略。通过对数据的分析,可以确定最佳的定价策略、促销活动和市场推广渠道,提高销售效果和增加收入。

6. 目标市场拓展和投资决策

旅游大数据分析可以帮助企业识别新的目标市场和旅游产品开发机会。通过对大数据的挖掘和分析,可以确定市场需求的缺口,为企业拓展新市场和投资决策提供参考依据。

7. 洞察旅游行业的发展趋势

通过对大规模数据的整合、分析和解释，发现数据背后的价值，了解行业发展趋势、消费特点和市场需求，为旅游企业和目的地管理者提供科学的决策依据和战略规划。

8. 强调数据的实时性和准确性

通过及时获取和分析大规模数据，可以迅速响应市场变化和风险情况，为旅游行业提供快速决策支持，提高运营效率和创新能力。

9. 推动旅游行业的数字化转型和创新

通过充分利用大数据技术和分析方法，旅游行业可以实现从传统的基于经验的决策模式转变为基于数据的科学决策模式，提高行业的智能化和竞争力。

旅游大数据分析通过挖掘、分析和解释大规模数据，实现对旅游市场和需求的洞察，优化旅游服务和目的地管理，预测和管理风险，提供个性化推荐和定制化服务，优化价格和营销策略，拓展目标市场和支持投资决策，推动旅游行业的数字化转型和创新。

二、旅游目的地智慧管理持续创新和发展趋势

旅游目的地智慧管理是指利用先进的信息技术和创新的管理方法，提高旅游目的地的管理效率、服务质量和可持续发展能力。

1. 大数据和人工智能应用

旅游目的地可以利用大数据分析和人工智能技术来收集、整理和分析游客行为、需求和偏好数据，从而优化目的地的规划、营销和运营活动。通过深度学习和预测算法，可以实现精准的市场定位、个性化的推荐服务和智能化的运营决策。

2. 区块链技术支持

区块链技术为旅游目的地管理带来了信任、透明和安全性。通过区块链，旅游目的地可以实现可追溯的供应链管理，确保游客和供应商之间的交易安全和透明。此外，区块链还可以应用于旅游目的地的身份认证、票务管理和智能合约执行等方面。

3. 虚拟和增强现实应用

虚拟现实和增强现实技术可以为游客提供沉浸式的旅游体验。目的地可以利用虚拟和增强现实技术来展示景点、文化遗产和自然环境，吸引游客并提供更丰富、互动的参观体验。此外，虚拟导游和实时导航等应用也可以提供个性化的导览服务，增强游客对目的地的认知和满意度。

4. 智慧交通和智能导航

智慧交通和智能导航系统可以为游客提供便捷和高效出行方式。物联网技术和实时数据分析可以实现智能交通管控、交通优化和拥堵预测等功能。同时，智能导航系统可以为游客提供个性化的路线推荐和实时导航，提高游客的旅行效率和体验质量。

5. 可持续发展和生态保护

智慧管理也可以促进旅游目的地的可持续发展和生态保护。通过监测和分析环境数

据,可以实现对目的地资源的精细化管理和保护,避免过度开发和破坏。同时,智慧管理还可以鼓励和支持可持续旅游实践,推动目的地的环境友好和社会责任的履行。

旅游目的地智慧管理持续创新和发展的趋势主要涵盖大数据和人工智能应用、区块链技术支持、虚拟和增强现实应用、智慧交通和智能导航以及可持续发展和生态保护等方面。这些技术和方法的应用将不断改进旅游目的地的管理和服务能力,提升游客体验,同时促进可持续旅游的实践和发展。

知识链接

故宫博物院"智慧开放"项目

随着开放区域的不断扩大,如何将古建安全、文物保护和观众安全落到实处,是开放服务工作面临的新挑战。完善硬件服务之外,通过数字化手段增强博物馆的管理与服务手段,对外让观众畅通游览、对内创新观众管理方式,成为推动故宫博物院线上线下服务的一体化发展内在需求。

2018年起,故宫博物院数字与信息部同专业地图团队合作,对故宫开放区域600多个建筑、展厅、服务设施位置信息精确采集,采用GPRS导航技术、LBS定位技术、360度全景技术等,集成大众喜爱的紫禁城祥瑞、故宫美图、特色路线,打造集指路、百科与闲聊为一体的AI专属导游,推出了"玩转故宫"小程序,满足不同观众的个性化游览需求。在2021年12月发布的数字故宫小程序2.0中,"玩转故宫"全新升级为"智慧开放"项目,除继续优化地图导航服务,更以开放服务面临的突出问题为导向,从运营管理、服务质量、游客需求、开放安全、古建安全保护等多个维度抓取核心问题,扩展在线购票、预约观展、在线购物等实用板块,新增游客参观舒适指数查询、无障碍路线查询等功能,将"零废弃""适老化""无障碍"等理念融入开放服务中,并对AR实景导航在故宫场景应用进行了探索。从"玩转"导航的小助手,到更智能、更友好、更简单的开放服务平台,故宫博物院公共服务水平迈上了新的台阶,也向"智慧博物馆"一站式参观体验的建设历程迈出了新的一步。

故宫博物院的"智慧开放"项目,通过实地调研及游客行为分析,将参观体验从吸引—攻略—参观—关注—记忆全方位提升。观众在到达故宫前,可通过查询购买门票,了解故宫建筑和宫廷历史故事,启发旅行灵感,感兴趣的建筑可提前收藏至地图的收藏夹,便于实地游览查找,合理安排路线。观众到达故宫后,可利用位置服务引擎,对最近的古建筑、展览、餐饮、商店、卫生间、出入口等常用设施位置快速查询。全景游、精华游、观花游、宫廷历史游等多种路线提供个性化的选择。5分钟更新一次的地图实时展示故宫客流,既为游客提供路线参考,又能有效疏导人群,避免拥堵造成的安全隐患。对于不能进入游览的大殿和容易忽略的建筑细节,则可以通过AR实景导航,查看宫殿内景、瑞兽3D模型、屋檐细部等。游客通过游玩与互动祥瑞打卡和明信片功能,将旅程向社交化裂变。

全程陪伴的AI专属导游以文字、语音的交互方式向游客讲解12万条故宫知识,不仅包含建筑讲解、导览服务,还有故宫知识百科、语音闲聊等。"传给故宫""故宫书店"等功能则提供了更流畅的游览和购物体验,通过线上线下的场景结合,为观众减轻参观负担,提供更多消费选择。游客回到家中,"数字故宫"小程序仍可持续提供花样赏文物、慢直播等服务,带领观众以另一种形式了解故宫、走近故宫。

"智慧开放"项目的建立将进一步推动大数据、云计算、物联网、人工智能、5G、AR、VR等技术与智慧旅游的深度结合,实现智慧服务、智慧管理、智慧营销的全方位提升,让数字故宫在线服务项目往更全面、智能化服务方向发展。通过舆情监测和数据分析,挖掘热点和游客兴趣点,制定对应的营销主题,用公众喜闻乐见的数字化、趣味化形式让中华优秀传统文化"活"起来。

相关案例

数字智慧代表乡村——智慧乡村数字乌镇

1. 项目背景

乌镇,坐落于钱塘江南岸的浙江省桐乡市,这座古老小镇的辖区内有26个行政村和4个社区,全镇总人口80000余人,行政区域面积110.93平方公里。"世界互联网大会"落户乌镇,乌镇成为全球范围内最受关注的城镇之一。乌镇智慧小镇以"浙江特色互联网小镇"为目标不断发展,吸引众多知名科技企业来此落户,在市场化竞争中崭露头角。以"智慧空间"为理论依托,重点打造四个核心景点:"智慧会展小镇""智慧感知小镇""智慧示范小镇""数字智慧小镇",这些景点集高端展览、信息感知、新型示范、数字产业等多种优良元素于一体,为乌镇带来了极其美好的前景。无论是未来的智能产业还是传统文化遗存,乌镇都将继续保持着她原有的美丽与活力。数字乌镇活动如图11-1所示。

图11-1 数字乌镇活动图

2.项目内容

(1)夯实基础与优化网络,激发乡村内生智力。

一是要紧抓发展之机,夯实治理之本。近年来,乌镇持续加大对智能网建设的投入,截至2023年3月,共接入了26条百万级光缆,设立了5408个Wi-Fi站点以及实现了Wi-Fi全覆盖;此外,还搭建了10个5G基站、52个窨井盖、52个消防栓、1591套烟雾探测器、3000多套治安监控,为智慧小镇建设浇筑了夯实的现实基础,打造了乡村内生智力的强劲引擎。同时,在全省率先应用了"人脸识别"技术,并开通了中国移动、中国联通、中国电信等国内三大通信巨头的专用互联网国际数据线,确保互联网沟通可以高效平稳地运行。通过几年来持之以恒的努力,乌镇农村基层治理的支持能力得到了极大的提高,农村基层治理的智能化水平也得到了进一步的提高,已经跻身国内智能化农村基层治理的先进行列,真正实现了"智慧小镇"的美誉。这一切标志着一个更加宏伟目标的实现:让乌镇拥有强劲引擎与内生因素,以便更好地推进全面建成小康社会和乡村振兴的步伐。

二是集中优势力量,打造智治团队。为实现智能管理目标,现在全镇一共有3724名乌镇管家,按照"十户一员,一梯一员"的原则来布置,总共有31个管理小组、108个工作站,这样的配置几乎实现了全面的智能乌镇覆盖,为提高管理效率奠定了坚实基础。"乌镇管家"根据自身对这片区域的了解和信息掌握,利用"四清四报"的方式,将这片区域的情况完全掌握,并利用"三站合一"和"线下搜集+网上上报"等多条途径,将以前的工作方式无法做到的方面一一囊括,彻底消除了信息收集的"盲区"确保信息畅通、传递高效。"乌镇管家"是伴随世界互联网大会而生的一支基层自治力量。在疫情肆虐时期,乌镇管家广泛利用网格和大数据,构建疫情防控墙,切实发挥了科技的优势,加强了疫情防控工作,在疫情防控工作中大放异彩。通过集中优势力量,打造智治团队,乌镇正在向着更加智能化、高效化和便捷化的目标迈进。

三是开拓创新发展道路,搭建云端管理平台。乌镇的"神经中枢"就是"乌镇管家",其是当之无愧的基层管理第一人。2015年3月,"乌镇管家"正式上线,俨然成了乌镇最大的一家政府机构。截至2020年,该平台已完成了由市到镇,由镇到村,由村到网格的三级覆盖,共有25个科室,20余个平台,13个村,是将乌镇建设成为国家级"智慧城市"示范城市的主要载体,现已初步形成"1+4+X"的服务体系。"1"是指"一个中心",由社会服务治理联动和社会治安立体化防控两大功能合成;"4"是指"四个平台",由数据集成平台、监测预警平台、分析决策平台、共治服务平台组成;"X"是指云平台对治安、安监、民情等相关基础数据进行整合,构成一张"社会治理大网"。云平台建成以来信息处置率达100%,实现了事事有回音、件件有落实。在未来发展中将会继续优化处理平台,增速"云"平台的处理,赋能"乌镇管家"的发展。乌镇水域景观如图11-2所示。

图 11-2　乌镇水域景观图

(2) 协同互促与精准发力，书写乡村智治新篇章。

一是"智慧治理＋自主治理"，凝聚合力，提升治理效能。"乌镇管家"将自身的信息资料提交到乌镇管家的云端管理平台，平台经过系统的审核，将其整齐有序地发送给相关的职能部门或者智能终端，极大地提高了"乌镇管家"的管理效率。到现在为止，已经提交了 58455 条各种信息，包括 50499 条民生服务、1803 条矛盾纠纷信息、1781 条安全隐患等。例如来自乌镇的乌镇管家志愿者们，利用"白天鹅"上安装的传感器，24 小时对河流中的水环境进行监控，并将监控结果上传到"云"上，实现了对水质的实时监测，以及对水质参数的分析。当某一指数出现异常时，该无人船会自动开启巡逻模式，对其进行跟踪和溯源。

二是以"智慧治理＋法治治理"为核心，以提高治理效率、强化保障为主要目标。乌镇管家将乌镇民情以及相关在线平台进行结合，构建了线上解决纠纷的新型模式，每日开展一次日常调查，乌镇管家的调解员能直接通过线上公众号在线化解矛盾纠纷或者矛盾隐患，随后前往现场解决问题。比如银杏村的钱某，就洗手台断裂的问题，与房东产生了退租的矛盾，他将这件事提交到了民意调查平台，"乌镇云端"在接收到纠纷事件报告后，立即派出了附近的"乌镇管家"徐师傅前往调解，经过一番交谈后，双方意见达成一致。

三是在"智慧＋德治"的基础上，营造良好的社会氛围。在"微嘉园"平台上推行积分制，让村民们自行反映问题、讨论问题，了解最新的政策和就业信息。该平台投入使用以来，全村形成了互相监督，自我管理的良好风尚。以横港村为例，智能化的垃圾分拣设施尤其引人注目。人脸识别、图像识别等人工智能技术使村民能够对垃圾进行有效的分类投放。此外，这个智能分拣站还与村民的身份信息绑定，将村民的每一次丢垃圾记录在"微嘉园"的电子积分卡上，也包括村民的垃圾分类情况。当积分累积到一定程度，会得到相应的奖赏，而当出错的次数太多，"乌镇管家"会予以训诫和教导。

(3) 深入推进全域智慧治理，构建乡村智慧共同体。

一是实现医疗服务的"触手可及"。让人们拥有"触手可及"的医疗资源已经成为国家建设健康中国的一项重要任务。在这个过程中，乌镇贡献了自己的智慧和力量，依托物联网智慧医疗信息系统，搭建"互联网＋智慧养老"综合信息平台，实现互联网医院预约挂号、在线诊断与治疗。乌镇打造了一个全国独树一帜的、覆盖养老服务方方面面的综合信息平台,让老年人们享受到了更加高效、精准的医疗服务。以"网"为纽带,把分散在各村各户的老人连在一起,形成了一座没有围墙的"无墙型"养老院,形成了一个共享的大家庭,打破了城乡之间、地域之间的隔膜,变革了现有的社区养老服务模式,以居家养老为主体,构建了一个全方位、立体化、智能化的社会养老服务系统,国内第一家网络医院也在乌镇成立。

二是打通"最后一公里"交通。改善城市交通是现代化城市建设的一个非常重要的方面。在乌镇,解决"最后一公里"的交通问题也变得尤为关键。通过建立一套智能交通体系,实现合理的出入镇规划,在主干道路设立停车场指引牌,并安装电子屏,实时显示停车位数,以便游客和市民更快地找到停车位置。在乌镇主干道上实施标志牌标识,对游客和市民提供必要的指引,使大家能够更容易地找到目的地,并享受畅通无阻的出行体验。利用手机进行公共自行车扫码或公交单车租赁等方式实现低碳便捷的出行,通过手机软件可以随时查到公共汽车的具体位置和路线,从而能够更好地安排大家的候车时间,给大家带来更多便利。本项目拟率先打造国内首款5G无人驾驶微型巴士,解决市民和游客"最后一公里"返乡问题。通过这些措施,有信心解决乌镇的"最后一公里"交通难题,让游客在快乐游玩的同时,也能够感受到城市管理的高效和人性化。

三是律师职业的"时空跨越"。创建国内第一家"网上法院",打造5G智慧法庭。这些前沿科技在实践过程中,尤其需要高素质团队的支撑,他们在短短的一天之内,利用5G智慧成功研出"法律超市"等智能化系统。在此基础上,结合现有的"审务云"平台、庭审录音备份系统与高清数字法院系统,构建视听说的全链条、多层级、多安全的同步辨识智慧录音体系,实现庭审同步录音录像率的百分百,庭审录像率的80%,实现庭审录制从"绿色交通工具时代"向"高铁时代"的转变。这种超越时间和空间限制的职业能力不仅要靠先进的技术设备,更需要人才的智慧和创新精神。通过这种职业能力的再造和升级,司法行业正在向着"高铁时代"的方向迈进,不断突破传统的工作模式和思维限制,实现质量、效率和安全性的更高水平。

本章小结

本章主要介绍了旅游目的地智慧管理的概念与重要性,并从很多方面提出了一些智慧管理的策略和方法。旅游目的地智慧管理是利用信息技术和数据分析手段来提升目的地的规划、资源管理、市场营销、服务和安全等方面的效益。通过智慧管理,可以提升目的地的竞争力和可持续发展能力,实现经济、社会和环境的协调发展。

【关键术语】

旅游目的地智慧管理　智慧技术应用　乡村智慧

复习思考题

1. 什么是旅游目的地智慧管理？它有哪些基本概念和原则？

2. 旅游目的地智慧管理的重要性是什么？它能够为旅游业带来哪些影响和益处？

3. 旅游目的地智慧管理的主要特点和核心元素是什么？

4. 旅游目的地智慧管理中的数据采集与分析如何发挥作用？它如何帮助目的地管理者作出决策和优化运营？

5. 在智慧管理中，如何通过技术手段提升游客服务体验？列举一些常见的智能化服务和工具。

6. 智慧管理如何通过资源管理和节能减排来促进旅游可持续发展？

7. 旅游目的地智慧管理如何应对风险和保障安全？举例说明。

8. 旅游目的地智慧管理中的大数据分析和决策支持系统有什么作用？为什么它们对管理决策至关重要？

第十二章

旅游目的地可持续发展

第一节　旅游目的地可持续发展理念

可持续旅游理念的提出是基于旅游业受可持续理论的影响,是可持续发展思想在旅游领域的具体运用,是可持续发展战略的组成部分之一,是可持续发展理论的自然延伸。随着生活水平的不断提高,大众对旅游的需求也在持续发酵,然而旅游业急剧膨胀、繁荣也引发了一系列的危机,导致越来越多的学者对旅游业是"无烟工业"的提法质疑。因此,在学习旅游目的地可持续发展之前,有必要先了解可持续发展理念的提出背景及其内涵。

一、可持续发展理念

（一）可持续发展理念的提出

2015年8月2日晚,联合国193个成员国的代表就2015年后发展议程达成一致,这份题为《变革我们的世界——2030年可持续发展议程》的文件,标志着人类社会第一次就发展的概念达成了共识,具有划时代的意义。此议程的批准标志着联合国各成员国将迎来一个历史性的机遇,共同通过一整套旨在消除贫困、保护地球、确保所有人共享繁荣的全球性目标。

联合国负责经济和社会事务的副秘书长说,从内容上看,这个2030年可持续发展议程涉及经济发展、社会进步和环境保护三个方面,三位一体、缺一不可;从适用范围来看,它适用于世界上所有国家,既包括穷国也包括富国;从制定过程来看,所有会员国都参与了讨论,"因此它就有了一个非常雄厚的、坚实的基础"。

（二）可持续发展的内涵

从字面意思理解,"可持续发展"是指促进发展并保证其具有可持续性。从英文可持续发展的定义分析,"持续"（Sustain）一词来自拉丁语 Sustenere,意思是"维持下去"或"保持继续超高"。针对资源与环境,则应该理解为保持并延长资源的生产使用性和资源基础,意味着使自然资源能够永远为人类所利用,不至于因其耗竭而影响后代人的生产与生活。

可持续发展(Sustainable Development)源于持续性这一概念,是由生态学家首次提出的。生态持续性(Ecological Sustainability)最初是着重于从自然属性定义可持续发展,即"保护和加强环境系统的生产和更新能力",后来又出现了从社会属性、经济属性和科技属性定义的可持续发展概念。但真正得到国际社会普遍认可的可持续发展概念,是世界环境与发展委员会1987年在《我们共同的未来》的报告中予以界定:可持续发展是既满足当代人的需求,又不危及后代人满足其需求的发展。这个概念鲜明地表达了两个基本观点:一是人类要发展,尤其是穷人要发展;二是发展要有度,不能危及后代人的发展。目前,可持续发展是一个涉及经济、社会、文化、科技、自然环境等多方面的一个综合概念,它以自然资源的可持续利用和良好生态环境为基础,以经济可持续发展为前提,以谋求社会的全面进步为目标。可持续发展的内涵见图12-1。

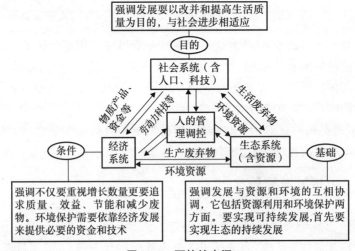

图12-1　可持续内涵

同步思考:可持续发展是否在一定程度上否定了经济增长?

（三）可持续发展的原则

为了实现可持续发展,必须遵循以下五项基本原则。

1. 公平性原则

所谓公平是指机会选择的平等性。可持续发展的公平性原则包括两个方面:一方面是本代人的公平即代内之间的横向公平;另一方面是指代际公平性,即世代之间的纵向公平性。可持续发展要满足当代所有人的基本需求,给他们机会以满足他们要求过美好生活的愿望。可持续发展不仅要实现当代人之间的公平,而且也要实现当代人与未来各代人之间的公平,因为人类赖以生存与发展的自然资源是有限的。从伦理上讲,未来各代人应与当代人有同样的权利来提出他们对资源与环境的需求。可持续发展要求当代人在考虑自己的需求与消费的同时，也要对未来各代人的需求与消费负起历史的责任，因为同后代人相比，当代人在资源开发和利用方面处于一种无竞争的主宰地位。各代人之间的公平要求任何一代都不能处于支配的地位，即各代人都应有同样选择的机会空间。

2. 可持续性原则

这里的持续性是指生态系统受到某种干扰时能保持其生产力的能力。资源环境是人类生存与发展的基础和条件，资源的持续利用和生态系统的可持续性是保持人类社会可持续发展的首要条件。这就要求人们根据可持续性的条件调整自己的生活方式，在生态允许的范围内确定自己的消耗标准，要合理开发、合理利用自然资源，使再生性资源能保持其再生产能力，非再生性资源不至过度消耗并能得到替代资源的补充，环境自净能力能得以维持。可持续发展的可持续性原则从某一个侧面反映了可持续发展的公平性原则。

3. 共同性原则

要实现可持续发展的总目标，必须争取全球共同的配合行动，这是由地球整体性和相互依存性所决定的。因此，致力于达成既注重各方的利益，又保护全球环境与发展体系的国际协定至关重要。正如《我们共同的未来》中写的"今天我们最紧迫的任务也许是要说服各国，认识回到多边主义的必要性""进一步发展共同的意识和共同的责任感，是这个分裂的世界十分需要的"。这就是说，实现可持续发展就是人要共同促进自身之间、自身与自然之间的协调，这就是人类共同的道义和责任。

4. 发展性原则

可持续发展以经济发展为中心，如果经济搞不上去，社会发展、环境保护和资源持续利用也不可能。可持续发展并不意味着要降低经济增长的速度，而是意味着更有效、更适度地消耗资源，意味着节约以后治理环境和改善生态的费用。可持续发展的目的是发展，关键是可持续性。

5. 和谐性原则

可持续发展的思想要达到的理想境界是人与人之间以及人与自然之间的和谐。这就要求每个人在考虑和安排自己的行动时要考虑到自己的行动对他人、后代及生态环境的影响，从而在人类内部及人类和自然之间建立起一种互惠共生的和谐关系。

二、旅游可持续发展理念

（一）旅游可持续发展的提出

旅游业的生存和发展既依赖于环境，同时又可能损害甚至破坏环境。这一事实迫使人们不得不认真思考能使旅游业长期持续发展的途径，以期获得持续的经济和非经济利益。鉴于可持续发展思想与旅游业的密切关系，国际社会对于旅游可持续发展也特别关注，如图12-2所示。

Globe90国际大会	《关于旅游业的21世纪议程》
1990年,在加拿大温哥华召开的Globe90国际大会上,旅游行动委员会提出《旅游可持续发展行动战略》草案。经过世界各地与会代表的讨论,会议除了对可持续发展的含义进行解释之外,还第一次比较完整地提出了可持续旅游发展的基本目标:增进人们对旅游所产生的环境影响与经济影响的理解,强化其生态意识;促进旅游的公平发展;改善旅游接待地区的生活质量;向旅游者提供高质量的旅游服务;保护未来旅游开发赖以存在的环境质量。1995年,联合国教科文组织、环境规划署和世界旅游组织在西班牙联合召开世界部可持续发展会议。会上通过了《可持续旅游发展准则》及《可持续曲游发展行动计划》这两份主要文件为旅游可持续发展制定了一套行为准则,为世界各国推广和实施持续旅游提供了具体操作程序,标志着可持续发展模式在旅游业中主导地位的确定	作为对联合国《21世纪议程》的一个呼应,联合国世界旅游组织、世界旅游理会与地球理事会联合制定了《关于旅游业的21世纪议程》。该文件于1996年在伦敦记者招待会上首次披露,正式文本在1997年联合国大会第九次特别会议上发表。《关于旅游业的21世纪议程》的上篇分析了旅游业在实现《21世纪议程》目标中可以发挥的作用,强调政府、旅游业和其他组织之间合作伙伴关系的重要性。它还分析了旅游业战略上和经济上的重要性,并论证了要使整个产业得以可持续发展,不能仅关注"生态旅游"所能获得的巨大利益;《关于旅游业的21世纪议程》的下篇介绍将《21世纪议程》转化为发展旅游业方面的行动纲领,旨在帮助负责旅游业的政府部门、国家旅游管理机构、有代表性的行业组织和旅游公司实现它们在地方和全国范围内取得可持续发展的潜力

图12-2　国际对可持续发展的关注

(资料来源:《可持续旅游杂志》。)

(二)旅游可持续发展的内涵

1.旅游可持续发展的定义

汉语中的"旅游可持续发展"是从英语Sustainable Tourism Development翻译过来的。英语中的Sustainable Tourism Development在汉语中有两种表达方式:旅游可持续发展和可持续旅游发展。无论哪一种表达,并无本质区别,其核心内容都是旅游领域的可以持续的"发展",因此国内旅游学术界并未对二者进行明确区分。

虽然旅游可持续发展的口号已经提出,并且得到了世界各地的广泛响应,但是人们对于旅游可持续发展这一概念的表述及认识,至今尚未完全统一。例如英国旅游协会(1991)将旅游可持续发展定义为"寻求更高的效率以及游客与旅游接待地社区之间更加和谐的关系,并由此达到一种使旅游业发展而不会导致资源耗竭、欺骗游客和剥削当地居民的状态";布兰威和雷恩(Bramwell & Lane1993)认为"可持续旅游是减少由旅游业、游客、环境和社区之间的复杂相互作用所产生的摩擦和紧张,并能保障自然和人文资源的质量和长期生存能力的一种有效办法"。1998年,联合国世界旅游组织明确给出,旅游可持续发展的定义为,旅游可持续发展就是既要能满足当前旅游目的地与旅游者的需要,同时又要能够满足未来旅游目的地与旅游者的需要。国内学者李天元(2004)通过研究旅游可持续发展的概念及其目标后认为"旅游可持续发展既包括旅游活动的可持续发展,也包括旅游业的可持续发展"。

2.旅游可持续发展的内涵

旅游可持续发展是指在满足当前和未来需求的基础上,通过合理利用旅游资源、保护环境、促进社会进步和经济发展的方式,实现旅游业的可持续性。它强调经济、社会和环境三个方面的平衡和协调,以实现长期的发展和持久的效益。

旅游可持续发展的内涵主要包括以下几个方面。

(1) 经济可持续发展:旅游业应该在经济上可持续发展,包括提高旅游业的经济效益、促进就业机会的创造、增加经济收入和外汇收入等。同时,旅游业的发展应该与当地经济的多元化相结合,避免对单一产业过度依赖。

(2) 社会可持续发展:旅游业在社会方面应该推动社会公平、参与和文化保护。这包括尊重和保护当地社区的权益,促进本地居民参与旅游业,传承和保护当地文化遗产,支持本地社区的发展等。

(3) 环境可持续发展:旅游业应该对环境负责,并采取措施减少对自然环境的消极影响。这包括保护自然景观和野生动植物,控制旅游业对水资源、能源和土地的利用,减少废物和污染物排放,鼓励使用可持续的交通方式等。

(4) 文化可持续发展:旅游业应该尊重和保护当地的文化遗产,促进文化交流和互动。这涉及保护历史建筑、传统民俗和文化表演,鼓励旅游者尊重和理解当地文化,同时避免过度商业化和文化的扭曲。

(5) 资源管理的可持续性:旅游业应该在资源利用和管理方面实现可持续性,包括合理规划和管理旅游景区和设施,有效管理人员和运营机制,建立合理的政策和法规等。此外,旅游业还应该通过技术创新和教育培训来提高资源利用效率和管理能力。

旅游可持续发展涵盖了经济、社会、环境、文化和资源管理等多个方面。它强调在旅游业发展过程中平衡各方利益,实现经济发展、社会进步、环境保护和文化保育的协同发展,并以此为基础确保旅游业的可持续性和长期发展。

第二节　旅游目的地可持续发展方式

旅游可持续发展从理念到实现,需要有切实可行的办法,这也是旅游业界和学者所关心的问题。在国内外旅游目的地管理实践基础上,已经有很多成功的可供大家参考的案例。

一、优化功能分区

功能分区(Functional District)指运用系统的观点,对旅游目的地按其地域特点、群客需求、管理需要等进行分类和重新组合,形成各具特色、相互关联、功能互补的地域,实现对资源的优化利用和保护。功能分区应遵循生态保护、分工协作、因地制宜等原则,并且在各分区中执行恰当的管理制度和建设强度,旨在最大限度地减少旅游活动对资源环境的破坏。

1973年,景观规划设计师理查德·福斯特(Richard Forster)在对美国国家公园进行深入的调查分析后,提出了由核心保护、游憩缓冲区和密集游憩区构成的同心圆式分区模式。该功能分区模式得到了世界自然保护联盟(International Union for Conservation of Nature, ICUN)的认可,最能体现旅游目的地功能分区的精髓(见图12-3)。其划分内容为:①核心保护区。它是旅游目的地的核心,是受绝对保护的地区,是人为活动干扰最少、自然生态系统保存最完整、野生动植物资源最集中或者具有特殊保护意义的地段。②游憩缓冲区。它处于核心区的外围,是核心保护区与密集游憩区之间的过渡区域,它既可以有明确的界限,也可以只是一个范围。③密集游憩区。它是游客在旅游目的地内的主要活动场所,可以允许较大数量的游客和一定数量、类型的机动车辆进入,可以集中布局旅游接待设施。

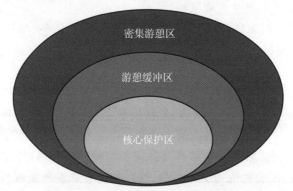

图12-3 "三层同心圆"旅游目的地功能分区示意图

1988年,著名旅游学家冈恩(C.A.Gun)从旅游角度出发,在理查德·福斯特的研究基础上,提出五圈层国家公园功能分区模式,包括有重点资源保护区、低利用荒野区、分散游憩区、密集区和公园服务区,该模式被广泛应用于加拿大国家公园。功能分区理论在国内外旅游开发中得到广泛应用(见表12-1)并产生了大量的成功案例。随着旅游目的地的发展,游客数量越来越多,这种功能分区能够起到分流游客和资源优化利用的作用,尤其是对于自然程度较高的旅游目的地起到了较理想的保护作用。

表12-1 各国旅游功能分区对比

美国	加拿大	日本	西班牙	法国	中国
生态保护特殊景观区; 历史文化区; 休闲游憩区; 一般控制区	特别保护区; 荒野保护区; 自然环境区; 户外游憩区; 公园服务区	特别保护区; 一级保护区; 二级保护区; 三级保护区; 普通区域	绝对保护区; 有限使用区; 一般使用区; 特殊使用区; 传统居住区	中心保存完全保护区; 周边保全区	核心区; 缓冲区; 实验区; 外围保护地带

(资料来源:程智琦《基于资源评价的国家公园游展示区功能分区模型研究》。)

同步思考:查阅资料并结合上述材料分析,加拿大班夫国家公园功能分区能为我国国家公园建设提供哪些可借鉴的经验?

二、发展生态旅游

生态旅游是一种以自然环境保护为基础,以促进可持续发展和资源保护为目标的旅游形式。它强调对生态系统的保护、文化遗产的保育和社区的发展,同时提供独特的自然和文化体验。具体方面如图12-2所示。

自然环境保护	文化遗产保育	社区参与与发展	教育与意识提升	独特的旅游体验
生态旅游将自然环境保护置于首要位置。它致力于保护自然资源、生物多样性和生态系统,减少对自然环境的负面影响,并采取可持续的方式利用自然资源	生态旅游还重视保护和传承当地的文化遗产。它强调尊重和保护当地社区的文化传统、习俗和文化景观,鼓励旅游者了解和尊重当地的文化特色	生态旅游注重社区参与和共同发展。它鼓励当地社区参与旅游业的规划和管理,使他们从中获得经济和社会利益,助推当地社区的可持续发展	生态旅游也致力于提高人们对自然环境和文化遗产的认识和理解。它通过提供教育和意识提升的机会,让旅游者更加了解和尊重自然和文化资源,进而促进环境保护和可持续发展的观念	生态旅游提供丰富多样的旅游体验。旅游者可以亲近自然,探索自然景观,观察野生动植物,并了解当地的文化和生活方式。这种独特的旅游体验带给人们深刻的感受和回忆

图12-2　发展生态旅游的各个方面

生态旅游的实践需要在政府、旅游业者和游客之间形成合作和共识。政府应制定相应的政策和法规来促进生态旅游的发展,并加强对自然保护区和文化遗产的管理和监管。旅游业者要积极推动可持续发展理念,开展负责任的经营活动,并与当地社区密切合作。游客也有责任以环保和文化尊重为导向,遵守规定,确保自己的旅行对环境和社区没有负面影响。

同步思考：生态旅游与旅游可持续发展有何区别？

三、加强游客管理

游客管理是一种旅游目的地或景区为了保护环境、维护社会秩序和提供良好旅游体验而采取的管理措施和策略。它旨在解决游客数量过多、资源过度利用、环境破坏、文化冲突等问题,以实现可持续发展和提升游客满意度。

1. 游客流量控制

通过限制游客数量、设立预订制度、制定入园时间限制等措施,能控制游客流量,避免过度拥挤,减少对环境和资源的冲击。

2. 设施和服务规划

合理规划和提供适当的设施和服务,包括停车场、厕所、餐饮设施、垃圾回收设施等,以满足游客需求,提升游客体验,并保持景区的清洁和有序。

3. 环境保护和资源管理

制定和执行合适的环境保护策略,包括建立保护区域、设置保护标识、加强垃圾管理和废物处理等,以保护自然和文化资源免受游客活动的损害。

4. 安全管理和风险预防

确保游客的安全是游客管理的重要方面。这包括建立安全标识和警示、为工作人员提供安全教育和培训、制定紧急应对计划等,以应对突发事件和减少安全风险。

5. 文化尊重和社会互动

鼓励游客尊重和了解当地文化,促进游客和当地社区的互动和交流。这可以通过推广当地文化活动、培训导游和游客礼仪等方式实现。

6. 教育和宣传

提供游客教育和宣传,引导游客遵守规则和保护环境的行为准则。这可以通过提供信息手册、设置警示标识、开展环境教育活动等方式实施。

7. 合作与合理分配

游客管理需要不同利益相关方的合作。这包括政府、旅游业者、社区、游客等各方共同努力,协作解决游客管理中的问题,实现资源的合理分配和最大利益的共享。

游客管理是为了实现旅游目的地的可持续发展和提供优质旅游体验而采取的管理措施和策略。它包括游客流量控制、设施和服务规划、环境保护和资源管理、安全管理和风险预防、文化尊重和社会互动、教育和宣传等方面。通过有效的游客管理,可以保护环境、促进社区发展,并提供可持续的旅游体验。

四、重视社区参与

社区参与(Community Participation)指社区主体利用赋予的权利,通过多种方式参与社区各种事务,并承担社区发展的责任,分享社区发展成果的过程。社区参与的主体有广义与狭义之分,广义的主体包括社区政府、社会团体、社区居民等,狭义的主体则指的是社区居民。社区参与的客体是社区各项事务,包括政治、经济、文化、社会等诸方面。在旅游学中,社区参与是指在旅游的决策、开发、规划、管理、监督等过程中,充分考虑社区的意见和需要,并将其作为开发主体和参与主体,以便在保证旅游可持续发展方向的前提下实现社区的全面发展。

受可持续发展思想的影响,学者们开始关注旅游目的地开发过程中社区居民所承受的复杂影响,并认为社区参与旅游是实现旅游发展公平性和可持续性的有效途径。为实现旅游业可持续发展,社区参与应在以下方面进行强化:

1. 参与旅游规划

建立社区参与旅游开发与规划的决策体系,一方面使居民意志得到体现,使之更主动地介入旅游,另一方面可使旅游规划目标与社区发展目标有机结合,提高旅游规划的可操作性。

2. 参与利益分配

建立规范的利益分配机制,鼓励引导社区居民从事旅游生产经营,或者设计科学、多样的补偿机制,使社区居民能够在旅游发展中真正获益,参与环境维护。

通过一定的渠道反映居民的环境要求,让社区居民成为环境政策的实施者、环境保护的监督者,在目的地社区形成良好的保护环境的社会氛围,以对旅游者形成约束,激励旅游者参与文化保护。一方面,通过舆论、媒体等多种途径强化居民的文化认同感和社会认同感,努力改变旅游目的地社区文化的弱势地位;另一方面,在青少年教育过程中,植入和深化社区传统文化的内容,确保传统文化核心价值的传承。

五、探索低碳旅游

低碳旅游(Low-carbon Tourism)是指在旅游活动中,以低能耗、低污染为主,倡导尽量减少二氧化碳排放的旅游方式。低碳旅游是在低碳经济背景下产生的一种旅游形式,"低碳"意指较低或更低的碳排放量,其蕴含了向"零碳"目标迈进的意义,主要包括旅游消费的低碳性、旅游产品的低碳性和旅游设施的低碳性。它着眼于旅游发展中温室气体排放量的控制,即通过发展低碳旅游交通、低碳旅游住宿、低碳旅游餐饮以及各项低碳旅游活动,来减少旅游发展中的温室气体排放量。

2009年5月,世界经济论坛在丹麦哥本哈根"气候变化世界商业峰会"上发布《走向低碳的旅行及旅游业》报告,该报告首次提出"低碳旅游"这一概念。报告反映了温室气体排放过量、全球气候变暖、区域气候变化、生物多样性骤减等一系列问题,各国陆续提交本国的旅游业减排计划,表明"低碳旅游"已成为旅游目的地发展的一种趋势。2009年11月,在我国深圳举行的一个论坛上,低碳旅游作为一个官方的整体概念被正式提出。在我国,低碳旅游是应对气候变化、响应政府的节能减排政策,从而实现旅游业可持续发展的一种方式。低碳旅游以可持续发展理念为指导,是可持续旅游发展的新路径,主要表现在:①低碳旅游立足于对旅游发展中碳排放量的控制,是基于旅游与全球环境整体性的考虑,也包含了对维系生态环境持续性的责任;②低碳旅游强调旅游发展的福利性,主张通过旅游发展,缓解全球气候变暖趋势,谋求全人类的福祉;主张旅游发展过程中,满足所有国家、所有个人基本生活需要与碳排放权利,也包含了对发展机会公平性的关注。

第三节 旅游目的地可持续发展评价

如何测度旅游目的地可持续发展,一直是旅游研究中的方法难点。各国学者在这方面做了有益的探索,形成了综合评价法和模型评价法。其中,综合评价法主要为指标系评价法,模型评价法主要通过借鉴其他学科的方法,包括旅游生态足迹、旅游容量等。

一、旅游目的地可持续发展指标评价

(一)指标选取原则

1. 系统性和层次性原则

选择的各指标之间要有一定的逻辑关系,它们不但要从不同的侧面反映出生态、经济、社会子系统的主要特征和状态,而且还要反映经济、社会、生态系统之间的内在联系。每一个子系统的指标体系的构建应具有层次性,自上而下,从宏观分析或深入,形成一个不可分割的评价体系。且在评价层次上,应该全面考虑影响环境经济、社会系统的诸多因素,并进

行系统分析和评价。

2. 动态性和前瞻性原则

在旅游目的地发展旅游的过程中,对经济—社会—生态环境的影响往往需要以时间尺度才能够得到反映,因此在进行指标选择的时候一定要充分考虑到三者的互动发展以及动态变化特点。应该注意收集旅游目的地发展旅游后若干年度的旅游变化数值,只有数值足够充足,才能更好地刻画和量度未来的发展和趋势。

3. 简明性和科学性原则

旅游可持续发展评价指标体系的设计必须建立在科学的基础上,客观真实地反映评价区域旅游资源及环境保护能力、旅游经济社会效益、旅游软硬环境建设力度及微客源市场开拓能力等。指标既不能过多过细,使指标之间相互重叠,又不能过少过简,使指标信息遗漏。

4. 可操作性和可量化原则

指标选择上,应特别注意在总体范围内的一致性,指标体系的构建是为旅游目的政府政策制定和科学管理服务的,指标选取的计算量度和计算方法必须一致,统一各指标尽量简单明了、微观性强、便于收集,各指标应该要具有较强的现实可操作性和可比性。而且,选择指标在目前的技术水平下能够予以计算研究和分析。

(二)指标体系内容

基于旅游本质特征和旅游可持续发展的内涵分析,王良健(2001)选取旅游资源及环境保护能力、旅游经济社会效益、旅游软硬环境建设力度、旅游客源市场开拓能力等4大因素34项因子作为评价指标体系(见表12-2)。

表12-2 旅游可持续发展评价指标体系

因素	因子	因素	因子
旅游资源及环境保护能力	景区森林覆盖率; 景点(含人文景点)的保护程度; 大气 SO 浓度; 大气 TSP 浓度; 城市人均绿地面积; 城市绿化覆盖率; 区域环境噪声; 饮用清洁水比例; 工业废水及生活污水处理率; 工业固体废物及生活垃圾处理率; 工业废气处理率	旅游经济社会效益	国内旅游收入; 国际旅游收入(创汇); 旅游总收入占 GDP 比重; 旅游商品销售收入占旅游总收入的比重; 餐饮业收入占旅游总收入的比重; 宾馆、酒店客房收入占旅游总收入的比重; 旅游业各营业部门的营业税和所得税; 旅游就业人员比例; 娱乐业收入占旅游总收入的比例

续表

因素	因子	因素	因子
旅游软硬环境建设力度	机场吞吐量；铁路发送量；公路客运量；旅行社数量；星级宾馆数量；床位规模；平均客房出租率；旅游从业人员基本素质；旅游管理者基本素质	旅游客源市场开拓能力	旅游品牌知名度；年接待海外游客数；年接待国内游客数；国内旅游促销人次；国外旅游促销人次

（三）综合评价方法

通过对评价指标进行量化和标准化处理，结合专家赋分、层次分析法等确定的指标权重，可以对旅游目的地可持续发展水平进行量化测算。采用多目标线性加权函数法进行综合评分，其函数表达式为

$$Y = \sum_{i=1}^{m}\left(\sum_{f=1}^{n} I_j \times R_j\right) \times W_j \quad \text{（式12-1）}$$

式中，Y 为总得分（即综合评价值）；I 为某单项指标的评分值；R 为某单项指标在该层次下的权重；W 为四大因素的权重。

同时根据事物的不断发展论和发展阶段论，将旅游可持续发展划分为旅游可持续发展的准备阶段、初步可持续发展阶段、基本可持续发展阶段和旅游可持续发展阶段等四个阶段（见表12-3）。

表12-3 旅游可持续发展的四个阶段

综合评价值 $Y/(\%)$	<50	50~70	70~85	>85
评判标准	旅游可持续发展的准备阶段	初步可持续发展阶段	基本可持续发展阶段	旅游可持续发展阶段

二、旅游生态足迹

（一）旅游生态足迹概述

旅游生态足迹（Touristic Ecological Footprint，TEF）是指在一定时空范围内，与旅游活动有关的各种资源消耗和废弃物吸收所必需的生物生产土地面积，即把旅游过程中旅游者消耗的各种资源和废弃物吸收，用被人容易感知的面积观念进行表述，这种面积是全球统一的、没有区域特性的，具有直接的可比较性。根据测度对象和范围的不同，旅游生态足迹可以从旅游产业生态足迹、单个行业生态足迹、旅游产品的生态足迹、瞬时生态足迹、旅游企业生态足迹等方面进行界定。根据生态消费的特点，旅游生态足迹计算主要由旅游、旅游住宿、旅游交通、游览观光、购物和休闲娱乐六部分组成，并可根据旅游构成的要素，分别可计

算餐饮、住宿、交通、游览、购物、娱乐生态足迹分析的六个方面的旅游生态足迹。旅游目的地承载旅游者的吃、住、行等多个方面消费,旅游者在目的地形成一定的生态需求。某一时间段内,旅游目的地所有旅游者消耗的生物产品和产生的废弃物吸收所必需的生物产业面积,就是旅游目的地生态足迹。

(二)旅游生态足迹测算

旅游生态足迹是生态足迹理论在旅游研究中的重要应用,它既可以宏观反映人类活动对旅游环境的影响,又可以定量测度旅游可持续发展状态。旅游生态足迹模型是一种从宏观角度来衡量一个地区的游客对自然资源消费的需求和自然界本身所能提供的生态供给的方法。基于旅游活动消费特点,构建由餐饮、住宿、交通、游览、购物、娱乐6个子系统组成的旅游生态足迹计算模型。

1. 旅游餐饮生态足迹

旅游餐饮生态足迹测算包括餐饮设施建成的面积,游客食物消费的生物生产面积,提供餐饮服务的能源消耗的化石能源面积,游客在住宿设施之外餐饮所占的建成地面积,人均生态足迹相对微小,可以忽略不计。在大多数情况下,旅游者饮食消费可用旅游目的地城市居民人均每日消耗食物量做参照系数。旅游餐饮生态足迹 EF_f 计算模型为

$$EF_f = \sum(N \times D \times C_i \div P_i) + N \times D \div r \quad \text{(式12-2)}$$

式中,N 为游客量,D 为游客平均旅游天数,C_i 为游客人均每日消费第 i 种食物的消费量,P_i 为与第 i 种食物相对应的生物生产面积的年平均生产力,r 为世界上单位化石燃料生产面积的平均发热量。

2. 旅游住宿生态足迹

旅游住宿生态足迹的测算包括了旅游住宿设施的面积以及为游客提供相应服务的能源消耗。旅游住宿设施的能源消耗包括了天然气、电、燃油的消耗。旅游住宿生态足迹 EF_a 的计算模型为

$$EF_a = S_{acco} + 365 \times N \times K \times C \div r \quad \text{(式12-3)}$$

式中,S_{acco} 为旅游住宿设施占地面积,N 为旅游设施拥有的床位数,K 为旅游设施的年平均客房出租率,C 为住宿设施平均每个床位的能源消耗量,r 为世界上单位化石燃料生产面积的平均发热量。

3. 旅游交通生态足迹

旅游交通生态足迹的测算包括了旅游交通设施的面积以及为游客提供相应服务的能源消耗。旅游交通生态足迹主要体现在目的地内游客的漫游式交通,将城际间活塞式交通排除在外,着眼于旅游活动对旅游目的地的环境压力。旅游交通生态足迹 EF_t 计算模型为

$$EF_t = \sum(S_i \times R_i) + \sum(N_j \times D_j \times C_j \div r) \quad \text{(式12-4)}$$

式中,S_i 为旅游区第 i 种交通设施的面积,R_i 为第 i 种交通设施的游客使用率,N_j 为选择第 j 种交通工具的游客数,D_j 为旅游区内选择第 j 种交通工具游客的平均旅行距离,C_j 为第 j 种交通工具的人均单位距离能源消耗量,r 为世界上单位化石燃料生产面积的平均发热量。

4. 旅游游览生态足迹

旅游游览观光的生态足迹测算包括各类景区(点)内的游览步道、公路、观景空间建成地的面积总和。游览观光生态足迹 EF_v 计算模型为

$$EF_v = \sum P_i + \sum H_i + \sum V_i \quad \text{(式 12-5)}$$

式中，P_i 为第 i 个旅游景区游览步道的建成地面积，H_i 为第 i 个旅游景区内公路的建成地面积，V_i 为第 i 个旅游景区观景空间的建成地面积。

5. 旅游购物生态足迹

假定旅游者的旅游购物消费支出全部用于购买几种主要的旅游商品。旅游购物生态足迹 EF_s 计算模型为

$$EF_s = \sum G_i \div H_I \quad \text{(式 12-6)}$$

式中，G_i 为第 i 种旅游商品的消费量，H_I 为第 I 种旅游商品的年平均生产力。

6. 旅游娱乐生态足迹

旅游娱乐生态足迹包括为游客提供休闲娱乐设施的建成地及能源消耗。娱乐生态的能源消耗相对较少，可以忽略不计。旅游娱乐生态足迹 EF_e 的计算模型为

$$EF_e = \sum S_i \quad \text{(式 12-7)}$$

式中，S_i 为第 i 类旅游娱乐设施的建成地面积。

  实例分析：一个"零碳排放"的旅游度假村

三、旅游容量

旅游容量（Tourism Capacity）又被称为"旅游环境承载力"，是指在不破坏和不改变旅游目的地生态环境，不明显降低旅游者旅游质量和当地居民生活质量的前提下，旅游目的地所能容纳旅游者的最大数量。按照此定义，旅游容量一般用能接纳的旅游者人数来表示，它与旅游地的开发强度有一定的关系，是从环境容量的角度来认识旅游容量。旅游容量受两个因素影响：一个是旅游地环境性质与结构，一个是旅游活动性质与结构。同时，旅游活动不仅对环境有影响，而且对社会、经济也会产生影响。因此旅游容量作为一个全面反映旅游地旅游活动的综合性指标，是一个概念体系。根据不同的划分标准，旅游容量有不同的分类。按内容划分，有旅游生态容量、旅游心理容量、旅游社会容量和旅游经济容量；按规范性划分，有旅游期望容量和旅游极限容量；按空间尺度划分，有旅游景点容量、旅游景区容量、旅游地容量、旅游区域容量；按时间尺度划分，有日旅游容量、季旅游容量、年旅游容量。旅游容量可以根据问卷调查或经验估计而获得，也可以直接采用表 12-4 中的国际标准或参考其他国家的标准。

表12-4 国际标准和其他国家标准

旅游活动场所	世界旅游组织(UNWTO)标准		日本标准	
	基本空间标准（m²/人）	单位空间合理标准（人/公顷）	基本空间标准（m²/人）	平均滞留时(小时)
森林公园	67	15	300	2.5
郊区公园	143—667	15—70	40—50	40.0
乡村休闲地	50—125	80—200	15—30	2.0
高密度野营地	16—33	300—600	250—500	—
低密度野营地	50—167	60—200	50—100	—
高尔夫球场	677—1000	10—15	0.2—0.3	5.0
滑雪场	100	100	200	6.0
滑冰	677—2 000	5—15(水面)	—	—
垂钓	333—2 000	5—30(水面)	80	5.3
徒步旅行	—	40	400	3.5
赛场(参观)	25	40	25	2.0
野外露营	33	300	25	3.5

1. 旅游目的地的生态环境容量

旅游目的地的生态环境容量是指接待游客或容纳旅游活动的数量极限,超过这一极限则旅游活动将对生态环境产生不利的影响。尤其是游客进入任何一个旅游目的地后,都会产生食、住、行、游、购、娱等各种消费,这些消费必然直接或间接地产生一定的废水、废气和固体垃圾,从而对环境造成污染或破坏。因此,通过测算游客所产生的污染物,环境自净能力和人工治理污染的能力,就可以大体测算出生态环境的容量。旅游目的地的生态环境容量的计算公式如下:

$$C_e = \frac{\sum_{i=1}^{n} N_i S + \sum_{i=1}^{n} Q_i}{\sum_{i=1}^{n} P_i}$$ (式12-8)

式中,C_e为旅游目的地生态环境容量,N_i为旅游目的地单位面积对重污染物的日自净能力,Q_i为旅游目的地每天人工处理重污染物的能力,P_i为平均每个游客每天产生污染物的数量,S为旅游目的地面积。

2. 旅游目的地的旅游资源容量

旅游目的地的旅游资源容量是指在保持旅游活动质量的前提下,旅游资源所能容纳的最大旅游者人数或旅游活动容量,也是旅游资源可持续利用的最大边界。对旅游资源容量的测算,一般是对目的地已开发的旅游景区的容量测算。其具体方法有面积和线路两种。

(1)面积法。面积法是根据旅游景区的空间面积或可供游览的规模、游客周转率、人均游览标准进行测算的方法。不同类型的目的地游览空间标准是不同的,可用世界旅游组织提供的标准进行计算。其计算公式如下：

$$C_{r1} = \frac{S_A}{S_B} \times R \qquad \text{(式 12-9)}$$

式中，C_{r1}为旅游景区日容量（面积法），S_A为旅游景区游览规模（平方米），S_B为旅游景区人均游览空间标准，R为游客周转率（每个游客滞留时间/景区每天开放时间）。

（2）线路法。线路法是根据旅游景区的线路或可供游览的规模、游客周转率和人均游览间距标准进行测算的方法。不同类型的旅游目的地游览空间标准是不同的，可根据世界旅游组织提供的标准进行计算。其计算公式如下：

$$C_{r2} = \frac{2L}{I} \times R \qquad \text{(式 12-10)}$$

式中，C_{r2}为旅游景区日容量（线路法），L为旅游景区游览线路总长度（米），I为旅游景区人均游览间距标准（米/人），R为游客周转率（每个游客滞留时间/景区每天开放时间）。

3. 旅游目的地的社会经济容量

旅游目的地的社会经济容量是指一定时期内目的地社会经济发展程度所决定的能够接纳的游客人数和旅游活动量，超过这个限量就会引起目的地居民对旅游者的反感并带来一系列社会经济问题，甚至出现目的地居民与游客的对立和冲突等。对目的地社会经济容量的测算比较复杂，一般通过测算住宿能力或食品供应能力来反映。旅游目的地的社会经济容量的计算公式如下：

$$C_h = \frac{\sum_{i=1}^{n} F_i}{\sum_{i=1}^{n} D_i} \qquad \text{(式 12-11)}$$

式中，C_h为旅游目的地社会经济容量（日容量），F_i为第i类食物或住宿设施的日供应能力，D_i为每个游客平均每天对i类食物或住宿设施的消费能力。

第四节　旅游目的地可持续发展策略

旅游目的地可持续发展策略就是实现旅游目的地可持续发展目标的一些可行方案，具有更强的指导意义。

一、加强宣传教育

（一）对游客的宣传教育

由于受职业、年龄、人口素质、文化水平等不同因素的影响，游客的可持续发展意识也不尽相同。各级旅游主管部门应加强对游客的宣传教育工作，使可持续发展理念深入人心。一方面，通过公益广告、课程讲座、媒体宣传等多种手段，唤起公众自觉参与环境保护的责任意识，进一步普及旅游可持续发展相关知识。另一方面，加强对游客的旅游行为管理，通过编制旅游指南、设置引导标识、加强监督管理等手段，有效维护旅游目的地的可持续发展水平。

(二）对旅游从业者的宣传教育

旅游从业者由旅游行政人员、旅游规划人员、旅游服务人员等组成,是旅游目的地旅游活动的主导者和组织者。对旅游从业者进行宣传教育,一方面,可以增强其旅游可持续发展的责任感和危机感,提高政策法规水平和科学决策能力;另一方面,能够提升其管理水平和服务水平,为游客创造良好的旅游环境,在保护自然环境、维护生态平衡等方面树立良好的榜样。更为重要的是,通过宣传教育能够提升旅游从业者的综合素质,有利于在旅游资源开发、旅游设施建设、旅游环境保护、旅游政策制定等方面全面贯彻和执行可持续发展的理念。

（三）对旅游目的地居民的教育

很多时候旅游目的地生态环境的恶化,是当地居民盲目追求经济利益造成的。因此,旅游目的地管理者应该使居民认识到,旅游目的地除了是他们谋生的地方,还是他们赖以生存的环境,旅游目的地生态环境和旅游资源的质量决定了其未来甚至孙后代的生活质量。宣传和教育手段主要包括文化宣传、科普活动、讲座培训等。通过编写和印刷通俗的科普读物,利用报刊、网络、电视等大众传播媒介,开展各种公益讲座和旅游培训,在目的地范围内进行旅游可持续发展方面的宣传教育。

二、制定政策制度

（一）政策支持

可持续发展已成为世界各国发展旅游业采取的主要模式,制定旅游业可持续发展的产业政策有利于促进旅游业的长远发展,完善旅游产业体系,提高旅游产业整体素质。在我国旅游业发展过程,也高度重视政策的调节作用。为了带动旅游目的地可持续发展,政府在制定旅游政策时一定要紧紧把握可持续发展的要求,在发展目标、资金使用、政策优惠等方面给予重点支持。

（二）法制建设

目前,我国已经制定了《中华人民共和国旅游法》《中华人民共和国土地管理法》《中华人民共和国城乡规划法》《中华人民共和国文物保护法》《中华人民共和国环境法》《中华人民共和国森林法》《中华人民共和国草原法》《风景名胜区条例》《中华人民共和国自然保护区条例》等20多部法律和法规,对自然资源和人文资源的保护分别做出了具体的规定,旅游者、旅游经营者在旅游活动中都应当依法履行相关的保护义务。其中《中华人民共和国旅游法》在对上述法规进行衔接性规定的同时,确立了旅游业发展坚持社会效益、经济效益和环境效益相统一的原则,提出对旅游资源依法保护的原则和总体要求。

（三）规划引领

充分发挥规划的引领作用,将旅游者的旅游活动和环境特性有机地结合起来,进行旅游活动在空间环境上的合理布局。在制定旅游规划时要强调包含环境保护的内容,争取使旅游发展与环境保护达到和谐状态。在进行项目建设时,不仅要强调新建旅游区环境的绿化、美化,也要强调旅游区内的地形、地貌和自然植被的保护,做到适度开发旅游资源,防止掠夺性开发。此外,旅游区应设置环境容量界限,如对于一些重点文物保护单位,必须防止过多的游客进入;即使是一般旅游区,也应严格控制超容量吸引游客,以免资源和环境的过量损失。

三、创新产品开发

(一)加强文化保护

旅游目的地可持续发展的目标之一,就是维持目的地文化的完整性。在对旅游资源进行开发时,除了要注重保护当地生态环境,还需要尽量与当地传统文化相结合。一方面传统文化能够得到一定程度的保护和传承;另一方面增强传统文化对游客的吸引力,让顾客产生情感共鸣,从而自觉增强文化保护意识。在旅游目的地可持续发展中,需要强化"文化是旅游的灵魂"这一观念,增强挖掘文化的社会责任感和使命感。此外,要充分认识到社区居民在目的地旅游发展系统中的主体作用,通过教育和引导,加强当地文化心理的自信、自觉和自强意识,发挥文化在旅游产品开发中的魅力和价值。

(二)创新产品形式

为了实现旅游经济的可持续发展,旅游目的地应该认识到只有旅游产品具有吸引力才能够为经济可持续发展奠定基础。旅游经营者要以资源为基础,以市场为导向,以创新为手段,及时研究旅游者的需求变化和旅游市场趋势,不断推出适销对路的旅游新产品。对于传统旅游目的地,大多数旅游产品已趋于成熟,要避免低水平、重复性高的产品开发,一定要寻求突破、勇于创新,形成具有自身特色的旅游产品形式。另外,也要充分利用现代技术手段,一方面降低传统旅游的成本,另一方面提高旅游品的体验性。

知识链接

从"猎鸟人"变成"护鸟人"

高黎贡山位于云南西部边陲,处在横断山系的最西端,最高海拔4000米,最低海拔900米,立体气候明显,是中国鸟类资源最为丰富的地区之一。在高黎贡山,已知分布有鸟类19目58科525种,占云南鸟类总数958种的54.8%,中国鸟类总数1400种的37.5%。其中,有白尾梢虹雉、金雕、黑兀鹫、黑颈长尾雉、血雉、红胸角雉等多40种国家一、二级保护野生鸟类,分布有白尾梢虹雉、红胸角雉、灰腹角雉、红喉山鹧鸪、山皇鸠、绿喉蜂虎、血雀等野外罕见的鸟类。

高黎贡山山脚下散落居住着7个少数民族,大家世代居住于此,入山砍伐、采摘、打猎,靠山吃山在这里成了再寻常不过的事,大家认为这座大山就是自己的。1987年高黎贡山自然保护区成立,保护区的工作人员开始介入管理高黎贡山保护工作,但长期以来的很多想法在当地百姓脑海中已经根深蒂固,导致老百姓与保护区的关系十分紧张,保护区工作人员入山甚至要绕着躲着走。慢慢地,保护区工作人员意识到,要想进一步保护好高黎贡山,就要发动群众参与,提高群众思想

认识,于是就开始做群众工作。直到1995年12月8日,百花岭村成立了中国第一个农民生物多样性保护协会——"高黎贡山农民生物多样性保护协会"。协会自成立以来,大力宣传保护高黎贡山生态的重要意义,增强村民的生态环境意识,使大家认识到保护高黎贡山就是保护自己的生存环境。渐渐地村民们从"猎鸟人"变成了"护鸟人",自觉地护林造林,优化生态环境。

如今,百花岭已形成集摄影、观鸟、观虫、科考、徒步、露营、采摘体验、美食体验、自然教育、康养休闲于一体的乡村旅游目的地,当地群众经济收入大幅度提高,逐步实现脱贫致富,让"绿水青山"变成"金山银山"。

(资料来源:张鹏杨、黄艳梅根据张杨军2019年12月22日在云南经济日报上发表的《云南保山:"观鸟济"助推群众脱贫致富》文章整理。)

同步思考:查阅资料并结合上述材料,分析百花岭观鸟旅游的成功对其他同类型旅游地有何启示?

(三)开发新兴产品

社会经济的发展带来许多新观念、新视野、新活动,人们的旅游方式也多种多样,由此产生了一批新兴旅游产品。开发符合可持续发展原则的旅游产品,是旅游目的地可持续发展的重要产品策略。例如,生态旅游是在生态学观点和理论指导下,去享受和认识自然和文化遗产,且带有生态科教和科普色彩的一种特殊形式的专项旅游活动。它提供给旅游者的必须是具有良好生态环境基础、以大自然为目标的旅游产品,要求旅游从业人员和旅游者必须具有良好的生态环境意识。诸如森林公园、乡村旅游、探险漂流等都可归结为生态旅游的范畴,由于它顺应了回归自然的趋势,因此颇受旅游者的青睐。再比如,休闲旅游也逐渐兴起,我国众多的自然保护区、风景名胜区、文化历史遗产等都是建立可持续发展旅游区的理想之地。

相关案例

一、以创新驱动呼应历史大变局

1. 身处百年未有之大变局

始于2019年的新冠疫情,给人类生活、世界经济和旅游发展形成重大冲击。复杂的世界性疫情叠加战后全球社会经济格局的大调整,带来四场历史性的大变局,全球关系变局、人际关系变局、产业重构变局和气候环境变局。

一是国与国的关系面临重大重构,区域和国家间关系正在调整,全球经济、贸易和产业格局面临二战以来最大的变化。二是以人工智能为代表的新一代技术,在最近几年获得应用场景的突破性进展,形成大规模的推广和应用,改变了人机间旧有的平衡关系,人力资本的底层逻辑面临变革。三是产业面临不同程度的重构,特别是旅游业所处的服务产业,面临产业要素和产业关系的重大调整,疫情后将面对二战后未有之巨变。四是自1992年达成《联合国气候变化框架公约》以来，世界合作治理碳排放问题逐步达成共识，《巴黎协定》的达成基本确立了2020年以后的国际气候制度。截至2021年2月，共有201个国家提交了国家自主贡献目标，气候环境带来的变局已经落实到全球性的行动框架中。世界旅游组织和联合国环境规划署数据显示，2005年全球旅游业的二氧化碳排放占全球总排放量的4.9%，而人为因素引起的全球气候变化贡献率，旅游部门占到了5%—14%。随着全球气候经济的推进，旅游行业将迎来重大变化。种种变革，凝结成当前百年未有之历史大变局，全球旅游业对此应有充分认识、充足研究，并以系统创新和深入变革做出积极回应。

2. 旅游业面临四方面重塑

全球关系、人际关系、产业关系和环境关系的重大变化，为旅游业发展带来新的复杂局面、新的增长工具、新的启动模式和新的发展要求。在此背景下，旅游业面临四种重塑，即旅游格局重塑、增长内核重塑、产业逻辑重塑和增长方式重塑。

(1) 旅游格局重塑。

旅游业将加速打破二战后形成的以欧美为核心的区域产业格局，新兴国家将成为驱动旅游业增长的核心力量，不同国家在国际新经贸关系中的位置、在旅游业大规模技术应用中的位置和在疫情中发展起来的产业管制与创新的能力，以及旅游业和气候经济的相融程度，将决定其在疫后世界旅游业网络中的新坐标。

(2) 增长内核重塑。

旅游业将在新一轮创新中，逐步探索、发展、确定技术的应用边界和规模，在对产品、服务、管理、人力等多方面创新探索中确定旅游产业中的人际关系，并以此探索为中心重塑产业的增长内核，这也将是疫后旅游业的主要修复力量。

(3) 产业逻辑重塑。

在新的世界社会经济发展框架下，旅游业必然也必须面对产业逻辑的全面重塑，政府与市场的关系、跨国公司与本土公司的关系、生产要素的新组织形式、商业逻辑的再梳理、产品形态的再突破、旅游业与外部产业关系的再组织，旅游业中大量的新就业岗位的再创造，都有待完成。

(4) 增长方式重塑。

旅游业将不得不重塑产业与气候、自然的关系，重新构建行业的成本和效益模式，推动全行业的能源转型、制造转型、方式转型和服务转型，在关系重建中寻求新的增长源泉。

3. 创新突破正处于临界点

历史性的重塑只能通过空前的创新来寻求突破。管理学大师彼得·德鲁克出版于1985年的经典著作《创新与企业家精神》中揭示了创新机遇的七个来源，分别是意外的事件、不理应如此的结果、基于程序需要的联想、新的产业结构、市场结构、人口结构的变化、社会认知及情绪的变化、新的知识。

4. 旅游形成六大创新体系

历史大变局之下,全球旅游业正在形成以革新为依归的复苏方式,凝聚在发挥综合效益和提升产业效率的双重目标之下,形成以科技为动力、以文化为根基、以创新精神为依托,以合作为纽带,以未来市场为指向的旅游业创新机制,并试图形成技术、组织、产品、营销、政策、公共服务等六个方面的协同创新,重新塑造产业对前端人才、技术和资本的吸引力,形成比此前旅游业更加前沿、更加广泛、更加有效、更加深入、更具广泛价值的发展框架,向面向未来的现代服务业转型迈进。这也正是推动旅游业穿越历史性低潮,跨过创新临界点,走向更具潜能的现代化产业的必要阶段,更是推动下一阶段全球旅游业发展的本源动能。

(1)抓住技术的洪流。

如同前三次科技革命一样,旅游业再一次成为新技术大规模民用的前沿。5G、人工智能、大数据、机器人、太空技术,均在旅游行业中得到大范围的探索应用,旅游业在新技术革命的洪流中积极探索,面貌焕然一新,并给未来发展带来了新的可能。在需求层面,科技创新扩大了旅游需求规模,释放了更多的闲暇时间,强化了旅游动机。在供给层面,无人机光影秀、沉浸式体验等应用技术极大地丰富了旅游产品类型;人工智能技术的深度整合有力地提升了产业的生产和服务效率,展现了旅游业摆脱"鲍莫尔病"的可能性;新的交通技术、文物保存和展示技术、安防和应急技术等,在旅游行业中也得到了综合运用,极大地改善了旅游基础设施;新的电子支付手段、物联网技术,推动了旅游公共服务的现代化发展;社交媒体和短视频的发展,为旅游营销带来了新的平台和手段。技术在降低成本、提升规模效应、丰富游客体验、提升服务效率、改善基础设施、定位精准人群、放大市场效应等多个方面推动了旅游行业创新,并在实质性地重塑需求、供给和产业增长模式。

(2)再造组织和业务。

在全新的科技、区域、人口、产业协同的框架下,富有创新精神和创新活力的旅游企业正在重新调整重心和架构,或以战略为先导跨界融合,或以科技为驱动组织资源,或以市场为导向寻求突破,推动组织的革新,带动未来型组织的形成。其基本演进方向大致包括四种类型:一是立足行业本质,推动组织向智能化转型;二是立足商业本质,推动组织向数字化转型;三是立足发展理念不变,推动组织向低碳化转型;四是立足发展前景,推动组织向国际化转型。

(3)重组产品和服务。

旅游产品创新的步伐在加快,在把握新的市场需求风向的前提下,旅游行业在产品和服务端进行了一系列重大创新。一是拓宽旅游目的地边界,旅游目的地从传统的自然、人文目的地类型,向太空、数字、宏观、微观四个维度拓展,打开了旅游行业的产品边界,也打开了对未来旅游的全新想象力。二是旅游行业在危机中寻找商机,扩大了服务类别。三是面向消费升级需求,扩展产品范畴,满足新一代消费者的需求。四是更加注重可持续发展,旅游行业成为全球性碳达峰、碳中和大潮中的前沿践行者。这些创新推动着旅游产品和服务走向品质化、精细化、定制化、数字化、体验化和可持续化。

(4)把握传播新浪潮。

旅游目的地和企业正在依托技术进步重塑旅游营销渠道布局,依托大数据推动新兴旅游营销,并依托数字渠道和数字技术,探索六个方面的创新解决方案:一是在消费者购买旅程中进行精准的触点营销;二是紧跟最流行的广告和技术趋势;三是对跨渠道营销活动进行利润、表现数据的管理和追踪;四是针对消费者随时在线的情况,对现有营销策略的调整;五是触达和获取新客户;六是实时提供个性化的广告和服务。

(5)开辟政策新空间。

越来越多的国家和地区开始探索放宽边境管制和重振旅游业的政策条件。在创新开放方式上,各个国家和目的地分别进行了"开放国家计划""沙盒计划""免隔离旅行""Travel Pass""疫苗护照""旅行泡泡""交通灯"系统等一系列探索和尝试。在重振旅游业的政策上,日本提出"Go to Travel"、泰国提出"泰人游泰"、中国澳门特别行政区提出"澳人食住游",等等。各个国家和目的地都在积极探索,在振兴旅游的平衡中寻找创新空间。

(6)推动公共服务革新。

休闲理念、旅游方式的变化对旅游公共服务标准提出了更高要求。在新的创新条件下,旅游公共服务的内涵和外延正在动态进步,旅游公共服务呈现出多种创新形态,数字化、智能化发展正在助推旅游公共服务创新,旅游安全保障、旅游监督管理、旅游信息服务、旅游公共资源开发等方面均在发生全新的变化,并由此带来更具效率、更为多元、更为普及、更为公平的旅游业,牵动旅游业的整体变革。

二、科技创新:把握新技术革命的洪流

1.科技之树与旅游之花

科技创新是推动经济增长和社会进步的原动力,也是促进旅游发展的底层变量。近代旅游发展是科技革命的产物,大机器生产不仅解放了劳动力、增加了闲暇时间、实现了财富积累,而且改善了交通条件、丰富了旅游产品,使消遣性、娱乐性旅游成为可能,也使旅游地理距离和空间范围不断扩大。第二次科技革命以来,内生演进的科技革命持续推动旅游业变革,旅游需求规模不断扩大,旅游产品供给不断优化,旅游基础设施不断完善,旅游市场营销和公共治理也在发生变化。21世纪以来,互联网的全面普及和深度革命以及大数据的长期积累和深入挖掘,使旅游市场营销更加精准、旅游公共治理更加高效。旅游业加速变革与演进,茁壮成长的科技之树不断滋养出靓丽锦簇的旅游之花。

(1)科技创新扩大旅游需求规模。

科技创新综合性和全面性的影响不断释放收入、闲暇等旅游需求的约束条件。一是科技创新增加居民收入。科学技术作为重要的生产要素,改变了经济增长的本质,并影响着其他生产要素,成为第一生产力。科技的创新发展极大提高了劳动生产率,创造了社会财富,使人均收入大为提高,为旅游活动提供了经济条件。二是科技创新释放闲暇时间。闲暇时间是旅游休闲必不可少的条件。随着科学技术的发展,科学的管理、生产的自动化和智能化使得社会劳动生产率大大提高,人们平均劳动时间显著下降,节假日、带薪休假等闲暇时间越来越多。三是科技创新强化旅游动机。在居民素质、受教育程度和生活质量不断提高之后,部分旅游消费者不只满足于单纯的享乐,人们在旅游过程中获取科技创新所带来的新知识的动机也在不断加强。旅游成为一种学习方式,对现代旅游提出了更高的要求。在信息时代,社交媒体的普及也在强化着旅游者知识寻求型旅游动机,高新技术的出现和应用不断刺激旅游者追寻不同于传统旅游的新的旅游类型。

(2)科技创新提升旅游供给品质。

其一,科技创新丰富旅游产品类型,延长其生命力。旅游行业利用科技创新优化旅游产品的供给,促进旅游服务升级。例如,无人机光影秀、沉浸式体验等技术应用可以丰富景区的游览内容。重视科技投入也会延长旅游产品的生命周期。以迪士尼为例,从开始建设到运营过程,都极其重视对科技的投入,建造满足不同人群需要的娱乐设施,使其长盛不衰。值得一提的是,在无人机技术方面,迪士尼用无人机光影涂鸦、喷涂表演和制作创意的空中表演等形式,为游客提供充满科技力量的视觉盛宴。此外,科技创新提升旅游服务,科技创新为旅游服务插上了智慧的翅膀。旅行社的线路设计、OTA 的在线搜索、酒店收益管理等等,都因人工智能而发生了显著的"智变"。例如,IBM 的 Watson 是最受关注的人工智能之一,从菜谱分析到球队管理,从健康顾问到酒店礼宾服务,已在旅游、时尚、金融、医疗、法律、教育、交通等领域产生了商业融合。再例如,Revfine 作为酒店及旅游业中的知识平台,同时为各大酒店提供优化收益服务,并利用 AI 等技术为酒店提供可行的收益管理建议等。

其二,科技创新还会推动旅游服务社会化、服务内容集成化。例如,服务于全域旅游的智慧平台"一部手机游云南""游上海APP",整合了包括微信公众平台、小程序、腾讯云微信支付、人脸识别、AI、智慧零售等在内的多项核心技术与能力,通过打造数字身份体系、数字消费体系、数字诚信体系、地理信息开放体系、基于LBS数字化资源服务、商务聚合服务等服务体系,为游客提供了一站式智能服务。Google 艺术与文化以数字化方式突破地域限制,拉近大众与博物馆的距离,为用户提供更加便利、丰富的数字化观展体验。

其三,科技创新改善旅游服务设施。在数字科技的推动下,旅游服务设施愈加智慧化,新科技与旅游业的结合正改变着旅游行业。例如,越来越多的目的地将 VR/AR 技术应用到旅游项目中。日本的 TeamLab 光影互动展已是现象级沉浸式体验项目。TeamLab "花舞森林"用电脑编程、传感器、投影、灯光、互动动画、音乐效果和玻璃组成一个奇妙空间,春夏秋冬四个季节的花分布于不同区域,观众用手触碰后花朵会开始凋谢,而人群聚集的地方则会百花齐放。这一由电脑程序打造出的梦幻虚拟花海能与观众实现实时互动。

(3)科技创新改善旅游基础设施。

一是科技创新改善旅游交通基础设施。高速公路、高速铁路和民用航空的快速发展延伸了游客出行空间、提升了出行效率,直接推动了旅游行业布局从点状到线状演化。交通技术的革新,极大地改善了旅游基础设施并推动了旅游产业的发展。随着私家车的普及,汽车出行已经成为旅游出行优选方案,ETC、支付宝"车牌付"、银联"云闪付"的推广,省去了人工收费的等待时间;微信"一停有位"及各类导航APP提供的停车场查找功能,最大限度地解决了自驾游中的停车问题。此外,科技的发展也催生了电子乘车码、电子登机牌、电子值机、人脸识别验票登机等一系列便民措施,在不同程度上提升了旅游者的旅游体验。

二是科技创新改善旅游信息基础设施。越来越多的旅游目的地依托现代通信技术,实现目的地区域无线网络的全覆盖。依托物联网技术,旅游者可通过手机、PC端等嵌入各类场景中的显示屏等终端设备,随时随地了解目的地介绍、电子地图、线路推荐、交通状况、基础设施等旅游目的地的各类旅游资讯。例如,维珍酒店(Virgin Hotel)为住客提供一个应用程序,可通过手机端连接并控制房间的恒温器或房间里的电视。再如,红屋顶酒店(Red Roof Inn)通过API收集航班取消和天气信息后并通过条件算法进行处理,对航班取消进行预测,并将其广告投放给那些可能受影响地区的游客,并提供对应的酒店可入住房间以及游客到机场的距离信息等,这一做法为其增加了266%的预订量。

三是科技创新提高旅游治理水平。首先,科技创新利于旅游资源保护和保存。基于旅游资源分类与标识、数字化采集与管理、跨集群通信与数据迁移等关键核心技术,对旅游共性数据资源进行统一梳理,从基础架构层面解决了分散异构的数据存储、管理和计算分析的问题。例如,敦煌研究院运用摄影采集图像处理、虚拟漫游、数字录像、多媒体展示、三维重建等技术,为每一幅壁画、每一座雕塑建立唯一的数字档案,实现永久保存、永续利用。其次,科技创新强化旅游应急管理。科技推动旅游目的地安全管理和应急管理的升级,立体化、智能化安防,提升了安全和应急管理水平。智慧安防、无人机巡防、应急救援指挥系统等,有效监控了旅游目的地的火灾、交通安全等危险因素并能够采取及时有效的防范措施。同时,科技创新也可以减轻游客因这些突发事件而产生的损失,由于突发事件的应急管理对时间较为敏感,需要及时响应,因此在商务旅行中应用也很常见。例如,由Cornerstone Information Systems构建的4site工具旨在通过预测应急事件的发生并有效减轻游客和运营商的损失以提高商务旅行的效率:4site可以根据天气信息、当前延误和机场服务等数据来预测旅行中断,并及时发送通知、提醒用户并自动实施应急计划;如果旅游目的地下大雪并且所有航班都被转到另一个机场,4site可以搜索那里是否有可用的酒店或提供从游客实际到达地点到初始目的地间的接送服务。最后,科技创新提升智慧治理水平。大数据、人工智能等技术在旅游市场经济运行监测、区域旅游消费趋势监控等方面发挥重要作用,其可帮助政府和企业建立数据导向的政策制定和决策调整机制。以大数据和数字化赋能政府公共管理和服务效能,利用各种信息化手段加强对旅游市场尤其是在线旅游市场的监管,可全面打造让人民群众更加满意的优质旅游环境。例如,中国移动与云南省西双版纳傣族自治州合作打造的勐巴拉雨林数字小镇管理云平台,实现了环境监测、智慧停车、智慧酒店、电子票务、VR直播等功能,以观光车偏离设计轨道或速度异常场景为例,该状况下车内物联网芯片会自动向城镇数字化管理平台发出警报,安保人员将采取行动解决问题、确保安全。

2. 旅游业科技应用前沿

新兴技术主要集中在电子信息与互联网技术、生物与新医药技术、新材料技术、航空航天技术、新能源与节能技术、高端装备制造技术、资源与环境技术、高技术服务业等领域。作为影响经济和社会发展的底层技术,这些技术在旅游场景的应用直接或间接促进了旅游业的高质量发展。其中,尤以大数据、云计算、VR、AR等在内的网络与信息技术在旅游业中的应用最为广泛,影响最为深刻。

(1) AR/VR技术。

AR(增强现实)是综合使用3D场景识别、SLAM技术、AI技术及场景还原技术等以实现虚拟世界与现实世界互动的集成技术,而VR(虚拟现实)是借助计算机及传感器技术创造的一种人机交互方式。AR/VR对旅游业产生全方位、立体化的冲击,在场景还原、历史再现、错峰展示、极限体验、智能导游导览和导航、品牌推广与户外广告、旅游纪念品等方面具有颠覆性影响。AR/VR已经渗透旅游体验、旅游营销、旅游产品、旅游管理的方方面面,其既是智慧旅游发展的重要方向,也是科技赋能旅游业发展的典范。AR/VR技术使得旅游者无需离开沙发就可以被"传送"到地球上最遥远的角落成为可能。例如,可以使用EVEREST VR一览世界之巅,也可以乘坐皮划艇穿越大峡谷,欣赏各处地标的景色和声音。再如,TM Forum与Catalyst项目合作打造"VR看遗址"(Mobile VR in Heritage Location),它为探索英国著名旅游景点古罗马浴场的游客提供了丰富且引人入胜的VR体验,游客可以通过AR体验"穿越时空",回到历史上古罗马浴场建造这一关键时刻。BBC前往现场对项目进行了测试,超过80%的测试者表示,如果博物馆有这样的AR体验,他们会更愿意参观。除此之外,VR/AR技术在旅游业中应用的例子还有很多,例如,旧金山博物馆在兵马俑展中使用AR来帮助博物馆对兵马俑的背景相关知识进行传播,澳大利亚航空公司推出目的地Video VR应用,万豪酒店集团允许用户通过VR来感受360°旅游体验,等等。Google艺术与文化开发了在博物馆内采集360°全景图像的技术,并联手包括故宫博物院、尤伦斯当代艺术中心、上海当代艺术博物馆等在内的40家中国合作伙伴,推出"观妙中国来自谷歌艺术与文化"Ios和Android应用程序,以线上数字呈现方式展出超过8000件展品、200余场在线展览以及70个360°全景图像。

(2) 大数据技术。

大数据在旅游行业的应用是利用大数据技术对旅游数据进行挖掘、清洗、存储和分析,帮助使用者主动探索旅游资源、旅游活动、旅游经济等有价值信息,帮助旅游景区、政府等部门对旅游市场进行精准定位、营销和开发,实现旅游业信息化管理以及旅游资源合理配置,提高游客的旅游体验。大数据技术为旅游行业带来的影响体现在两方面。

其一,在分析游客来源、游客行为、旅游产品体验上,大数据技术可为政府和旅游企业提供管理决策支持,提高旅游产品改进能力和旅游营销绩效,如舆情监测、游客景区驻留时长、客源结构等。例如,美利亚酒店(The Melia Hotel)通过大数据筛查记录客人的有关信息来确定营销活动的最佳目标:首先会记录住客在店消费的金额、旅行的原因、国籍,并将这些信息与来自政府的公共数据进行交叉检查以完善客户档案,通过这种方式,他们可以更好地对游客进行细分,以提高营销效力并优化在不同客群的投资。

其二,大数据在旅游行业的应用还可以帮助游客准确掌握各地区不同旅游项目和景区,从而合理规划旅游安排,实现高效出游,如OTA大数据的应用帮助游客在线预订酒店、机票、门票,有效节省了游客时间。举例而言,Hopper通过大数据技术应用,为游客提供最佳的旅游景点推荐,其还可以以95%的准确率预测未来的航班和酒店价格,并在适合订购的时间通知游客,帮助游客避免付出过高费用。

(3)5G技术。

5G是具有高速率、低时延和大连接特点的第五代移动通信技术,它是实现了人机物互联的网络基础设施,在旅游业具有广泛的应用前景。在游客业务体验方面,5G全面提升了游客的旅行体验,在5G支撑下,VR/AR、大数据和人工智能等技术突破原有技术局限,为游客带来了全新的、即时的文化和旅游产品。在旅游目的地智能化管理与服务方面,5G的应用加速提升旅游目的地各行业、各部门的数字化程度,推动智慧景区、未来酒店、智能化旅行社等加速实现;借助AI、移动边缘计算和高清视频等技术,为游客带来更便捷的服务。在旅游营销与推广方面,在5G的支持下,依托大数据分析形成更精准的客源地和游客画像,通过采取更具针对性的旅游营销手段,实现对游客消费行为的精准对接,提升了旅游目的地营销水平和效率。整体来看,5G通信技术的进步叠加大数据、AI、VR/AR、移动边缘计算、高清视频、物联网等先进技术的发展,无疑会给旅游体验、旅游服务、旅游管理、旅游营销带来巨大影响。例如,5G技术帮助中国打造智慧旅游小镇:中国移动与当地公司合作,在中国西南云南省西双版纳傣族自治州建设了一座数字小镇,其被称为勐巴拉雨林小镇,此前在旅游旺季客流量较大时,游客很难就近找到厕所,但借助中国移动的物联网技术,游客现在可以直接在手机上打开应用程序,轻松找到如厕之所并查看排队状况;此外,通过安置摄像机器捕捉小镇的360°影像,游客即使无法亲临小镇,也可以通过VR直播欣赏其美丽的风景。

(4)区块链技术。

区块链是分布式数据存储、点对点传输、共识机制、加密算法等计算机技术的新型应用模式,区块链技术推动传统旅游业发生颠覆性改变。由于旅游行业信任度不足所产生的行业痛点天然受益于区块链技术的落地利用其分布式存储、去中心化、数据不可篡改等特性解决行业难题。按产业链划分,区块链在旅游业中的应用归属中游渠道及分销类,其着力解决的是资源方与旅游者的通道问题。例如,澳大利亚在线旅游门户网站Webjet与微软合作开发一种区块链解决方案,使空置的酒店房间能够被有效地跟踪,并且产生交易。再如,Airbnb等企业已经开始使用区块链简化交易,提高旅游产业链的消费体验与效率,同时可以保证住户、租户的隐私安全、交易安全。与此同时,基于区块链的旅行预订平台Travala将推出Dtravel,允许旅行者使用加密货币支付酒店、住宿、航班等旅游活动的费用(该网站70%的收入是通过加密货币产生的)。

(5) LBS技术。

LBS技术是基于位置的服务,它是在移动GIS技术、空间定位技术和网络通信技术的结合下,由移动通信运营商为移动对象提供基于空间地理位置的信息服务。在旅游业高速发展的今天,LBS已经融入旅游发展中并为旅游服务的创新提供技术支撑,旅游信息的查询、旅游救援、旅游地营销、旅游公共信息服务、旅游车船管理都是LBS在旅游业应用的典型代表。利用LBS技术可以将手机客户端打造成基于位置的实时互动平台,帮助旅游者发现周边户外休闲好去处,并能在景点签到、点评,与更多资深旅游者分享旅途中的乐趣,基于位置服务所带来的新鲜感、立体感、空间感,让旅行的点点滴滴变得生动又形象。例如,游客可使用谷歌地图(Google Maps)搜索目的地周边景点、酒店、餐厅、车位等服务设施(项目),可以在到达前就享受计算到达处与酒店的距离、根据游客移动速度预测到达时间、规划路线等个性化客户体验。2019年,谷歌地图改用更大的图标来突出显示城市地标,以便游客在地图上更快地找到旅游景点。谷歌地图还与酒店集团、旅游企业合作为游客提供服务。例如,雅高酒店集团使用谷歌地图简化其酒店预订,游客可以通过谷歌地图、Google Places找到合适的酒店(软件页面提供联系方式),并可以探索周边地区,还可以使用预测搜索快速访问或进行预订。

(6) 绿色低碳技术。

旅游业是碳排放的主要行业之一。依据《自然气候变化》(Nature Climate Change)上发表的研究成果,全球旅游的碳足迹可能占所有碳排放量的8%。绿色低碳技术是在发展旅游业过程中减少能量和碳物质消耗、减少空气污染和环境破坏的技术。绿色成为时代主题,环保逐渐深入人心,有效保护环境和合理利用资源关系到旅游业的可持续发展。住宿业是旅游业碳排放的主要部门之一,绿色酒店将环境管理融入饭店经营管理之中,运用环保、健康、安全理念,坚持绿色管理和清洁生产。例如,中国首座利用太阳能自行发电的大厦——保定电谷锦江国际酒店已正式投入运营。这座作为五星级酒店使用的大厦总装机容量达0.3兆瓦,相当于一个小型发电站,其发出电能不仅供酒店使用,还可直接并入电网。再如,墨尔本皇冠假日酒店为应对澳大利亚出现的水资源日益枯竭、能源成本不断上升、垃圾填埋场日益增多等资源问题,致力于通过减少能源使用(如更换白炽灯泡为节能灯、客房安装智能温度调节器、安装变速驱动装置、安装楼宇管理系统等)、采取节约用水(如为客房安装可调节水压水流的淋浴喷头等)和科学垃圾填埋的方式,实现长期的成本节约和环境保护,而这些举措大都归功于科技创新。事实也证明,这些举措不仅减少了浪费,且在控制成本的同时,为业主带来了更高的投资回报率。

3. 科技革命下的旅游创新

新一轮科技革命并不是单一技术主导,而是呈现多点突破、群发性突破的态势。在信息科技、生命科学、新材料、新能源等领域全面进步背景下,科技革命影响旅游业创新是全方位、立体化的。具体而言,新一轮科技革命下的旅游创新呈现以下特征。

(1)新潮化:重新引领潮流。

今日的旅游业,已从科技应用的中后排逐步前移,5G、虚拟现实等技术均在旅游业中较早被应用。旅游业规模的持续扩大推动旅游业成为科技创新应用的优先场景,与更为前沿的技术相结合,推动了旅游服务和体验的转型升级。景区、度假区、博物馆等的数字化、网络化和智能化都在不断进行改造和升级,成为推动智慧城市建设的重要组成部分。旅游营销利用科技变革、借助互联网,加大线上旅游的营销力度。旅游产品的展示方式和服务方式也更加丰富和数字化,支持了云旅游、云演艺、云娱乐、云直播、云展览等新业态发展。旅游市场主体从营销到渠道、到生产方式以及产业链层面的互联网化都在科技的推动下不断革新。数字经济蓬勃发展为产业升级和城市发展提供新动力,智慧城市、智慧交通、智慧文博、数字化政府、数字化社区等建设改善旅游业发展所依赖的基本工具和场景,旅游业既为数字技术提供应用场景,也在通过自身创新推动数字化浪潮。例如,纽约智慧旅游服务平台致力于打造城市的科技特色:纽约通过虚拟现实技术,充分展示了其极具时尚感、科技感的大都会形象,在"虚拟纽约"平台上,纽约官方旅游网站开通了主要景点和热门活动的线上游览渠道,以视频录像、活动直播、数字展览、实时视频交流、社交媒体聚会和虚拟游览等方式,在数字平台上呈现纽约的时尚风貌,让世界各地的游客足不出户就能感受纽约文化。

(2)数字化:重塑发展内核。

伴随着以人工智能、大数据、区块链、5G等新一代信息技术为核心的新技术革命,全球范围内正在进入全新的数字时代,数字经济成为全球经济创新发展的新动力。在数字经济时代,旅游产业的数字化创新正迎来前所未有的历史机遇,数字化及其相关技术也将成为主导未来旅游产业升级的关键技术。随着数字化技术应用深化,旅游产业也正在实现质量变革、效率变革和动力变革,并从以往的资源驱动迈向科技创新驱动、从粗放型增长迈向集约型增长的新阶段。以中国故宫博物院为例,在数字化浪潮背景下,利用数字技术对展览和藏品进行宣传和解读,强化观众的互动性和参与感,不仅提升了文旅产品的质量,也增强了大众的体验性和趣味性。其中的端数字馆是中国第一家将古代建筑、传统文化与现代科技完美融合的全数字化展厅。Google艺术与文化开发了专门拍摄艺术作品的Art

Camera机器人相机,可为各种画作提供超过10亿像素的图片,并在全世界范围内将超过1.2万件杰作进行了数字化处理,包括宋徽宗赵佶的《腊梅双禽图》和徐悲鸿的《田横五百士》等名作。

(3)智能化:人力资本再造。

旅游行业正呈现产品和服务规模化、个性化、智能化交错并行的趋势,在此趋势下,人工智能全面渗透旅游生产和消费的全过程中。2018年麦肯锡全球研究院针对人工智能的商业化进行了调查,发布了报告《人工智能:下一个数字前沿?》,该报告表明采用人工智能的企业可获得较高的利润率,行业在AI上投入越大,利润率提升也越明显,更为重要的是,数据证明了旅游行业采用了AI策略后利润率得到较为明显的提升。人工智能正在极大地改变旅游、酒店及相关产业,旅游景区路线设计、酒店云端系统技术、OTA搜索和酒店收益管理等诸多方面都因人工智能而发生了显著的"智变"。个性化产品和服务是旅游消费的重要发展趋势,未来旅游将以每个消费者的个性化需求为核心,借助人工智能精确记录、计算消费者从需求动机产生到消费体验再到评价的整个过程的所有数据信息,所有资源将根据系统算法积极调动、自动匹配、高效协同,从而打造轻松、高效、便捷、柔性的智能化服务,解放旅游领域的劳动力要素,促使旅游业从劳动密集型向技术密集型转变,提升旅游业劳动生产率。当然,旅游行业技术渗透率的提升和简单劳动力的释放,同时也要求旅游从业人员技术能力和人力资本水平在未来有相应的提升。

(4)虚拟化:旅游更加便利。

AR/VR、5G等技术在旅游业的应用产生云旅游、旅游直播等新业态,推动了旅游营销、旅游体验等领域的深度变革。虚拟技术有力促进了旅游业的革命,特别是虚拟旅游的发展,它是网络技术、三维可视化、虚拟现实技术、地理信息技术与传统旅游相结合而产生的一种新型旅游形态,对旅游业变革发挥了关键作用。虚拟化的旅游超越传统信息形式,连接用户感知和旅游决策,各种虚拟技术和现代信息技术的结合突破了文字、图片、视频等传统信息表达形式,让空间维度的信息更加丰富多彩,尤其是突破旅游观光的时空限制,使游客不仅能看到景区的全貌,还能看到许多不对外开放或不定期开放的旅游资源,提供更加具体细致的景点详解和多维度的风景展示,虚实结合,大大增加了旅游者的临场体验感和参与感,让旅游者"购买前先体验",进而帮助旅游者科学决策和合理安排。旅游业虚拟化创新推动旅游企业业务流程再造和游客体验升级,推动更便利的旅游业发展。利用各种虚拟技术对用户持续进行成像即时化、体感动态化、体验私密化的内容输出,引导用户自发地挖掘形象感知,增强景点记忆,帮助目的地品牌构建前所未有的"沉浸式"体验平台,"身临其境"的互动体验,把"描述解释"变为"实时体验",虚拟场景中的内容对用户产生视觉、听觉和其他感官上的回馈,使得用户可以和虚拟场景中的内容发生实时交互。

(5)融合化:服务更加优质。

数字化、智能化、虚拟化的发展促使旅游业线上线下相融合、虚拟与现实相融合、技术与理念相融合,促使旅游创新复杂化、多样性。融合化的旅游创新提升旅游业的品质内涵,塑造更优质的旅游业。在旅游领域,大数据技术的成熟和发展带动人工智能技术迅速发展,大数据技术、人工智能和虚拟技术不断与旅游市场深度融合发展,在为游客提供智能化、便捷化、优质化的旅游服务和业态创新方面开创了新局面。景区、酒店纷纷与智能科技相结合为游客提供更加优质的智能体验服务,诸如景区景点机器人服务、机器人导览和讲解、VR/AR体验、无人酒店、酒店内人工智能助手、语音拍照翻译软件等深度进入旅游的各个环节,各类科技创新融合发展协同点亮整个旅途,也推动了旅游业的现代化进程。例如,早期为仓储基地的东京台场已成为被遗忘的港口,后来规划引入了电广传媒业、科技信息业、会展业等文化创意产业,这些行业使这一区域重新焕发活力:目前台场以各类展馆为载体,有机融合文化创意产业与现代科技,构建复合功能平台,拉近了文化产业与人的距离。

(6)平台化:构建综合应用平台。

技术发展的数字化、融合化以及旅游业的规模性、流动性推动Expedia、Airbnb、携程等全球性旅游科技应用平台的形成。信息技术和互联网让人们可以通过OTA自主预订酒店和机票,改变旅游服务生产和消费中的信息不对称问题,改变了国民出游需要通过旅行社团队出游的组织方式,彻底削弱了传统旅行社业在人们出游过程中的主导地位。近年来,大型旅游科技应用平台还呈现新的发展趋势,它们与一些较为成熟的智慧旅游服务平台、生活服务类APP或线下商户等通过开展合作、嫁接外部平台等方式来搭建更为完整的生态服务体系。例如,Trip Advisor、Booking等与迪拜、伦敦等官方旅游网站和Facebook、Instagram等线上平台,以及第三方APP深度合作,拓宽了平台功能,将生活服务、交通出行、社交分享、预定筛选等各类第三方独立开发的专属旅游工具纳入旅游产品生态圈,有效弥补了官方旅游平台在功能上的不足,其既完善了用户的游玩服务和体验,又能提高了用户使用智慧旅游服务平台的频次。另外,移动互联网大幅推进基于共享理念的商业模式发展,个性化、品质化、家庭化的消费需求和移动互联网技术的同频共振促进了基于共享思想的商业模式的形成。但也应清醒认识到,旅游创新既要适应平台化发展趋势,着力实现规模经济,也要处理好垄断与创新的关系。

(7)低碳化:重构增长方式。

人类对碳基能源的依赖,导致CO_2排放过度及温室效应,对全球环境、经济,乃至人类社会产生巨大影响。低碳化发展浪潮要求能源、交通、建筑、农业、工业、服务、消费低碳化,这些都直接影响着旅游业的增长方式。例如,旅游区域的可持续低碳发展案例——St.Moritz(圣莫里茨),这座镇嵌在阿尔卑斯群山中的小镇,开出了第一部轻轨电车和第一家产能多于耗能并实现了碳中和的阿尔卑斯山区酒店,发展成为享誉全球的顶级度假胜地。St.Moritz新的室内游泳池都是尽可能地使用可再生和无二氧化碳的能源,其"清洁能源"项目还致力于不断减少化石燃

料(取暖油、汽油和柴油),推广可再生的本地能源(水、太阳、地热能和生物质能)。同时,St.Moritz发展离不开政府部门与企业的共同努力,St.Moritz在推广低碳可持续发展时,政府为企业提供了各种支持。St.Moritz的巴德鲁特皇宫酒店不仅在高档酒店行业中保持领先地位,在环保领域亦是先行者,酒店在改造过程中采用了最先进的技术,并与苏黎世电力公司(EWZ)合作,通过从圣莫里茨湖中提取热能为酒店和一栋教学楼及公寓供暖。由于采用了热泵系统,每年可节省约475000升的取暖油,从而减少了1200吨的二氧化碳排放量——二氧化碳排放量减少80%。圣莫里茨人把可持续发展这个话题付诸实践,融入日常生活中,故St.Moritz也被贴上"能源城市"的标签。伴随生态环境保护的要求持续推进和低碳发展模式的逐步形成,旅游领域的节能减排、生态环境技术将有望实现大发展,低碳化、生态化和科技化相结合,在保护生态环境的基础上进行科技创新、发展旅游业,即以智能、人文、生态相结合提高旅游业的发展质量将是大势所趋。

4.旅游科技创新之未来

科技创新不断应用到旅游场景中,旅游业自身也在不断自我演进创新发展。展望未来的旅游业科技创新,必然是围绕旅游业中的核心主体,以提升旅游者、旅游企业和旅游目的地政府的效率为目标,谋求实现高质量发展。

(1)面向游客的科技创新:便捷、多样、定制。

以游客体验为目标的科技创新,旨在满足游客便捷、多样、定制化的旅游需求,实现旅游需求的可反馈、易定制。新技术的演化和旅游业高质量发展推动着智能旅游时代的到来。恩格斯在《恩格斯致瓦·博尔吉乌斯》中写道:社会一旦有技术上的需要,这种需要就会比十所大学更能把科学推向前进。以需求为主导是旅游科技领域的发展主线,无论是品质导向的新消费主义生长,还是更加安全、更优体验的需求呼唤,科技无疑是未来旅游发展的重要动能。随着科学技术的创新和个性特征需要的演进,便捷、多样、个性化出游将会成为新趋势,在未来的旅游业发展中,必须不断加强科技创新,设计满足不同旅游人群独特的旅游需求的个性化旅游产品,形成定制化旅游发展战略,助力旅游业的可持续发展。

(2)面向企业的科技创新:优质服务、精准营销、高效运营。

以旅游企业高质量发展为目标的科技创新,旨在实现旅游企业的优质服务、精准营销、高效运营,实现旅游企业服务的可对接、可集约、可开发。旅游企业通过新技术可以升级旅游设施、优化旅游服务。未来的旅游目的地建设中,创新的科学技术将多维度地渗透设施设计中,实现真实场景与虚拟场景的同频共振,提供古迹复原和数字化文化遗产保护,使旅游目的地建设的模式和方法发生重大变革,许多场景将通过科学技术呈现出来,大大增加旅游景点的现场效果。旅游企业借力科技创新,推动精准营销,塑造旅游品牌。在旅游行业竞争愈发激烈的背景下,通过先进的科学技术,旅游企业可拓展数据挖掘和分析的深度和广度,从之前的旅游数据中萃取旅游行业市场细分特征、消费者需求、竞争者优势等诸多信息,再经过科学系统的分析和计算,制定旅游企业市场定位解决方案,保障市场定位的个性化。此外，可以通过多链融合与服务场景叠加应用，加快建设共建共享的数字基础设施，将5G、区块链、人机交互、物联网、人工智能等先进技术深入扩散到旅游企业的管理流程、运营流程、服务供应链条、产品和服务创新、城乡跨区域供应、线上线下服务融合等领域，尤其是应用到景区、主题公园、酒店、旅行服务商的服务和商业模式的新场景创新当中。

(3)面向政府的科技创新：智慧治理、公共服务、应急管理。

以目的地政府高效治理为目标的科技创新，旨在实现政府的智慧治理、公共服务、应急管理，实现治理的可监控、可预测、可管理、可引导。旅游业的产业链长、涉及面广，政府上令下行式的行业监管模式已无法满足未来旅游行业发展的实际需求，也无法有效地解决旅游发展中出现的问题和矛盾，从行政监管型管理向基于大数据的服务型转变已是大势所趋。基于智慧旅游大数据采集与共享、挖掘与洞察、分析与预测，进而做出决策的服务型管理更符合实际的需求，也更能帮助管理者做出正确有效的决策。政府需要在公共管理与公共服务层面提高效能，以大数据和数字化赋能公共服务与行业监管，全面打造让人民群众更加满意的优质旅游环境。未来公共服务信息化建设应该重点从电子售检票、智慧景区门户网站、虚拟体验、旅游目的地客流引导、信息发布、智慧景区Wi-Fi建设等方面着手。政府还需要发挥大数据、人工智能等技术在旅游市场经济运行监测、区域旅游消费趋势监控等方面的应用，进一步强化政府公共管理和服务效能，利用各种信息化手段加强对旅游市场尤其是在线旅游市场的监管。应急管理方面的重点主要从目的地安防监控系统、目的地内部ERP管理、目的地应急救援等方面着手，通过与公安、交通、工商、卫生、质检等部门形成信息共享和协作联动，结合目的地多维度安防数据以及旅游信息数据形成旅游预测预警机制，提高应急管理能力，保障旅游安全。

"一键游云南"架构设计为"三个平台＋一个数据中台"的模式，即游客平台、企业平台、政府平台加数据中台。产品针对游客、旅游企业和政府，分别开发了较为完善的功能。游客服务(C端)是"一键游云南"的主营业务之一。在C端平台上，国内国际游客可以"一部手机游云南"，获取本地旅游资讯、公共服务、文化教育等全方位服务。其中较为热门的功能包括教育科普类"识花识草"、公共服务类"找厕所"、政府反馈类"游客投诉"。企业服务(B端)平台尚在建设中，将主要实现三大功能：企业平台接入、宣传推广，商家信息管理，导游、旅行社信息认证。在企业端，平台有数字营销、旅游资源批发两项主营业务。数字营销，即借助大数据平台为本地旅游产业商家提供更精准的在线营销推广服务。旅游资源批发，即平台统筹规划，进行旅游资源整合以及打包销售，推进企业间合作。政府服务(G端)平台的建设使得"一部手机管旅游"成为可能，主要功能包括投诉处理、30天退换货处理、商家监管。政府端的主营业务有两项：一是数据赋能政府统筹安排，服务政府进行数字化旅游产业规划；二是推进数字产业建设，省内承载智慧小镇建设、美丽县城的智慧服务、高原湖泊治理等功能。此外，"游云南"接入了高速收费服务以及云南健康码查询,在应对疫情方面为游客和政府提供了便利。

三、相关案例一

广东省湛江市赤坎老街近期火爆,它是高分网剧《隐秘的角落》的取景地,这给它带来了巨大的人流量、超高的网络关注度及话题热度。如何维持热度,寻找一条可持续发展的路径,是诸多小众型网红旅游目的地要面临的重要议题。

(一)研究对象概况

赤坎老街位于广东省湛江市赤坎区,是湛江市颇具历史底蕴的代表性地域之一。老街所在的赤坎区在宋代已初步建成海边商埠,自清康熙年间解除海禁后,海运商贸迅速发展,逐渐成为繁荣的商埠。作为粤西水路交通要津,赤坎古商埠是岭南地区对外交流的重要门户之一。19世纪末,法国强行租借广州湾(湛江市旧称),赤坎对外贸易比较繁荣。赤坎老街既有"一寸山河一寸金"的具有抗法斗争纪念意义的寸金桥、寸金公园,又有体现三民主义的"三民"街区,还有法式建筑、骑楼建筑群、岭南大屋共同构成的极具特色的"南洋风格建筑群"。赤坎老街已成为浓缩湛江市古代、近代、现代历史的"时光博物馆",对于研究湛江的历史进程、商贸发展、风土人情、民俗文化,极具史料价值。赤坎老街的古朴和宁静吸引了众多游客,《隐秘的角落》中的游泳场地在节假日旅游高峰期日访问量达到2000余人次,老街(见图12-8)成为外地游客到湛江的热门"打卡点"之一。

图12-8 赤坎老街

(二)赤坎老街旅游可持续发展建议

1.建立社交化传播矩阵,构建良性循环

纵观国内著名网红旅游景点的崛起,如云南普者黑、重庆洪崖洞等官方媒体的策划、引导与KOL(Key Opinion Leader,关键意见领袖)的分享功不可没。以云南普者黑为例,2017年初,借助热播的仙侠剧《三生三世十里桃花》,普者黑官方微博将普者黑景区神圣化为青丘上神居住之所,加之抖音、小红书平台大V的分享、推广,一时间游客趋之若鹜。

鉴于此,当地有关部门可以通过建立以双微平台为主体的社交化传播矩阵,充分利用新媒体发展带来的受众"自我赋权",尊重和释放游客的表达权和参与权,官方发布旅游景区宣传性、引导性信息和活动,吸引产生共鸣的用户进行评论和转发,共同完成赤坎的原生吸引力建构。同时,当地有关部门可邀请小红书、微博、抖音等社交平台KOL,制作个性化PGC(Professional Generated Gontent,专业生产内容)内容及话题,通过分享、转发吸引游客前来游玩、打卡,并鼓励游客在社交平台分享真实经历,激发游客对广州湾文化IP的创作、传播,让游客成为信息发布和传播的重要节点,形成老街的社会化吸引力

2.立足网红定位,街区深层次赋能

由各网络平台的高频词分析可知,"摄影""打卡"是游客赴赤坎老街的重要目的。因此,根据消费者的"用脚投票",当地有关部门需要顺应旅游消费热点,制作赤坎老街摄影、打卡指南及攻略,分阶段、有计划地为游客挖掘、解锁更多摄影、打卡的深度玩法和体验;定期举办参与性较高的文化、娱乐活动,让游客持续关注,维持"网红"热度,提升其影响力与知名度。此外,当地有关部门还需要对赤坎老街进行空间改造及赋能,在进行路整治、建筑外立面修缮的同时,注意保留其旅游吸引物的文化属性,保存其原有的古朴风貌;对非保护性特色建筑进行激活、赋能,引入休闲、文化、民宿等不同业态经营主体,提升老街整体旅游体验舒适度

3.打造广州湾文化IP,创造新型网红吸引物

随着所依附影视剧热度的退却,赤坎老街的网络关注度可能会随之下降。因此,当地有关部门必须在现有旅游资源基础上创造新的识别点与记忆点,构建新型网红旅游吸引物。赤坎老街具有丰富的文化资源,当地有关部门可以深入挖掘赤坎老街的文化旅游资源,以广州湾发展为主线,将零碎、片段的文化旅游资源从时间、空间两个维度进行分类、整合。时间上让游客感受到赤坎作为清代著名古商埠的悠久历史;空间上将多风格建筑与历史人物、历史事件串联起来。通过故事讲述的方式将散乱的文化要素串联起来,运用重塑和再现的手法,结合VR、AR等现代科技手段,将广州湾文化资源进行整合,打造独特、可持续的广州湾文化IP,建立游客对赤坎老街及广州湾文化的具象化、立体化认知,形成新的网红资源

4.确立核心圈层景点,带动湛江全域旅游

发展赤坎老街作为新晋的网红型旅游目的地,凭借热门影视剧短时间内迅速被游客认知。根据赤坎老街的线上文本数据分析可知,游客对赤坎老街的认识尚处于较浅层面,但是对赤坎老街与其所在地区湛江市之间的联系有一定了解。赤坎老街与其他网红型旅游目的地如云南普者黑、重庆洪崖洞等相比,在体量、知名度等方面都有较大差距,尚不具备吸引游客长时间驻留的充分条件。目前,赤坎老街的规划、建设尚未完善,基础设施配备尚不齐全,来此的游客多以观光游览、摄影为主,目的达成即奔赴湛江市其他旅游景区或离开湛江。通过主动的社会化营销,引导游客将其对核心圈层景点的关注度扩散至赤坎老街、三岭山公园等中、

外部圈层,打破对单个网红旅游目的地的资源依赖,建立游客对湛江市旅游的整体认知以湛江市整体的旅游、文化等资源禀赋为基础,借助社交网络平台的多层级、交叉传播,建立游客对湛江市的情感依赖和地方依恋

（三）总结

小众型网红旅游目的地借助网红事件在短时间内实现知名度和访问量的迅速增长,是社交媒体对游客深度赋权的结果。通过对赤坎老街的网络文本挖掘及分析可知,热门影视剧的播出是赤坎老街成为网红型旅游目的地的直接原因。旅游者对赤坎老街的认知尚处在较浅的层面,赤坎老街的文化资源有待深入挖掘。当地政府可通过建立社交化传播矩阵,对街区进行深度赋能,打造广州湾文化IP,确立核心圈层景点等途径,建立旅游目的地可持续吸引力及竞争力,带动湛江全域旅游发展。

四、相关案例二

（一）以创新驱动呼应历史大变局

1. 身处百年未有之大变局

始于2019年的新冠疫情,给人类生活、世界经济和旅游发展形成重大冲击。复杂的世界性疫情叠加战后全球社会经济格局的大调整,带来四场历史性的大变局,全球关系变局、人际关系变局、产业重构变局和气候环境变局。

一是国与国的关系面临重大重构,区域和国家间关系正在调整,全球经济、贸易和产业格局面临二战以来最大的变化。二是以人工智能为代表的新一代技术,在最近几年获得应用场景的突破性进展,形成大规模的推广和应用,改变了人机间旧有的平衡关系,人力资本的底层逻辑面临变革。三是产业面临不同程度的重构,特别是旅游业所处的服务产业,面临产业要素和产业关系的重大调整,疫情后将面对二战后未有之巨变。四是自1992年达成《联合国气候变化框架公约》以来,世界合作治理碳排放问题逐步达成共识,《巴黎协定》的达成基本确立了2020年以后的国际气候制度。截至2021年2月,共有201个国家提交了国家自主贡献目标,气候环境带来的变局已经落实到全球性的行动框架中。随着全球气候经济的推进,旅游行业将迎来重大变化。种种变革,凝结成当前百年未有之历史大变局,全球旅游业对此应有充分认识、充足研究,并以系统创新和深入变革做出积极回应。

2. 旅游业面临四方面重塑

全球关系、人际关系、产业关系和环境关系的重大变化,为旅游业发展带来新的复杂局面、新的增长工具、新的启动模式和新的发展要求。在此背景下,旅游业面临四种重塑,即旅游格局重塑、增长内核重塑、产业逻辑重塑和增长方式重塑（见表12-5）。

表12-5 旅游业四种重塑

旅游格局重塑	旅游业将加速打破二战后形成的以欧美为核心的区域产业格局,新兴国家将成为驱动旅游业增长的核心力量,不同国家在国际新经贸关系中的位置、在旅游业大规模技术应用中的位置和在疫情中发展起来的产业管制与创新的能力,以及旅游业和气候经济的相融程度,将决定其在疫后世界旅游业网络中的新坐标
增长内核重塑	旅游业将在新一轮创新中,逐步探索、发展、确定技术的应用边界和规模,在对产品、服务、管理、人力等多方面创新探索中确定旅游产业中的人际关系,并以此探索为中心重塑产业的增长内核,这也将是疫后旅游业的主要修复力量
产业逻辑重塑	在新的世界社会经济发展框架下,旅游业必然也必须面对产业逻辑的全面重塑,政府与市场的关系、跨国公司与本土公司的关系、生产要素的新组织形式、商业逻辑的再梳理、产品形态的再突破、旅游业与外部产业关系的再组织,旅游业中大量的新就业岗位的再创造,都有待完成
增长方式重塑	旅游业将不得不重塑产业与气候、自然的关系,重新构建行业的成本和效益模式,推动全行业的能源转型、制造转型、方式转型和服务转型,在关系重建中寻求新的增长源泉

(二)科技创新:把握新技术革命的洪流

1. 科技之树与旅游之花

科技创新是推动经济增长和社会进步的原动力,也是促进旅游发展的底层变量。近代旅游发展是科技革命的产物,大机器生产不仅解放了劳动力、增加了闲暇时间、实现了财富积累,而且改善了交通条件、丰富了旅游产品,使消遣性、娱乐性旅游成为可能,也使旅游地理距离和空间范围不断扩大。第二次科技革命以来,内生演进的科技革命持续推动旅游业变革,旅游需求规模不断扩大,旅游产品供给不断优化,旅游基础设施不断完善,旅游市场营销和公共治理也在发生变化。21世纪以来,互联网的全面普及和深度革命以及大数据的长期积累和深入挖掘,旅游市场营销更加精准、旅游公共治理更加高效。旅游业加速变革与演进,茁壮成长的科技之树不断滋养出靓丽锦簇的旅游之花。

2. 旅游业科技应用前沿

新兴技术主要集中在电子信息与互联网技术、生物与新医药技术、新材料技术、航空航天技术、新能源与节能技术、高端装备制造技术、资源与环境技术、高技术服务业等领域。作为影响经济和社会发展的底层技术,这些技术在旅游场景的应用直接或间接促进了旅游业的高质量发展。其中,尤以大数据、云计算、VR、AR等在内的网络与信息技术在旅游业中的应用最为广泛,影响最为深刻(见表12-6)。

表 12-6　网络与信息技术及其运用

技术	应用
AR/VR 技术	AR（增强现实）是综合使用 3D 场景识别、SLAM 技术、AI 技术及场景还原技术等以实现虚拟世界与现实世界互动的集成技术，而 VR（虚拟现实）是借助计算机及传感器技术创造的一种人机交互方式
大数据技术	大数据在旅游行业的应用是利用大数据技术对旅游数据进行挖掘、清洗、存储和分析，帮助使用者主动探索旅游资源、旅游活动、旅游经济等有价值信息，帮助旅游景区、政府等部门对旅游市场进行精准定位、营销和开发，实现旅游业信息化管理以及旅游资源合理配置，提高游客的旅游体验
5G 技术	5G 作为具有高速率、低时延和大连接特点的第五代移动通信技术，是实现人机物互联的网络基础设施，在旅游业具有广泛的应用前景。在游客业务体验方面，5G 全面提升游客的旅行体验，在 5G 支撑下，基于 VR/AR、大数据和人工智能等技术，突破原有技术局限，为游客带来了全新的、即时的文化和旅游产品。在旅游目的地智能化管理与服务方面，5G 的应用加速提升旅游目的地各行业、各部门的数字化程度，推动智慧景区、未来酒店、智能化旅行社等加速实现；借助 AI、移动边缘计算和高清视频等技术，为游客带来更便捷的服务。在旅游营销与推广方面，在 5G 支持下，依托大数据分析形成更精准的客源地和游客画像，通过采取更具针对性的旅游营销手段，实现对游客消费行为的精准对接，提升了旅游目的地营销水平和效率。
区块链技术	区块链是分布式数据存储、点对点传输、共识机制、加密算法等计算机技术的新型应用模式，区块链技术推动传统旅游业发生颠覆性改变。旅游行业由于信任不足所产生的行业痛点天然受益于区块链技术的落地利用其分布式存储、去中心化、数据不可篡改等特性解决行业难题。按产业链划分，区块链在旅游业中的应用归属中游渠道及分销类，其着力解决的是资源方与旅游者的通道问题。
LBS 技术	LBS 技术是基于位置的服务，它是在移动 GIS 技术、空间定位技术和网络通信技术的结合下，由移动通信运营商为移动对象提供基于空间地理位置的信息服务。在旅游业高速发展的今天，LBS 已经融入旅游发展中并为旅游服务的创新提供技术支撑，旅游信息的查询、旅游救援、旅游地营销、旅游公共信息服务、旅游车船管理都是 LBS 在旅游业应用的典型代表。利用 LBS 技术可以将手机客户端打造成基于位置的实时互动平台，帮助旅游者发现周边外休闲好去处，并能在景点签到、点评，与更多资深旅游者分享旅途中的乐趣，基于位置服务所带来的新鲜感、立体感、空间感，让旅行的点点滴滴变得生动又形象。
绿色低碳技术	旅游业是碳排放的主要行业之一。依据《自然气候变化》发表的研究成果，全球旅游的碳足迹可能占所有碳排放量的 8%。绿色低碳技术是在发展旅游业过程中减少能量和碳物质消耗、减少空气污染和环境破坏的技术。绿色成为时代主题，环保逐渐深入人心，有效保护环境和合理利用资源关系到旅游业的可持续发展。住宿业是旅游业碳排放的主要部门之一，绿色酒店将环境管理融入饭店经营管理之中，运用环保、健康、安全理念，坚持绿色管理和清洁生产。

3. 科技革命下的旅游创新

新一轮科技革命并不是单一技术主导,而是呈现多点突破、群发性突破的态势。在信息科技、生命科学、新材料、新能源等领域全面进步背景下,科技革命影响旅游业创新是全方位、立体化的。具体而言,新一轮科技革命下的旅游创新呈现以下特征(见表12-7)。

表12-7 旅游创新的特征

新潮化： 重新引领潮流	旅游营销利用科技变革、借助互联网,加大线上旅游的营销力度。旅游产品的展示方式和服务方式也更加丰富和数字化,支持了云旅游、云演艺、云娱乐、云直播、云展览等新业态发展。旅游市场主体从营销到渠道、到生产方式以及产业链层面的互联网化都在科技的推动下不断革新。数字经济蓬勃发展为产业升级和城市发展提供新动力,智慧城市、智慧交通、智慧文博、数字化政府、数字化社区等建设改善旅游业发展所依赖的基本工具和场景,旅游业既为数字技术提供应用场景,也在通过自身创新推动数字化浪潮
数字化： 重塑发展内核	伴随着以人工智能、大数据、区块链、5G等新一代信息技术为核心的新技术革命,全球范围内正在进入全新的数字时代,数字经济成为全球经济创新发展的新动力。在数字经济时代,旅游产业的数字化创新正迎来前所未有的历史机遇,数字化及其相关技术也将成为主导未来旅游产业升级的关键技术。随着数字化技术应用深化,旅游产业也正在实现质量变革、效率变革和动力变革,并从以往的资源驱动迈向科技创新驱动、从粗放型增长迈向集约型增长的新阶段
智能化： 人力资本再造	个性化产品和服务是旅游消费的重要发展趋势,未来旅游将以每个消费者的个性化需求为核心,借助人工智能精确记录、计算消费者从需求动机产生到消费体验再到评价的整个过程的所有数据信息,所有资源将根据系统算法积极调动、自动匹配、高效协同,从而打造轻松、高效、便捷、柔性的智能化服务,解放旅游领域的劳动力要素,促使旅游业从劳动密集型向技术密集型转变,提升旅游业劳动生产率
虚拟化： 旅游更加便利	旅游业虚拟化创新推动旅游企业业务流程再造和游客体验升级,推动更便利的旅游业发展。利用各种虚拟技术对用户持续进行成像即时化、体感动态化、体验私密化的内容输出,引导用户自发地挖掘形象感知,增强景点记忆,帮助目的地品牌构建前所未有的"沉浸式"体验平台,"身临其境"的互动体验,把"描述解释"变为"实时体验",虚拟场景中的内容对用户产生视觉、听觉和其他感官上的回馈,使得用户可以和虚拟场景中的内容发生实时交互
融合化： 服务更加优质	数字化、智能化、虚拟化的发展促使旅游业线上线下相融合、虚拟与现实相融合、技术与理念相融合,促使旅游创新复杂化、多样性。融合化的旅游创新提升旅游业的品质内涵,塑造更优质的旅游业。在旅游领域,大数据技术的成熟和发展带动人工智能技术迅速发展,大数据技术、人工智能和虚拟技术不断与旅游市场深度融合发展,在为游客提供智能化、便捷化、优质化的旅游服务和业态创新方面开创了新局面

续表

平台化：构建综合应用平台	近年来大型旅游科技应用平台还呈现新的发展趋势，它们与一些较为成熟的智慧旅游服务平台、生活服务类APP或线下商户等开展合作、嫁接外部平台等方式来搭建更为完整的生态服务体系。例如，TripAdvisor、Booking等与迪拜、伦敦等官方旅游网站和Facebook、Instagram等线上平台以及第三方APP深度合作，拓宽了平台功能，将生活服务、交通出行、社交分享、预定筛选等各类第三方独立开发的专属旅游工具纳入旅游产品生态圈，有效弥补了官方旅游平台在功能上的不足，其既完善了用户的游玩服务和体验，又能提高用户使用智慧旅游服务平台的频次
低碳化：重构增长方式	伴随生态环境保护的要求持续推进和低碳发展模式的逐步形成，旅游领域的节能减排、生态环境技术将有望实现大发展，低碳化、生态化和科技化相结合，在保护生态环境的基础上进行科技创新、发展旅游业，即以智能、人文、生态相结合提高旅游业的发展质量将是大势所趋。

本章小结

旅游可持续发展是从可持续发展的概念演化而来，要求将旅游、资源、人类生存环境三者统一，以形成一种旅游业与社会经济、资源、环境良性协调的发展模式。它是可持续发展思想在旅游发展中的运用和延伸，是人们在旅游开发领域中对可持续发展主题的积极响应和深刻理解。

21世纪，旅游业已经成为最需要贯彻以及最能体现可持续发展思想的领域之一，是实现全球可持续发展目标的重要手段。而今，旅游业已成为我国国民经济的重要组成部分和国家重要发展战略，是我国可持续发展的重要领域。但我国旅游目的地可持续发展仍受到长期以来发展观念落后、环保意识缺乏、旅游发展目标不协调以及旅游发展负面影响等因素的威胁。

【关键术语】

可持续发展　旅游可持续发展　可持续旅游　挑战

复习思考题

1. 什么是可持续发展与可持续旅游？
2. 可持续旅游发展的目标与内容是什么？
3. 可持续旅游发展的内容是什么？
4. 我国主要存在哪些旅游发展理念的误区？
5. 旅游可持续发展产生的理论背景有哪些？

参考文献

[1] 保继刚,楚义芳.旅游地理学[M].北京:高等教育出版社,1999.
[2] 保继刚.旅游开发研究:原理·方法·实践[M].北京:科学出版社,1996.
[3] 保罗·伊格尔斯,斯蒂芬·麦库尔,克里斯·海恩斯.保护区旅游规划与管理指南[M]张朝枝,罗秋菊,译.北京:中国旅游出版社,2005.
[4] 白以娟.旅游者角色的社会学阐释[J].商场现代化,2008(30):386-387.
[5] 程国平.质量管理学[M].武汉:武汉理工大学出版社,2003.
[6] 崔凤军.中国传统旅游目的地创新与发展[M].北京:中国旅游出版社,2002.
[7] 崔凤军.论旅游环境承载力——持续发展旅游的判据之一[J].经济地理,1995(1):105-109.
[8] 崔凤军.区域旅游开发中的环境分析方法与案例研究[D].北京:北京大学,1999.
[9] 崔凤军.风景旅游区的保护与管理[M].北京:中国旅游出版社,2001.
[10] 陈志军.区域旅游空间结构演化模式分析——以江西省为例[J].旅游学刊,2008(11):35-41.
[11] 陈钢华,孙九霞.现代旅游消费者行为学[M].广州:中山大学出版社,2019.
[12] 陈秀琼,黄福才.中国旅游业发展质量的定量评价研究[J].旅游学刊,2006(9):59-63.
[13] 程锦,陆林,朱付彪.旅游产业融合研究进展及启示[J].旅游学刊,2011(4):13-19.
[14] 杜炜.关于旅游对环境影响问题的思考[J].旅游学刊,1994(3):49-52,63.
[15] 丁水木,张绪山.社会角色论[M].上海:上海社会科学院出版社,1992.
[16] 丁雨莲,赵媛.旅游产业融合的动因、路径与主体探析——以深圳华强集团融合发展旅游主题公园为例[J].人文地理,2013(4):126-131.
[17] 戴凡.旅游持续发展行动战略[J].旅游学刊,1994(4):51-54.
[18] 戴学锋.全域旅游:实现旅游引领全面深化改革的重要手段[J].旅游学刊,2016(9),31.
[19] 谷惠敏.旅游危机管理研究[M].天津:南开大学出版社,2007.
[20] 巩劼,陆林.旅游环境影响研究进展与启示[J].自然资源学报,2007(4):545-556.
[21] 高峻,刘世栋.可持续旅游与环境管理[J].生态经济,2007(10):114-117.
[22] 高峻,刘世栋.可持续旅游与环境管理:理论·案例[M].天津:南开大学出版,2009.
[23] 高凌江,夏杰长.中国旅游产业融合的动力机制、路径及政策选择[J].首都经济贸易大学学报,2012(2):52-57.

[24] 葛成唯.基于智慧旅游的目的地旅游管理体系研究[J].中国西部科技,2013(1):20-22.
[25] 郭国庆.市场营销学通论[M].北京:中国人民大学出版社,2014.
[26] 吕俊芳.城乡统筹视阈下中国全域旅游发展范式研究[J].河南科学,2014(1):139-142.
[27] 卢建亚.中小旅游企业成长之路[M].北京:旅游教育出版社,2007.
[28] 吕萍.霍曼斯与布劳的社会交换理论比较[J].沈阳师范学院学报(社会科学版),1996(3):27-29.
[29] 陆林,储小乐.旅游地演化研究进展与启示[J].安徽师范大学学报(自然科学版),2018(1):77-84.
[30] 陆林,鲍捷.基于耗散结构理论的千岛湖旅游目的地演化过程及机制[J].地理学报,2010(6):755-768
[31] 陆林.山岳风景区国际旅游经济效益探析——以黄山国际旅游业为例[J].旅游学刊,1991(1):39-43.
[32] 陆大道.区域发展及其空间结构[M].北京:科学出版社,1995.
[33] 林德荣,刘卫梅.旅游不文明行为归因分析[J].旅游学刊,2016(8):8-10.
[34] 林越英.旅游环境保护概论[M].北京:旅游教育出版社,1999.
[35] 林幼斌,杨文凯.我国旅游业发展非持续现象的几点思考[J].云南财贸学院学报,2002(S1).
[36] 李金早.当代旅游学[M].北京:中国旅游出版社,2018.
[37] 李金早.全域旅游的价值和途径[J].领导决策信息,2017(5):16-17.
[38] 李平,吕宛青.浅析旅游弱势群体的"相对剥夺感"[J].中国人口·资源与环境,2014(S1):207-209.
[39] 罗桂芬.社会改革中人们的"相对剥夺感"心理浅析[J].中国人民大学学报,1990(4):84-89.
[40] 罗文斌,唐沛,孟贝,等.国外旅游可持续生计研究进展及启示[J].中南林业科技大学学报(社会科学版),2019(6):93-100.
[41] 刘冠超.城市水上旅游项目游客满意度与忠诚度研究——以珠江夜游为例[D].广州:中山大学,2019.
[42] 陆均良,杨铭魁,李云鹏,等.旅游信息化管理[M].北京:中国人民大学出版社,2010.
[43] 骆小平."智慧城市"的内涵论析[J].城市管理与科技,2010(6):34-37.
[44] 刘祥恒.旅游产业融合机制与融合度研究/博士论丛[M].合肥:中国科学技术大学出版社,2019.
[45] 厉新建,张凌云,崔莉.全域旅游:建设世界一流旅游目的地的理念创新-以北京为例[J].人文地理,2013(3):130-134.
[46] 罗家德.关系管理的智慧:NQ风暴[M].北京:社会科学文献出版社,2002.
[47] 罗佳明.旅游管理导论[M].上海:复旦大学出版社,2010.
[48] 罗明义.旅游管理学[M].天津:南开大学出版社,2007.
[49] 李蕾蕾.跨文化传播及其对旅游目的地方文化认同的影响[J].深圳大学学报(人文

社会科学版),2000(2):95-100.

[50] Mentzakisa E, Morob M. The Poor, the Rich and the Happy: Exploring the Link Between Income and Subjective Well-being[J]. The Journal of Socio-Economics, 2009(1):147-138.

[51] McKercher B. Towards a Classification of Cultural Tourists[J]. International Journal of Tourism Research, 2010(1):29-38.

[52] McKercher B. Cultural Tourism Market: A Perspective Paper [J]. Tourism Review, 2020(1):126-129.

[53] McKercher B. A Chaos Approach to Tourism[J]. Tourism Management, 1999(4):425-434.

[54] Morrison A M. Marketing and Managing Tourism Destinations[M]. London: Routledge, 2013.

[55] Martilla J A, James J C. Importance-Performance Analysis[J]. Journal of Marketing.1977(1):77-79.

[56] Milman A, and Pizam A. The Role of Awareness and Familiarity with a Destination: The Central Florida Case[J]. Journal of Travel Research, 1995(3):21-27.

[57] Oglethorpe M K. Tourism in Malta: A Crisis of Dependence[J]. Leisure Studies, 1984(2):147-161.

[58] Oetting E R, Beauvais F. Orthogonal Cultural Identification Theory: The Cultural Identification of Minority Adolescents [J]. International Journal of the Addictions, 1991(5):655-685.

[59] Oliver R L. A Cognitive Model of the Antecedents and Consequences of Satisfaction Decisions[J]. Journal of Marketing Research, 1980(4):460-469.

[60] Pavlovich K. The Evolution and Transformation of a Tourism Destination Network: the Waitomo Caves, New Zealand[J]. Tourism Management, 2003(2):203-216.

[61] Parasuraman A, Zeithaml V A, Berry L L. SERVQUAL: A Multiple-Item Scale for Measuring Consumer Perceptions of Service Quality [J]. Journal of Hospitality and Leisure Marketing, 1988(1):12-40.

[62] Pike S. Destination Marketing: An Integrated Marketing Communication Approach[M]. London: Routledge, 2012.

[63] Plog S C. Why Destinations Areas Rise and Fall in Popularity[J]. Cornell Hotel and Restaurant Quarterly, 1974(4):55-58.

[64] Park S Y, LEE S. Financial Rewards for Social Responsibility: A Mixed Picture for Restaurant Companies[J]. Cornell Hospitality Quarterly, 2009(2):168-179.

[65] Pearce P L, Moscardo G, Ross G F. Tourism Community Relationships [M]. New York: Pergamon, 1996.

[66] 杨桂华.旅游资源与开发[M].昆明:云南大学出版社,2010.

[67] 邓爱民,张大鹏.旅游资源开发与管理[M].北京:中国旅游出版社,2016.

[68] 吴必虎,俞曦.旅游规划原理[M].北京:中国旅游出版社,2010.

[69] 王昕,张海龙.旅游目的地管理[M].北京:中国旅游出版社,2019.

[70] 何丽萍.餐饮服务与管理[M].2版.北京:北京理工大学出版社,2017.

[71] 张丽萍.全域旅游理论与实践[M].长沙:中南大学出版社,2017.

[72] 曾兰君.景区服务与管理[M].北京:北京理工大学出版社,2015.

[73] 李爽.旅游公共服务供给机制研究[D].厦门:厦门大学,2008.

[74] 董培海,李伟.关于"旅游公共服务体系"的解读——兼评我国旅游公共服务体系建设[J].旅游研究,2010(4):86-90.

[75] 徐菊凤,潘悦然.旅游公共服务的理论认知与实践判断——兼与李爽商榷[J].旅游学刊,2014(1):27-38.

[76] 李军鹏.加快完善旅游公共服务体系[J].旅游学刊,2012(1):4-6.

[77] 高婧雯.旅游公共服务供给研究——以昆明市为例[D].昆明:云南财经大学,2019.

[78] 王信章.旅游公共服务体系与旅游目的地建设[J].旅游学刊,2012(1):6-7.

[79] 李爽,黄福才,李建中.旅游公共服务:内涵、特征与分类框架[J].旅游学刊,2010(4):20-26.

[80] 刘德谦.关于旅游公共服务的一点认识[J].旅游学刊,2012(1):3-4.

[81] 李凯.昆明旅游目的地公共服务体系研究[D].昆明:云南大学,2017.

[82] 蔡礼彬,罗依雯.基于服务科学的旅游公共服务体系设计研究[J].山东社会科学,2019(7):137-142.

[83] 晋迪,苏建军,王丽芳.我国旅游公共服务的研究进展与展望[J].运城学院学报,2019(5):62-66.

[84] 孙邦杰.旅游安全管理[M].2版.上海:格致出版社,2015.

[85] 黄安民.旅游目的地管理[M].武汉:华中科技大学出版社,2016.

[86] 全国导游资格考试统编教材组.政策与法律法规[M].北京:中国旅游出版社,2022.

[87] 黄蔚艳.海洋旅游危机事件的预防机制研究——基于海洋旅游者视角[J].山东大学学报(哲学社会科学版),2010(4):1-9.

[88] 赵磊,吴媛.中国旅游业与农村贫困减缓:事实与解释[J].南开管理评论,2018(6):142-155.

[89] 杨懿,杨先明.旅游地"荷兰病"效应:旅游负面经济影响研究新视角[J].财经理论与实践,2015(5):133-137.

[90] 徐洪罡.资源型旅游地增长极限的理论模型[J].中国人口·资源与环境,2006(5):35-40.

[91] 徐柯健.从工业废弃地到旅游目的地:工业遗产的保护和再利用[J].旅游学刊,2013(8):14-16.

[92] 王煜琴,王霖琳,李晓静等.废弃矿区生态旅游开发与空间重构研究[J].地理科学进展,2010(7):811-817.

[93] 任宣羽,杨淇钧.以旅游视角更新利用资源枯竭型城市的工业废弃地[J].旅游学刊,2013(5):11-12.
[94] 陈岗,黄震方.旅游景观形成与演变机制的符号学解释——兼议符号学视角下的旅游城市化与旅游商业化现象[J].人文地理,2010(5):124-127.
[95] 刘汉洪,彭旺元.南岳衡山"旅游公害"及其防治对策[J].旅游学刊,1991(1):35-38.
[96] 陈玲玲,严伟,潘鸿雷.生态旅游——理论与实践[M].上海:复旦大学出版社,2012.
[97] 柴文斌.旅游干扰下太行山猕猴的种群生态和社会生态研究[D].郑州:郑州大学,2014.
[98] 章锦河,李曼,陈静,等.旅游废弃物的环境库兹涅茨效应分析:以黄山风景区为例[J].地理学报,2012(11):1537-1546.
[99] 唐承财,钟林生,成升魁.旅游地可持续发展研究综述[J].地理科学进展,2013(6):984-992.
[100] 苏明明.可持续旅游与旅游地社区发展[J].旅游学刊,2014(4):8-9.
[101] 吴必虎.大城市环城游憩带(ReBAM)研究——以上海市为例[J].地理科学,2001(4):354-359.
[102] 俞晟.城市旅游与城市游憩学[M].上海:华东师范大学出版社,2003.
[103] 郭鲁芳,王伟.环城游憩带成长模式及培育路径研究——基于体验经济视角[J].旅游学刊,2008(2):55-59.
[104] 党宁,吴必虎,俞沁慧.1970—2015年上海环城游憩带时空演变与动力机制研究[J].旅游学刊,2017(11):81-94.
[105] 干永福,刘锋.乡村旅游概论[M].北京:中国旅游出版社,2017.
[106] 程道品,刘宏盈.桂林市森林生态旅游开发模式研究[J].林业调查规划,2005(2):37-40.
[107] 陈玲玲,邱琳,冯年华.新型城镇化背景下旅游导向型生态乡村的特征和发展模式[J].江苏农业科学,2016(10):520-523.
[108] 罗佳明.旅游业:架起城乡统筹发展的桥梁[J].旅游学刊,2011(11):5-7.
[109] 肖飞.城市周边旅游村镇建设是实现城乡统筹的重要支撑[J].旅游学刊,2011(11):10-11.
[110] 杨振之,黄葵,周坤.城乡统筹与乡村旅游(第二版)[M].北京:经济管理出版社,2012.
[111] 汤澍,张维亚,徐子琳.旅游城镇化与新型城镇化的互动与协同[J].金陵科技学院学报(社会科学版),2017(4):57-60.
[112] 汤澍,张维亚,陈玲玲,等.新型城镇化背景下旅游与城镇化的协同机理研究[J].江苏科技信息,2020(1):37-39.
[113] 王清霞.奉化市森林旅游资源开发利用与保护研究[D].长沙:中南林业科技大学,2007.
[114] 吴章文,吴楚材,文首文.森林旅游学[M].北京:中国旅游出版社,2008.
[115] 聂影,刘世勤等.森林旅游论[M].北京:中国林业出版社,2016.

教学支持说明

高等院校应用型人才培养"十四五"规划旅游管理类系列教材系华中科技大学出版社"十四五"规划重点教材。

为了改善教学效果,提高教材的使用效率,满足高校授课教师的教学需求,本套教材备有与纸质教材配套的教学课件(PPT电子教案)和拓展资源(案例库、习题库等)。

为保证本教学课件及相关教学资料仅为教材使用者所得,我们将向使用本套教材的高校授课教师免费赠送教学课件或者相关教学资料,烦请授课教师通过邮件或加入旅游专家俱乐部QQ群等方式与我们联系,获取"电子资源申请表"文档并认真准确填写后发给我们,我们的联系方式如下:

地址:湖北省武汉市东湖新技术开发区华工科技园华工园六路

邮编:430223

E-mail:lyzjjlb@163.com

旅游专家俱乐部QQ群号:758712998

旅游专家俱乐部QQ群二维码:

群名称:旅游专家俱乐部5群
群　号:758712998